蔡昉

—— 著

中信出版集团｜北京

图书在版编目（CIP）数据

新人口红利 / 蔡昉著. -- 北京：中信出版社，
2025.3. -- ISBN 978-7-5217-7404-7
　Ⅰ.C924.24
中国国家版本馆 CIP 数据核字第 2025X3D950 号

新人口红利
著者：　　蔡昉
出版发行：中信出版集团股份有限公司
　　　　　（北京市朝阳区东三环北路 27 号嘉铭中心　邮编 100020）
承印者：　河北鹏润印刷有限公司

开本：787mm×1092mm 1/16　　印张：21.75　　字数：237 千字
版次：2025 年 3 月第 1 版　　　印次：2025 年 3 月第 1 次印刷
书号：ISBN 978-7-5217-7404-7
定价：79.00 元

版权所有·侵权必究
如有印刷、装订问题，本公司负责调换。
服务热线：400-600-8099
投稿邮箱：author@citicpub.com

目 录

引　言　认识和引领我国人口趋势性特征 / 001

第一章　引领人口发展新常态 / 011
　　　　健全人口发展支持和服务体系 / 011
　　　　完善人口发展战略 / 019
　　　　建设生育友好型社会 / 025
　　　　从提高生育率和增长率中赢得改革红利 / 031
　　　　如何推动实现人口高质量发展 / 033

第二章　认识人口红利和新人口红利 / 041
　　　　关于人口与发展关系的认识范式转变 / 041
　　　　全面认识人口红利 / 045
　　　　对于人口增长，无须谈"负"色变 / 048

应对人口负增长条件下的三重冲击 / 053
加快培育新人口红利 / 062
生育意愿、社会流动和福利国家 / 067

第三章　银发经济与银发红利 / 089

银发经济与银发经济学 / 089
老年健康领域的人口红利 / 097
照护劳动市场化促进就业和经济增长 / 101
以发展银发经济拓展经济循环链条 / 106
银发经济的供给与需求 / 123

第四章　数智时代的产业创新和科技应用 / 145

数字经济如何赋能乡村振兴 / 145
数字经济领域不存在"涓流效应" / 149
如何让创新成为创新 / 152
绿色经济与绿色金融 / 155
变与不变：人工智能的就业影响 / 160
新科技革命与农业技术进步 / 167
发展新质生产力与深化经济体制改革 / 172

第五章　就业、民生和基本公共服务 / 179

提高人民生活品质的三个关键方向 / 179
人口发展新常态下加快破除城乡二元结构 / 186
促进人口合理集聚、有序流动 / 194

育苗经济学——儿童早期发展的事实与建议 / 202
抓住户籍制度改革的机会窗口 / 210
应对人口挑战的根本举措是加快福利国家建设 / 217
通过提高劳动参与率延迟法定退休年龄 / 222
抓住健全社会保障体系的窗口期 / 227
社会保障的与时俱进：理念、范式和政策工具 / 231

第六章 释放新人口态势下的消费潜力 / 259

从刺激消费入手消除周期性失业 / 259
人口增长态势及对经济发展的影响 / 263
区域协调发展战略体系的新特征 / 266
促消费回归应为最紧迫的政策目标 / 268
老龄化时代的居民消费潜力 / 277

第七章 经济增长与宏观经济 / 283

促进经济增长和社会发展的同步与协调 / 283
宏观经济政策的三个新着力点 / 293
货币政策的"多出"和金融发展的"积极进取" / 299
宏观经济政策需要调整工具箱 / 304
由表及里认识宏观形势，标本兼治推动经济复苏 / 308
如何创建统一的经济发展理论 / 311
中国发展的双新常态与宏观经济政策应对 / 316

后 记 / 339

引 言
认识和引领我国人口趋势性特征

2023年5月5日召开的二十届中央财经委员会第一次会议指出，当前我国人口发展呈现少子化、老龄化、区域人口增减分化的趋势性特征，要认识、适应、引领人口发展新常态，以人口高质量发展支撑中国式现代化。中国共产党第二十届中央委员会第三次全体会议（以下简称"二十届三中全会"）围绕促进人口高质量发展，以应对老龄化、少子化为重点完善人口发展战略，以及健全覆盖全人群、全生命周期的人口服务体系做出重大部署。深刻理解我国人口趋势性特征体现的一般规律和特殊国情，有助于深入贯彻落实以习近平同志为核心的党中央做出的一系列重大部署，完好实现以人口高质量发展支撑中国式现代化的目标。

认识和判断人口趋势性特征

各国现代化过程中显现的共同特征之一是总和生育率（妇女终身生育孩子的平均数）逐步下降，进而导致人口自然增长相继经历减速、停滞和转负的不同阶段，在这个阶段变化的过程中，人口结构呈现少子化和老龄化的特征。我国在2020年全面建成小康社会转向全面建设社会主义现代化国家的新征程之际，人口发展也进入新阶段，呈现一系列趋势性特征。正确理解和准确判断人口变化的重要趋势性特征，是在实践中适应和引领人口发展新常态的认识前提。

第一，长期低生育率导致的少子化是人口转变的主要表现和必然结果，也是人口发展呈现新特征的基础性原因。生育率下降是人口转变的基本驱动力，是经济社会发展的必然结果，同时也受到特定人口政策的影响。改革开放以来，我国取得的经济增长和社会发展成就，以及计划生育政策的有效实施，都通过生育率的下降促进了人口转变。早在20世纪90年代初，我国总和生育率就降到2.1这个保持人口稳定的更替水平之下。第七次全国人口普查的数据显示，2020年总和生育率已经降到1.3，并且在那之后进一步降低。人口出生率下降进而呈现少子化特征是长期低生育率的必然后果。1992—2023年，我国人口出生率从18.24‰降低到6.39‰；在同一时期，当年出生人口数从2 137万降低到901万，0~14岁儿童人口数量从3.23亿减少到2.31亿。

第二，人口老龄化是现代化过程中不可避免的趋势，归根结底要在发展中积极应对。出生率下降和出生人口的减少相应改变人口的年龄结构，总体表现为老年人口占比不断提高。可以说，人口转变的自然结果就是人口老龄化，老龄化水平通常也同按照人均国内生产总值衡量的经济发展阶段相对应。参照国际通行的阶段划分标准，可以观察到我国经济发展阶段和人口老龄化经历的变化。首先，65岁及以上人口占比（以下简称"老龄化率")超过7%标志着一个国家转变为老龄化社会,或进入初步老龄化阶段。被世界银行划分在低收入组和中等偏下收入组的国家2023年的平均老龄化率分别为3%和6%,总体而言都未进入初步老龄化阶段。我国于2000年在即将成为中等偏下收入国家之际,即已跨过老龄化社会的门槛。其次,老龄化率超过14%标志着一个国家转变为老龄社会,或进入中度老龄化阶段。2023年中等偏上收入国家的平均老龄化率为12%,我国在2021年进入中度老龄化阶段时,人均国内生产总值达到12 618美元,已经高于中等偏上收入国家的平均水平。最后,老龄化率超过21%标志着一个国家转变为高度老龄社会,或进入深度老龄化阶段。2023年高收入国家的平均老龄化率为19%,意味着高收入组的很多国家都已经进入深度老龄化阶段。根据国家卫生健康委员会中国人口与发展研究中心的预测,我国将在2032年即将成为中等发达国家之时,进入深度老龄化阶段。

第三,区域人口增减发生明显分化,改变了地区之间的人口布局,给经济发展和基本公共服务供给带来挑战。在总和生育率降到2.1以下的一段时间里,人口仍可依靠惯性继续保持增长。我国的人口增长惯性维持了大约30年,总人口于2022年进入减量阶段。各地区在人口转变和经济社会发展方面存在差异,是人口增减分化现象产生的原因。从统计上看,国内各地区间的人口增长情况既受人口自然增长率(出生率与死亡率之差)的影响,也受人口机械增长率(迁入率与迁出率之差)的影响。在地区间生育水平等人口因素、国内生产总值增长率等经济因素,以及基本公共服务保障水平等社会因素方面存在差异的条件下,产生人口增减分化现象也是难免的。相应地，在推进区域均衡发展的过程中，应该将其作为一个新因素，予以充分考虑和恰当应对。

高质量发展面临的人口挑战

人口发展是关系中华民族伟大复兴的大事，人口发展质量关乎中国式现代化的进程和成色。在不同的发展阶段，我国人口变化趋势都对发展方式及发展成效产生影响。在改革开放的前30年里，15~64岁劳动年龄人口增长最为迅速，0~14岁和65岁及以上非劳动年龄人口数量则基本稳定。于是，人口抚养比（非劳动年龄人口与劳动年龄人口的比率）不仅较低且逐年下降，人口结构呈现出"生之者众，食之者寡"的特征，以劳动力充分供给、人力资本迅速改善、储蓄率和投资回报率保持在较高水平，以及劳动力重新配置实现生产率大幅提高，为经济高速增长提供了人口红利。然而，随着老龄化水平的提高，影响经济增长的人口结构逐渐发生变化。与此同时，新的阶段也对我国经济发展提出新的要求。

第一，劳动年龄人口跨越了从增长到减少的关键转折点，对经济发展方式转变和增长动能转换提出更紧迫的要求。我国15~64岁劳动年龄人口在2013年达到峰值后转入负增长阶段，在到2023年的10年里以年均4.87‰的速度减少。相应地，人口抚养比从35.3%提高到46.5%，提高幅度超过11个百分点。基本在同一时期，我国经济发展进入新常态，特征之一便是在更高发展阶段及更大经济总量基数上，增长速度形成下行趋势。这种增长速度的减缓既反映了发展阶段变化的一种正常变化，也与人口变化趋势密切相关。随着我国人口从2022年开始进入减量阶段,劳动年龄人口减少的速度将进一步加快。这与我国经济已经从高速增长阶段转向高质量发展阶段的趋势是完全对应的,要求发展方式和增长动能转换到更可持续的轨道上。可见,人口趋势性特征与经济发展新常态叠加出现的新情况,要求继续深化供给侧结构性改革,加快培育和形成新质生产力。

第二,人口进入负增长和中度老龄化阶段,要求更加注重平衡社会总需求结构,加快培育完整的内需体系,完善扩大消费长效机制。一些国家的经验表明,人口负增长和更深度的老龄化会产生抑制社会总需求(特别是消费需求)的效应。对我国来说,一方面,发展方式转变的一个重要目标是促进"三驾马车"(即出口、投资和消费)结构的进一步均衡,使居民消费发挥更大的作用,以保持经济增长需求拉动力的强劲和可持续;另一方面,在人口总量减少和抚养比提高的情况下,稳定和扩大居民消费要求进一步推进相关领域改革,切实实施更有针对性的宏观经济政策和社会政策,特别着眼于把满足国内需求作为发展的出发点和落脚点,增加城乡居民收入,改善收入分配,加强普惠性、基础性、兜底性民生建设,通过消费能力的增强和消费意愿的提高,有效激发居民消费潜能。

第三,不断扩大的老年人口规模和持续提高的人口抚养比(尤其是老年人口抚养比[①])要求更加积极地应对老龄化、少子化,加大政策支持力度,加快发展养老事业和养老产业。2023年,我

---

① 老年人口抚养比是65岁及以上人口与劳动年龄人口的比率。

国 65 岁及以上人口已达 2.17 亿，根据中国人口与发展研究中心的预测，预计到 2032 年，我国老年人口将达到 2.93 亿，同期老年人口抚养比将从 22.5% 提高到 31.1%。积极应对人口老龄化，最紧迫的任务和最优先的目标是因应大龄劳动者的就业需求及老年人的基本养老需求，提高社会养老保障及其覆盖率和均等化水平，发展银发经济，增加养老服务供给，提高大龄劳动者的劳动参与率，努力实现老有所养、老有所为、老有所乐。

完善人口发展战略的机会窗口

在推动中国式现代化的进程中，特别是在 2035 年基本实现现代化、按人均国内生产总值衡量达到中等发达国家水平的这个阶段，我国经济仍将保持长期向好的基本面、强大的韧性和活力，以及充足的增长潜力，实现质的有效提升和量的合理增长的统一。首先，持续推进供给侧结构性改革，将更充分地释放劳动力丰富的传统优势潜力，为发展方式转变和增长动能转换赢得时间。其次，促进新要素和新要素组合，因地制宜地发展新质生产力，将推动经济增长转向新动能轨道，以提高全要素生产率增强潜在增长能力。最后，深入实施扩大内需战略和持续改善民生，将显著增强消费需求及其引导的投资需求，以强大的内需实现潜在增长率。

第一，按照要素供给潜力和生产率提高趋势预测的潜在增长率表明，我国经济仍然有潜力达到合理的增长速度，进而在 2035 年实现按人均国内生产总值衡量成为中等发达国家的目标。我们可以从三个方面理解这一预测：一是从目前到 2035 年，我国正处在进入高收入国家行列到成为中等发达国家的经济发展阶段，以及从中度老龄化到深度老龄化的人口转变阶段，预测的潜在增长率明显高于处于相同老龄化阶段和人均国内生产总值阶段的国家的实际增长率；二是供给侧结构性改革在关键领域的推进成效，可以分别从要素供给和生产率提高两个方面创造真金白银的改革红利，提高潜在增长率的幅度并无上限；三是我国在推进14亿人口共同富裕的现代化的过程中，始终具有超大规模市场的内需优势。通过在发展中保障和改善民生，用市场化的办法激发需求和优化供给，经济增长潜力可以转化为现实经济增长。

第二，合理、合意和可持续的经济增长速度，将为扩大基本公共服务供给奠定坚实的物质基础。在更高的发展阶段，加强普惠性、基础性、兜底性民生建设，提供更多、更高质量的公共品，既是以人民为中心的发展思想的具体体现，也是遵循尽力而为、量力而行原则在发展中保障和改善民生的必然要求。经历过现代化这个阶段的国家，通常也显现了公共品供给扩大的共同特征。以应对老龄化、少子化为重点，覆盖全人群、全生命周期的人口支持政策体系，涉及基本公共服务等关键领域的完善和改革，与健全社会保障体系、改善基本公共服务供给的目标完全一致、路径高度重合。

第三，经济增长的做大蛋糕效应和基本公共服务供给改善的分好蛋糕效应，有助于在应对人口结构新变化中具有足够的回旋余地，在政策运用中产生削峰填谷的效应。虽然少子化和老龄化都带来了挑战，但在目前的人口转变阶段，两者之间也具有一定程度的抵消关系。例如，在今后一段时间里，虽然老年人口抚养比的提高速度快、幅度大，但是由于少年儿童人数的减少和少儿人口抚养比的迅速降低，可以在很大程度上缓解老龄化带来的压力。据预测，2023—2035 年，我国老年人口抚养比预计提高13.9 个百分点，由于少儿人口抚养比同期降低 8.1 个百分点，总体人口抚养比的提高幅度相对和缓，仅为 5.8 个百分点。由此，在包括人口支持政策在内的基本公共服务供给体系中，资源整合水平和统筹配置层次将不断得以提高，提供全生命周期的基本公共服务，提升全人群的福祉水平。

完善人口发展战略的政策着力点

以应对老龄化、少子化为重点完善人口发展战略，促进人口高质量发展，要求以系统观念统筹谋划，按照全局性、综合性的要求拓展工作思路的深度和工作领域的广度，更加重视采用引导和激励的方法，通过体制机制创新和改革，健全覆盖全人群、全生命周期的人口服务体系，并与普惠性、基础性、兜底性民生建设共同推进。按照以"一老一小"为重点、"两点一线"全生命周期的范围，以下三个关键领域应该作为政策的着眼点和发力点。

第一，以生育、养育、教育阶段为重点，提高基本公共服务供给和覆盖水平，同步实现降低生育、养育和教育成本，提升生育意愿和生育率，进而全面提升人口素质的任务目标。首先，加快完善生育支持政策体系和激励机制，在政府、社会和家庭之间形成激励相容、治理协同和推动同步的局面，建设生育友好型社会，促进家庭生育意愿与社会适度生育率最大程度的一致性。其次，通过提高生育和养育服务及其成本的公共化水平，提升生育全程基本医疗保健服务能力，统筹育幼资源使用，完善生育休假制度，加大个税抵扣力度，在降低服务成本的同时提高服务质量。最后，因应人口发展趋势性特征对教育发展和人力资本培育方式提出的新要求，深化教育综合改革，加大资金投入和各方面资源统筹的力度，扩大各级各类优质教育供给，逐步把教育向学前乃至托幼阶段前移，扩大高中阶段教育的免费范围并提高普及率，让教育和培训贯穿劳动者的全部就业过程，在全生命周期培育人力资本。

第二，加快培育现代化急需的人力资源，提高劳动力的配置效率和匹配水平，解决好结构性就业矛盾。就业形势的新变化突出表现在两个方面：一方面，在人口发展呈现新的趋势性特征的条件下，青年就业群体和大龄劳动者面临更大的就业困难；另一方面，技术变化和经济数字化转型对人力资本的要求不断提高，也会引起就业形态变化。两方面因素对就业产生逐步加深的影响，使我国就业的结构性矛盾日益突出。这要求在完善就业优先政策的过程中，更加关注青年就业人口和大龄劳动者等重点群体，着力解决人力资源供需不匹配的矛盾，通过提供更加精准对路的公共就业服务，帮助劳动者获得新技能并增强就业适应能力，从破解"有活，没人干"入手，解决"有人，没活干"的问题。

第三，以发展养老事业和养老产业为核心，满足老年人的基本养老保障和基本养老服务需求，提高老年群体的生活品质。实现老有所养、老有所为、老有所乐，不仅是增进老年人福祉的必然要求，也是通过充分发挥大龄劳动者的庞大人力资源和老年人口的超大规模消费力，让大龄群体和老年群体发挥出"银发力量"的关键之举。推进实现完善人口发展战略的重要目标,需要从以下方面着手:一是提高基本养老保险和服务的供给水平、覆盖率和均等化程度,确保老年群体生活品质的提高与现代化进程同步推进;二是创造条件增强大龄劳动者的就业意愿和就业能力,提高老年人的经济社会参与水平,为有意愿的老年群体创造多样化、个性化的就业岗位和社会活动形式,扩大和延续人口红利;三是促进银发经济发展,满足老龄社会的特殊消费需求,在免除老年人后顾之忧的前提下,持续发挥他们作为消费者的积极作用。

第一章
引领人口发展新常态

健全人口发展支持和服务体系

习近平总书记强调:"人口发展是关系中华民族伟大复兴的大事,必须着力提高人口整体素质,以人口高质量发展支撑中国式现代化。"① 为了保证以人口高质量发展支撑中国式现代化,二十届三中全会通过的《中共中央关于进一步全面深化改革 推进中国式现代化的决定》(以下简称《决定》)对健全人口发展支持和服务体系做出重大部署。

在改革开放以来的很长一段时间里,我国的人口发展态势和表现,如生育率降低、劳动年龄人口迅速增长、人口抚养比下降、人均受教育年限提高等,成为经济高速增长的有力支撑。党的十八大以来,针对人口发展出现的新变化、新特点,党中央科学研判,及时调整优化生育政策。作为生育率长期处于低水平

---

① 参见 2023 年 5 月 6 日出版的《人民日报》第 1 版。

的结果，2022年以来，我国人口发展已经进入减量阶段，同时进入以老龄化率超过14%为标志的老龄社会；2023年，我国人口以1.48‰的幅度继续减少，老龄化率提高到15.4%。以少子化、老龄化和区域人口增减分化为特征，我国人口发展面临新形势。

生育率随人均收入水平的提高趋于下降，是现代化过程中各国都会出现的规律性现象。由于经济社会发展和多年实行计划生育政策的双重作用，我国人口转变发生得十分迅速。早在20世纪90年代初，总和生育率就降到保持人口稳定所需要的2.1这一更替水平之下并继续下降，第七次全国人口普查的数据显示，2020年我国总和生育率降至1.3。长期处于低生育率水平，因而出生人口趋于减少，加上我国人口老龄化加剧，导致人口增长转负、适龄劳动人口减少，标志着推进中国式现代化面临的人口环境和条件发生了深刻变化。《决定》部署健全人口发展支持和服务体系，促进人口高质量发展，正是适应这一变化，完善人口发展战略的必然要求，是新时代人口工作的顶层设计。

健全人口发展支持和服务体系，推动以人口高质量发展支撑中国式现代化，要求以系统观念统筹谋划人口问题，按照全局性、综合性的要求拓展工作思路的深度和工作领域的广度，坚持改革创新，不断深化相关领域改革。具体来说，要树立"大人口观"、全人群和全生命周期观念，把健全人口发展支持和服务体系，同制定实施生育支持和激励措施、强化就业优先政策、完善基本公共服务体系和实施积极应对人口老龄化国家战略等实现有机结合。为此，在实施人口发展战略时，特别需要注重提高系统性、协同性和实效性。

健全人口发展支持和服务体系，推动以人口高质量发展支撑中国式现代化，要求人口工作转向更加重视采用引导和激励的方法。保持适度生育水平和人口规模，是人口高质量发展的必然要求。从国际经验看，从低生育水平回升到更可持续的水平，通常会遇到诸多难点和堵点。努力消除各种妨碍生育率回升的障碍，需要家庭生育意愿和社会生育目标逐渐趋于一致，这就要求在工作中更加注重利益引导，加大激励力度，加大支持政策措施的含金量，有效降低生育、养育和教育的直接成本，解除后顾之忧。同时，这也要求在促进人口高质量发展的要求同在发展中保障和改善民生的要求之间，形成目标和手段都一致的相互促进关系。

健全人口发展支持和服务体系，推动以人口高质量发展支撑中国式现代化，要求从诸多方面着手，通过体制机制创新和改革重点展开，达到以下关键目标。首先，加大人力资源开发利用力度，全面提高人口综合素质，以延续人口红利和开启人才红利。为此需要稳定提高人口健康水平、受教育水平和劳动者就业技能。其次，促进生育率向更可持续的水平回升，努力稳定人口规模。这要求完善生育支持政策体系和激励机制，降低生育、养育和教育成本，提升生育意愿。再次，把握人口流动客观规律，推动基本公共服务和其他相关公共服务随人走、钱随人走，促进城乡、区域人口合理聚集、有序流动。最后，努力实现老有所养、老有所为、老有所乐。这要求在实施积极应对人口老龄化国家战略的过程中，把健全基本养老保险制度、完善养老事业和养老产业政策机制与稳妥有序推进渐进式延迟法定退休年龄改革结合起来，提高老年人社会保险的保障和覆盖水平、养老照护满足度和劳动参与率。

健全覆盖全人群、全生命周期的人口服务体系

《决定》提出，健全覆盖全人群、全生命周期的人口服务体系。人口特征的一个重要体现是年龄结构，可以把人口的年龄阶段及其相互关系视为一个人口回声现象，即每个年龄段人口的数量和质量特征都是此前人口特征的回声，不仅反映自身的状况及人口整体状况，还是此前年龄段人口特征的后果，同时对此后年龄段人口特征产生影响。例如，通常在历史上的生育高峰20年后相应形成一个劳动力丰富的人口结构，再过40年左右，这些劳动者则陆续达到法定退休年龄，老龄化水平加速提高，老年人口抚养比必然上升。

以应对老龄化、少子化为重点完善人口发展战略，健全覆盖全人群、全生命周期的人口服务体系，正是针对这种人口回声现象及其体现的人口发展规律采取的因势利导的举措。具体来说，其中体现着三个重要的政策内涵。一是在全体人民都有着对美好生活的期盼和需要的同时，处在每个年龄阶段的人口分别对应着特有的民生需求，"七有"（幼有所育、学有所教、劳有所得、病有所医、老有所养、住有所居、弱有所扶）是具有年龄特征的民生保障。二是每个年龄阶段之间都是彼此相连、相互影响的关系。因此，在实施人口发展战略和健全人口服务体系的过程中，这些民生领域的保障和改善与人口服务体系的建立健全是异曲同工、相辅相成的任务要求。三是旨在促进人口高质量发展的人口服务体系应该以系统观念统筹谋划，树立"大人口观"，着眼于覆盖全人群、全生命周期。具体来说，应该从婚嫁、生育、养育、教育、就业、就医、住房、养老等全方位推进建设，促进人口高质量发展与人的全面发展和全体人民共同富裕协同推进。

推动建设生育友好型社会

《决定》强调推动建设生育友好型社会，这是适应人口发展新形势，积极应对老龄化、少子化问题的关键举措。长期来看，保持适度生育水平和人口规模是最根本的目标。促进生育率向更可持续的水平回升，既不是不可能实现的任务，也不是轻而易举便可以达到的目标。因此，作为一个战略目标，推进实现的过程中既要有时不我待的紧迫感，适时、及时地出台相关政策，也要有足够的历史耐心，持之以恒、久久为功，付出长期的努力。根据人口统计规律，总和生育率为2.1是保证人口发展可持续的更替水平生育率。从世界各国的先例来看，生育率若长期在较低的水平徘徊，通常难以再回升到更替水平。不过，尽可能促进总和生育率向这个方向靠拢，或者在目前的水平上有明显的提高，应该成为政策努力达到的目标，以此使我国人口资源环境关系更加协调，巩固超大规模市场优势，进一步稳步提升综合国力。

在实行计划生育政策时期，人口工作着眼于"管"和"限"，采用较多的是行政手段。以促进生育率向适度水平回升为取向的人口工作，在出台了一系列优化生育政策的"放"的举措之后，需要更加注重引导和激励。这要求政府、社会和家庭之间形成激励相容、治理协同和推动同步的局面。推动建设生育友好型社会就是以应对老龄化、少子化为战略重点，从全人群、全生命周期着眼和入手，以系统统筹、激励引导的方法，健全人口发展支持和服务体系，促进家庭生育意愿与社会适度生育率最大程度地相容。从完善生育支持政策体系和激励机制的任务要求来看，《决定》按照全人群、全生命周期的覆盖要求及顺序，围绕降低生育、养育和教育成本，部署了一系列重大举措。一是建立生育补贴制度，在目前各地普遍做法的基础上，整合各种补贴形式，逐步提高补贴水平，并且与生育保险覆盖范围的扩大协同推进，形成广泛覆盖的家庭育儿支持基本制度，提高生育、养育、教育成本公共化水平。二是提高基本生育和儿童医疗公共服务水平，提升生育全程基本医疗保健服务能力，扩大辅助生殖技术服务资源，完善母婴健康、生殖健康和儿童健康服务体系。三是完善生育休假制度，包括制定产假、育儿假、陪护假、哺乳假的法规和管理办法，创造育儿友好的就业和社会环境。四是加大个税抵扣力度，具体办法可以从提高抵扣的照护婴幼儿年龄和提高抵扣比例两方面发力。五是加强普惠育幼服务体系建设，增加普惠性服务的战略性投入，加大对家庭婴幼儿照护支持和早期发展指导，完善家庭育儿支持服务体系，推动统筹配置0~6岁育幼服务资源，支持用人单位办托、社区嵌入式托育、幼儿园托育服务、家庭托育点等多种模式发展。

完善发展养老事业和养老产业政策机制

《决定》强调积极应对人口老龄化，完善发展养老事业和养老产业政策机制。2023 年，我国老龄化率提高，这既是少子化的结果，也是人口预期寿命提高的结果。2023 年，我国人口平均预期寿命已达 78.6 岁，显著高于世界银行定义的中等偏上收入国家的平均水平，十分接近高收入国家或经济合作与发展组织成员国的平均水平。我国的健康预期寿命（即在身体健康状态下的生存年数）也明显改善。可见，我国的人口老龄化趋势总体上符合各国现代化和人口发展的一般规律，并在一些方面超前于同等发达程度的其他国家。在特殊性方面，既包括未富先老等问题带来的诸多挑战，也包括超大规模老年人口具有的人力资源优势和巨大的市场潜力。《决定》的重大部署就是从完善发展养老事业和养老产业政策机制着力，应对挑战和抓住机遇，努力提高老年人的生活品质。

从完善发展养老产业政策机制的角度来看，2023 年，我国 65 岁及以上人口数量接近 2.2 亿。大龄劳动者和老年人群体既是我国规模庞大的人力资源的一支生力军，也应该成为需求效应显著的一个消费群体。发展银发经济、增进老年人福祉就是为达到这一要求做出的战略安排。银发经济着眼于为老年人提供其所需的产品和服务，具有涉及面广、产业链长、业态多元和潜力巨大的特点，既是解决急难愁盼的民生需求的关键领域，也通过挖掘老年人消费潜力扩大内需，支撑经济长期增长。需要同时用力的方面是创造适合老年人的多样化、个性化就业岗位。2023 年，我国老年人口抚养比达到 22.5%，比 10 年前提高了 9.4 个百分点，这既导致劳动力供给减少，也对养老金持续发放造成压力。实际上，部分已达到法定退休年龄的人口既有继续工作的体能、体魄，也有延迟退休的意愿。按照自愿、弹性原则，稳妥有序地推进渐进式延迟法定退休年龄改革，有助于更充分地挖掘大龄劳动者的人力资本和劳动力潜力，同时提高养老金发放的长期可持续性。鉴于银发经济和涉老产业的性质，应该更好地协调市场机制和产业政策作用，同步发挥需求引导供给和供给创造需求的作用。

从完善发展养老事业政策机制的角度来看，遵循尽力而为、量力而行的原则满足老年人的基本养老服务需求，是人口高质量发展同人民高品质生活紧密结合的关键任务。优化基本养老服务供给应该从完善政策和机制着力，激励全社会积极参与，动员各方面的存量和增量资源。一是通过政策鼓励和市场激励，培育社区养老服务机构，努力提高机构养老覆盖率；二是健全公办养老机构运行机制，提高服务水平、效率和能力；三是鼓励和引导企业等社会力量积极参与，以及推进互助性养老服务。同时要看到，我国发展不平衡的国情特点也表现在养老服务方面。根据第七次全国人口普查的数据，按照常住地统计，我国65岁及以上人口的32.5%居住在城市，20.1%居住在县城，47.4%居住在农村，区域差异和城乡差异也影响老年人的福祉水平。因此，基本养老及相关服务的供给要对困难老年群体倾斜，加快补齐农村养老服务短板，改善对孤寡、残障失能等特殊困难老年群体的服务，推动社会适老化改造，加快建立长期护理保险制度。

完善人口发展战略

完善人口发展战略的宏观目标是以更高的人口整体素质，适度的生育水平和人口规模，素质优良、总量充裕、结构优化、分布合理的现代化人力资源为内涵的人口高质量发展。

人口均衡发展与人口高质量发展

随着我国人口发展进入新常态，推进中国式现代化面临的人口环境和条件发生了深刻的变化。人口发展显现的少子化、老龄化、区域人口增减分化等趋势性特征，是人口发展不均衡的诸多表现。基于1982年、2012年和2023年的数据，我们可以观察不同年龄组人口比重的变化趋势：一是0~14岁儿童人口比重持续下降，在这三个年份分别为33.6%、16.5%和16.3%；二是15~64岁劳动年龄人口比重经历了先上升到峰值并越过转折点后迅速下降的倒U形轨迹，在这三个年份分别为61.5%、74.1%和68.3%；三是65岁及以上老年人口比重持续提高，在这三个年份分别为4.9%、9.4%和15.4%。

此外，各地区在人口格局上表现出较为明显的差异性，并且同经济社会发展表现密切相关。2022年，我国大陆22个省、5个自治区和4个直辖市之间的人口分化显著，人口自然增长率产生5.8‰~8.8‰的悬殊幅度，老龄化率则有5.9%~20.0%的高低差距。人口自然增长率与老龄化率都是人口转变的结果和人口格局的表现，如同一枚硬币的两面，因而两者密切相关。例如，我国各省级行政区的人口自然增长率与老龄化率之间有高达-0.883

的相关系数。人口格局也与经济发展具有相互影响、互为因果的关系，如区域间人口自然增长率与经济增长率的相关系数也高达0.889。

因此，促进人口均衡发展既是人口高质量发展的重要目标和主要内容，也是达到这个目标的前提条件。具体来说，在人口均衡发展和人口高质量发展两个要求之间，表现为一种递进的关系，理解两者的关系可以从两个角度着眼：一是人口发展新常态及其挑战，最直接表现在人口发展的一系列不均衡结果及不可持续因素上，反映在包括生育水平、年龄结构、数量与素质、区域格局，以及人口与经济社会发展水平的关系等方面；二是由于人口发展质量正是孕育于上述这些方面，所以促进人口均衡发展与实现人口高质量发展在手段和目标上高度一致。旨在促进人口均衡发展的政策努力，包括推动形成适度生育水平以稳定人口规模、形成经济和社会合理的人口区域分布、培育与科技进步和产业结构变化相适应的现代化人力资源，以及不断提高人民生活品质，正是解决发展不平衡、不充分的问题，实现人口高质量发展，进而支撑中国式现代化目标的必由之路。

以应对老龄化和少子化为重点

人口的现实格局是历史形成的，每个时期的人口特征都由以往的人口转变所决定。因此，人口现状可以说是过去人口变化的回声。我国人口出生高峰期出现在20世纪60年代，在从1960年人口负增长中得到恢复的过程中，1962—1973年，人口自然增长率均在20‰以上。随后便出现对应这一婴儿潮的人口回声。第一波，20世纪六七十年代，儿童人口的数量增长和比重提高十分迅速，直到80年代才趋于减速。第二波，1980—2010年，年轻劳动年龄人口的数量增长和比重提高十分迅速，形成了"生之者众，食之者寡"的有利人口结构，为这一时期的高速经济增长提供了特殊的源泉——人口红利。第三波，以年轻劳动力开始更快增长的年份为基准，经过三四十年，在劳动年龄人口数量经历一段时间负增长之后，老年人口的数量增长和比重提高显著加速。正是以这个人口回声效应为参照，《决定》做出应对老龄化和少子化的重要部署，特别从以下方面强调了完善人口发展战略的着眼点和发力点。

首先，完善生育支持政策体系和激励机制，推动建设生育友好型社会。总和生育率保持在2.1这个更替水平上，不仅是保持人口可持续发展的社会目标，也是在理想条件下家庭所期望的孩子数量。然而，从极低生育率向这个水平回归，受到一系列经济社会因素的制约。生育率在低水平长期徘徊后回升到更替水平，国际上几乎没有先例。但我们仍可促进生育率向这个方向尽可能靠近，例如，按照2016年国务院发布的《国家人口发展规划（2016—2030年）》中设想的水平，即到2030年总和生育率达到1.8应该成为政策目标，并引导家庭以行动响应。努力实现这一目标，要求政府推动形成体系和完善机制，明显加大政策支持和激励力度，通过家庭与社会的激励相容和共同努力，促进总和生育率回升到更可持续的水平。

其次，着眼全生命周期提高人口综合素质，培育和发挥新人口红利。支撑我国经济高速增长的人口红利在实践中产生于特殊的人口转变时期，即劳动年龄人口增长快于其他年龄人口，进而形成人口抚养比低且持续下降的格局。可见，传统的人口红利是与特定的人口结构特征相联系的。一旦这种年龄结构不复存在，传统的人口红利支撑的增长动能随之减弱。然而，这并不意味着广义人口红利的消失，或经济增长从此失去动力。以转换认识范式为前提，重新定义并着力培育人口红利，即通过促进儿童早期发展、实现托幼一体化、延伸义务教育和国民教育、鼓励终身学习和职业培训等，提高所有年龄组人口的综合素质，完全有机会形成新人口红利，为经济在合理区间增长提供支撑。当然，这还要以健全就业促进机制为条件，着力解决就业的结构性矛盾，使更高水平的人力资源得到充分利用和有效配置。

最后，完善政策机制，促进养老事业和养老产业发展。我国人均国内生产总值于 2023 年达到 12 614 美元，在到 2035 年达到 24 000 美元的发展过程中，我国老龄化率始终高于这个发展阶段上其他国家的平均水平。也就是说，我国在基本实现现代化的过程中，将始终伴随着未富先老的特点。因此，实现老有所养、老有所为、老有所乐，既明显增进老年人福祉，也充分发挥老年人庞大的人力资源和消费力，是完善人口发展战略的重要目标。

用好推进中国式现代化的窗口期

人口发展新常态既带来严峻的挑战，也孕育着新的机会，必须牢牢把握机遇。从现在起到 2035 年，对我国人口与经济社会发展的关系来说，是一个不应忽略的机会窗口。一方面，我国经济仍有潜力保持合理增长速度。根据对潜在增长率的预测，在

2035年前，我国经济能够以年均4.7%的速度增长。这可谓一枝独秀，因为无论是从人均国内生产总值所代表的经济发展阶段来看，还是从老龄化率所表示的人口转变阶段来看，鲜有国家在相同阶段能够达到这样的增长速度。这足以保证有充足的资源，支撑实施应对少子化和老龄化的人口发展战略。

经济总规模能够以较快的速度继续扩大，确保我国的投入增长足以支撑人力资本的加速培养，以及可持续增长能力的持续提高。例如，我国在公共教育支出和研发支出方面都保持着占国内生产总值的特定比例，因此，保障经济总规模的继续扩大，相应的投入即可做到水涨船高。此外，出生人口和儿童人数减少和比重下降也导致少儿人口抚养比下降。例如，在2035年前，17岁以下儿童和6岁以下儿童都将以年均3%的速度减少，意味着延长义务教育年限的资源约束大幅度减弱。经济的增长和儿童人数的减少两个趋势同时存在表明：一方面，以往的劳动力、人力资本、物质基础和创新能力的存量将进一步释放；另一方面，培育和增强这些发展因素增量的保障水平也在提高。所以说，这是完善人口发展战略难得的机遇，也是推进中国式现代化的有利窗口期。

这个窗口期对于完善人口发展战略具有重要的意义。通过健全人口发展支持和服务体系，应对老龄化和少子化，要求明显扩大资源的投入。这个窗口期的核心就在于，我们可以指望一个负担趋于减轻、资源相对丰富的发展时期。国际经验表明，在我国目前所处的这个发展阶段，公共品边界显著得到拓展，社会保障和福利支出表现出大幅增长的特征，政府通常倾向于提供更多的基本公共服务，并承担更多的支出责任。这个一般趋势在我国的体现与完善人口发展战略的要求和做法高度一致，也将经过大体相同的实现路径。从时间上说，这个机会窗口既非永恒也不会长期延续，因此必须清楚认识、牢牢把握和充分利用这个有利的窗口期，以"一老一小"为重点，在应对少子化、老龄化挑战的同时，适应经济社会发展阶段的要求，建立健全覆盖全人群、全生命周期的基本公共服务供给体系。

一方面，推进教育发展和改革，显著提高人均受教育年限。我国收获人口红利的高速增长时期，得益于普及九年制义务教育和高等学校扩大招生这两次教育大飞跃。培育新人口红利也需要一个同等幅度、同等效应的教育飞跃。相应的改革着眼点在于提高受教育年限，以及教育资源的更充分投入和更均等配置，让城乡所有年龄段人群都获得以基本公共服务形式提供的优质教育。特别关注学前教育、农民工随迁子女教育等保障机制，逐步扩大以义务教育阶段为重点的免费教育范围。

另一方面，提高城乡基本养老的保障水平、普惠性和均等化程度，增进全体老年人福祉。经过从无到有、从小到大的发展，我国已经建成世界上规模最大的社会养老保障体系。提高这个体系功效的重点在于补足现存的体制机制短板和缺项，通过改革缩小乃至消除既有的覆盖水平的缺口和保障水平的差距，特别着眼于提高城乡之间、区域之间的均等化程度。与此同时，增强各种社会保障、社会救助、社会福利项目之间的整合性和互补性，形成一个更加完整、统一、普惠的基本公共服务供给体系。从全生命周期形成稳定、良好的预期，提升生育意愿，老年人口获得感与民生福祉同步增进。

建设生育友好型社会

习近平总书记高度重视人口发展问题，多次强调要把握人口变化趋势性特征，完善人口发展战略和政策体系。二十届三中全会通过的《决定》强调推动建设生育友好型社会，就是在中国式现代化面临的人口环境和条件发生深刻变化的情况下，做出的以应对老龄化和少子化为重点完善人口发展战略的重大部署。生育友好型社会是指一个尊重和支持生育的社会状态，表现为整个社会从婚嫁模式、文化舆论、服务体系、激励机制到市场条件等方面均具备必要条件，营造出良好的政策导向、市场激励、家庭环境和社会氛围，鼓励年轻夫妇按照社会习俗婚嫁，按照政策要求生育，同时显著降低生育、养育、教育成本，形成一个愿意生、生得出、生得起、养得好的良性循环，努力保持适度生育水平和人口规模。可见，《决定》提出的这一任务具有顶层设计、综合配套和激励相容的明显特点。

认识、适应和引领人口发展新常态

人口发展新常态的主要表现是少子化、老龄化和区域人口增减分化，根源则是生育率长期下降并处于低水平。从20世纪90年代开始，我国便进入低生育率社会，总和生育率一直低于2.1这个更替水平。近年来，我国总和生育率更是降至极低水平，第七次全国人口普查的数据显示，2020年的总和生育率为1.30。根据联合国2024年最新的估算数据，我国2020年、2021年、2022年和2023年的总和生育率分别为1.24、1.12、1.03和1.00，位于全球总和生育率极低的少数国家之列。长期处于低生育水平，结果必然是人口增长停滞及负增长，老龄化速度和程度超越经济发展阶段，形成未富先老的特征。实际上，我国人口从2022年开始负增长，老龄化率在2021年超过14%，跨越国际公认的老龄化社会到老龄社会的门槛。2023年，我国人口继续以1.48‰的速度减少，老龄化率已经达到15.4%。根据中国人口与发展研究中心的预测，2032年我国老龄化率将超过21%，进入高度老龄社会。

生育率持续下降是经济社会发展的结果，是一个普遍观察到的、具有规律性的现象，也是各国现代化过程中表现出的共性。而且，生育率从极低水平向更替水平回归面临极大的困难和挑战，几乎没有成功的先例。不过，如果把目标设定为生育率朝着更可持续的水平提高，则是经过努力可望实现的目标。归纳人口学和经济学研究成果，观察和分析长期经济发展经验及跨国和时间序列数据，我们可以看到生育率的变化，通常表现出一种"回归均值"的趋势或"趋中律"，即各国分别从或高或低的方向上，以2.1这个更替水平生育率为中心变动。因此，借鉴各国人口转变的一般规律，从我国人口转变的特殊性出发，实现研究视角从关注降低生育率的因素到关注提高生育率的因素转变，从认识和适应人口发展新常态入手，可以达到引领人口发展新常态，以人口高质量发展支撑中国式现代化的要求。

解释生育率下降的传统经济理论认为，低生育意愿和低生育率的微观动机在于家庭生育、养育和教育孩子的成本日益提高，而孩子作为未来的劳动者能够为家庭带来的收益倾向于减少。这就是说，家庭的生育意愿与社会的生育期望之间必然产生激励的不相容，导致家庭所生的孩子数量通常少于社会的期望数量。这里，我们实际上面临一个悖论：若要提高生育率，只有作为生育单位的家庭才能做到，然而作为一个生产和消费活动的主体，家庭却无法做到按照理想的状态生育。也就是说，只有家庭肯生育更多的孩子，社会整体的生育率才能提高，但是生养孩子的成本过高，以致家庭无力履行生育社会期望孩子数的"职责"。打破这个悖论的关键应该是政府承担更多的相关支出责任，显著降低生育、养育和教育成本，改变家庭生育决策中的成本—收益方程式。

完善生育支持体系和激励机制

生育率下降和老龄化程度加深是渗透到经济社会所有领域的全球性挑战，因此，各国都在探讨实施各种鼓励生育的政策，我国一些地方也出台了多种类型的物质奖励措施。对这些措施的效果进行总体评价可知，目前的生育激励措施虽然有益无害，但由于缺乏整体配套性，难以根本性逆转生育率下降的趋势。《决定》提出完善生育支持体系和激励机制，要求以具有顶层设计和基于制度建设的思路、做法及路径予以推进。具体来说就是立足于提高普惠性的社会福利水平，政府承担更多的生育、养育和教育成本，在拓展公共品边界的前提下，从全人群、全生命周期着眼和入手，有针对性地提供更充分的基本公共服务，从公共财政上落实"七有"，从而形成有利于理性做出家庭生育决策的成本—收益关系，进而实现家庭生育意愿与社会生育期望相一致。

首先，通过扩大基本公共服务范围、改善服务水平等方式，降低生育、养育和教育的直接成本。一是在整合各种补贴形式、逐步提高补贴水平的基础上建立健全生育补贴制度。与生育保险覆盖范围扩大相协同，形成广泛覆盖的家庭育儿支持基本制度，提高生育、养育和教育成本的公共化程度。二是提高基本生育和儿童医疗等方面的公共服务水平，提升生育全程基本医疗保健服务能力，扩大辅助生殖技术服务资源，完善母婴健康、生殖健康和儿童健康服务体系。三是加强普惠育幼服务体系建设，推动育幼活动从家庭向市场和社会逐步转变，育幼布局从生活社区向工作社区合理延伸。四是逐步扩大免费教育范围，特别是以基本公共服务的方式，加强学前教育和儿童早期发展项目，实现减轻家庭生育、养育和教育负担同提升全社会人力资本有机统一。

其次，通过政策调整、制度建设和机制完善，降低生育、养育和教育的机会成本。有些与生育、养育和教育相关的成本是无形的，并且造成对家庭及其女性成员的长期不利影响。例如，女职工承受过重的生育、养育和教育负担，会使这个群体在岗位获得、职场升迁和职业发展等方面处于不利地位。即使有一些受到法律法规保障的职工育儿权益，女性职工有时也会以隐形的方式受到劳动力市场的"惩罚"，使她们未来的职业发展遭遇障碍。因此，用制度形式保障权益和降低生育、养育和教育的机会成本，要求从立法、执法、规制等方面完善包括产假、育儿假、陪护假、哺乳假等在内的生育休假制度，创造育儿友好的就业环境，让违法和违规的市场主体受到有形的惩罚，确保不让遵规守法的家庭和劳动者付出无形的代价。此外，加大个税抵扣力度，譬如提高抵扣的照护婴幼儿年龄，以及提高抵扣照护和教育费用比例等，也是一种基于制度的生育激励机制。

最后，从全生命周期提供更充分均等的基本公共服务，通过稳定家庭预期提升生育意愿。生育支持体系和激励机制是一个着眼于覆盖全人群、全生命周期的基本公共服务供给体系，也是构成生育友好型社会的主要支柱。从迫切的现实需要着眼，应该明显改善全社会的儿童养育环境，在现行义务教育基础上提高受教育年限，提高就业质量和稳定性，让所有人能够获得更好的社会保障、承担得起保障性住房，以及得到基本养老保障和服务。从战略层面，这些方面均在《决定》中得到部署，包括加强普惠育幼服务体系建设、探索逐步扩大免费教育范围、健全就业促进机制、健全社会保障体系和社会救助体系、实施健康优先发展战略、优化基本养老服务供给、加大满足刚需的保障性住房供给等。

以畅通社会流动激发家庭生育意愿

生育意愿不仅反映家庭当下的财务预算和精神需求，更取决于家庭的长期福祉预期，包括父母对自身职业及孩子发展的考量。人们攀登社会阶梯面临的均等机会，即向上社会流动的必要条件，包括更优质的教育、更高质量的工作、逐步提高的收入和不断改善的生活品质等。在微观层面，社会流动表现为家庭内子女一代的生活质量比父母一代有显著的改善。在宏观层面，社会流动表现在社会整体的代际和人口队列间生活质量有明显的改善趋势。在家庭长期预期良好、社会流动性强劲的情况下，家庭的生育意愿就会更接近社会期望的生育水平。鉴于扩大市场机会和消除体制机制障碍是促进社会流动的根本举措，也就必然是建设生育友好型社会的基础。

国际经验表明，在发展的早期，生育率从较高的水平上迅速下降，通常伴随着收入水平的提高和私人财富的积累，表现为总和生育率与人均国内生产总值变化方向的负相关关系。然而，在更高的发展阶段，很低的生育水平已经成为常态或稳态。以此为起点，生育率朝着更替水平回升则取决于更高的人类发展水平，不仅包括人均收入，还包括受教育年限和预期寿命等社会发展指标的改善。那些生育率回升效果较为明显的国家通常具有极高的人类发展水平，以及与之相伴的更符合期望的社会流动性、主观幸福感和性别高度平等等表现。对我国来说，从这些方面着眼促进社会流动，提高人类发展水平，既是创造生育率回升条件的必要之举，也是提高人口素质和人民生活品质的必然要求。

畅通社会流动渠道的各项举措要求全局着眼、顶层设计、整体协调和综合施力，在《决定》中均得到充分的体现和明确的部署。首先，在努力保持合理经济增长速度的前提下，促进高质量充分就业，以保证市场机会持续涌现，并公平均等地惠及每个人口群体。其次，完善初次分配、再分配和三次分配的作用机制，有效解决收入和财富分配不平等的问题，显著缩小基本公共服务差距。最后,破除各种阻碍社会流动的体制机制障碍,包括完善促进机会公平制度机制,畅通社会流动渠道;推进户籍制度改革、用人和招工制度改革,以及改进档案和就业信息服务等;优化创业促进就业政策环境,支持和规范发展新就业形态;完善劳动关系协商协调机制,加强劳动者权益保障,让社会保障确实覆盖特殊就业人群和新就业形态人员。

从提高生育率和增长率中赢得改革红利

随着人口转变进入更高的阶段,生育率下降是一个符合规律的现象;随着经济发展进入更高的阶段,经济增长也不可避免地从高速转向中高速乃至中速。然而,我国人口和经济国情未富先老的特征意味着仍然存在尚未被挖掘的生育潜力,以及有待开启的经济增长动能。这些都需要进行相应的体制改革、政策调整和制度建设,由此获得提高生育率和增长率的改革红利。概括而言,能够把挖掘生育潜力和经济增长动能毕其功于一役的政策框架不在传统的宏观经济刺激工具箱中,而在于覆盖全民、全生命周期的社会福利体系,或者说以"七有"为内涵的基本公共服务保障。加快建立这个体系的过程也就定义了中国式福利国家的建设,可以达到以下期望的目标。

挖掘人口生育潜力

联合国调查显示了一个饶有趣味且符合逻辑的现象:世界各

国的总和生育率虽然有天壤之别，从不到 1 的水平直至高达 7 不等，各国居民却表达出大致相同的期望孩子数——大约为两个，基本上等于 2.1 这个更替水平的总和生育率。这也意味着实际生育率无论是向上还是向下偏离这个期望孩子数，都可以在一定的条件下向该水平回归。除了遵循经济社会变化的一般趋势，我国极低生育率的形成还受到一些特殊因素的影响。至今，诸多因素已经构成一个影响生育意愿的既定格局，包括长期实行严格的计划生育政策、社会福利的整体水平和包容性较低，以及社会流动的不充分性等。可见，我国居民的期望孩子数应该不会显著低于更替水平的总和生育率，生育潜力远未充分挖掘。国际经验也表明，在人类发展水平和性别平等程度都达到极高水平的条件下，已经降低的生育率可以形成回升的趋势。

提高居民消费意愿

扩大居民消费通常有两条路径：一是通过扩大就业和增加居民收入，提高居民的消费能力；二是通过改善收入分配、提高基本公共服务水平和均等化程度，提高居民的边际消费倾向。这两个方面都有巨大的潜力可供挖掘。除了收入水平及其差距导致的消费能力不足，城乡二元结构等体制因素造成的社会保障不健全，也使得部分居民在家庭支出决策上存在后顾之忧，边际储蓄倾向过高，消费意愿受到了抑制。从构成城镇就业主体的两个劳动者群体（即城镇中低收入劳动者和进城农民工）身上可以看到这种现象。城镇中低收入劳动者在老龄化和现收现付养老保险制度条件下，肩负养老保险缴费者、家庭老年人赡养者和预防性储蓄者的三重负担；进城农民工尚未取得城镇户籍因而未均等地获得基本公共服务保障。因此，虽然处在最活跃的就业状态，这些重要人口群体的消费意愿却受到了压抑。通过完善制度建设和打破相应的制约，可以显著增强他们的消费倾向。

提高人民生活品质

从人口层面看，生活品质的提高取决于两个来源，一是作为就业和创业回报的收入增长，二是由政府和社会提供的基本公共服务水平提高。这两个来源在提升人民生活品质中的相对重要性，与人口转变阶段和经济发展阶段紧密相关。随着人口发展进入少子化、老龄化阶段，居民对社会保障和社会福利的需求日益提高。随着经济发展进入更高阶段，生产率提高和社会财富积累既提出更均等分享的制度需求，也为必要的再分配创造了财政可能性。各国发展经验揭示了一个被称为"瓦格纳法则"的现象：随着人均收入水平的提高，政府支出（特别是社会性支出）占国内生产总值的比重也逐渐提高。由此可见，社会福利的覆盖面扩大后，挖掘生育潜力和提高消费意愿有助于保持我国经济在合理区间增长，从而与现代化的推进过程同步提高人民生活品质。

如何推动实现人口高质量发展

党的二十大报告做出了优化人口发展战略的重大部署。二十届中央财经委员会第一次会议进一步强调，以人口高质量发展支撑中国式现代化。中外在不同时期的发展经验表明，人口发展与经济社会发展既可以具有相互促进的关系，也可能形成相互制约的局面。改革开放以来，我国人口经历过多年的劳动年龄人口增长、人口抚养比下降、新成长劳动力受教育程度提高等有利的变化，意味着相应时期的高速经济增长受益于人口红利。

早在20世纪90年代初，随着总和生育率降低到2.1这一保持人口稳定的更替水平以下，我国的人口转变进入新阶段。此后，人口发展经历了2012年以来劳动年龄人口的负增长，进而从2022年开始了总人口的负增长。二十届中央财经委员会第一次会议指出，我国人口发展呈现少子化、老龄化、区域人口增减分化等趋势性特征，提出完善新时代人口发展战略，做出认识、适应、引领人口发展新常态的战略安排。基于人口与经济发展关系的研究，本节将阐释人口高质量发展的内涵及对于中国式现代化的重要意义，针对促进人口高质量发展的政策着力点提出建议。

人口可以对经济社会发展产生重要的影响，也可以与后者具有相互促进或彼此制约的关系。改革开放后的前30年，正是由于有利的人口结构特征，我国经济享有劳动力充足、人力资本改善迅速、储蓄率和投资回报率高，以及劳动力转移创造的资源重新配置的效率等优越条件，得以独一无二地实现了同期全球最快的增长速度。

随着人口年龄结构变化趋势发生反转，原来有利于经济增长的诸多因素趋于弱化，经济增长速度出现了下行的趋势。人口转变阶段变化对经济增长的影响，从供给侧来看，表现在要素供给和生产率提高的能力减弱，因而潜在增长率趋于降低；从需求侧来看，表现在人口减少和老龄化产生对社会总需求的抑制，特别是居民消费成为制约增长的常态因素。从理论和现实两重维度来认识，有助于更好地适应和引领这一新趋势。

人口红利并不是永恒的增长源泉，在更高的发展阶段，随着传统增长动能的减弱，经济增长的减速也具有客观必然性。国内生产总值增长速度的国际比较可以清晰地揭示这个规律性现象，跨国数据显示，在从中等偏上收入阶段到高收入阶段的过渡中，一个国家的人均国内生产总值约 13 000 美元时，经济增长通常会遭遇减速。因此，在更高的收入阶段，增长速度平均来说较低。例如，2009—2019 年，处于人口红利后期的中等偏上收入国家，其国内生产总值年均增长率平均为 5.4%，而处于后人口红利时期的高收入国家，其国内生产总值年均增长率平均仅为 2.1%。不过，各国经济增长减速的时间和幅度差异较大，那些政策应对得当的国家可以延长人口红利，也可以赢得新的发展动能，因而经济增长的减速更加平缓。

我国人口转变的未富先老特征既意味着挑战的特殊严峻性，也意味着仍有独特的潜力。若能充分认识到人口发展新趋势，适应和引领人口发展新常态，着力转变发展方式和培养增长新动能，我国仍然面对新的发展机遇。得天独厚的表现是，通过优化升级产业结构、推动新型城镇化和乡村振兴，庞大的人口规模可以展现出巨大的潜力，从供给侧和需求侧保障经济增长长期处于合理区间。

依照 2035 年成为中等发达国家的要求，我们可以把人均国内生产总值在 20 000~25 000 美元的国家作为一个参照系，看一看通过缩小一些结构性的差距，我国可以挖掘的人口红利潜力。从结构性调整中可以挖掘巨大的规模潜力，以此支撑中国式现代化，显著地表现在以下方面：第一，农业就业比重降低 18.8 个百分点，可释放出 1 亿多非农劳动力，有助于提高潜在增长率；第二，城镇化率提高 7.8 个百分点，可增加 1 亿多城镇人口，有效扩大城市建设和居民消费需求；第三，居民消费率（居民消费支出占国内生产总值比重）提高 19.2 个百分点，可以产生巨大的消费增量，按照 2021 年我国居民消费支出总额推算，这个消费增量比意大利这样的发达国家一年的消费总量还大。

人口高质量发展的内涵和意义

由此可见，推进和实现中国式现代化不仅需要应对人口发展新挑战，引领人口发展新常态，还可以从人口高质量发展中获得有力的支撑。从我国面临的现代化任务目标出发，从我国特有的人口挑战着眼，我们可以从四个方面概括人口高质量发展的本质内涵和现实意义。

第一，符合所处发展阶段的适度生育水平和稳定人口规模。第七次全国人口普查的数据表明，我国目前的总和生育率为 1.3，大大低于世界平均 2.3 的水平，甚至低于中等偏上收入国家和高收入国家平均 1.5 的水平。如果这个已经很低的生育率持续下去，甚至进一步降低，难免导致总人口加快减少和老龄化加速，还可能陷入低生育率陷阱。虽然生育率下降总体上是经济社会发展的结果，但是我们看到，我国实施了 30 多年的计划生育政策也造成了抑制生育水平的独特效应。这意味着我国的生育潜力尚未完全挖掘,通过完善基本公共服务,降低生育、养育和教育成本,生育水平仍有希望向更可持续的水平回归。

第二,符合国土空间优化要求的人口区域分布及动态均衡。我国人口的一个趋势性特征是区域人口增减分化。从2021年人口自然增长率和机械增长率的区域差异可见,区域人口增减分化实际上是近年来区域经济发展差异的一种折射。特点是沿海地区自然增长率较低,但该地区强劲的经济增长和更多的就业岗位具有较大的劳动力吸引力,所以大多为人口净迁入的地区。中西部有些省份的人口自然增长率仍较高,同时在一些省份也出现了经济加快赶超和外出劳动力回流的势头。东北地区和其他少数北方省市则成为低出生率和劳动力高流出率最突出的地区。为应对这一新趋势,要求在促进区域均衡发展时,从经济和人口领域同时用力。

第三,适应科技革命新趋势的现代化人力资源。人口红利并不仅限于劳动力数量丰富这个因素,实际上,有利的人口年龄结构特征也表现为受教育程度更高的新成长劳动力不断进入就业市场,形成人力资本的整体改善。随着人口负增长和老龄化程度加深,人力资本积累也面临挑战:一是新成长劳动力减少,劳动力素质的整体改善相应放慢;二是大龄劳动力受教育程度低,技能难以适应产业和技术的急剧变化;三是人工智能的最新发展对劳动者的传统技能甚至传统认知能力构成竞争,实现充分就业必须克服日益严峻的结构性就业困难。可见,劳动力的数量和质量既是相互替代的关系,也是相互补充的关系,从数量和质量两方面加大力度培育现代化人力资源，是促进人口高质量发展的关键领域。

第四，按照共同富裕目标不断提高的人民生活品质。以人口高质量发展支撑中国式现代化，能够更好地体现中国式现代化的目标同实现手段形成有机统一。也就是说，挖掘人口红利潜力和促进形成人才红利，既是保持经济持续增长的必由之路，也促进发展成果的共享。例如，促进形成生育友好型社会的相关举措都与基本公共服务体系的改善要求完全一致，创造更多、更高质量的就业岗位是保障和改善民生之本，提升人力资本的相应举措也有助于促进社会流动和人的全面发展。

促进人口高质量发展的着力点

人口发展的新趋势和新常态是客观规律的反映，既需要理性认识和主动适应，也需要通过有针对性的政策部署和制度建设积极应对挑战和抓住机遇，进而引领这个新趋势和新常态。在前文阐释的基础上，一旦把握住人口高质量发展的内涵和根本要求，促进人口高质量发展的政策路径和着力点就会越发清晰。下面，我们简述几个关键的政策着力点。

首先，从全生命周期提升生育意愿和生育率。联合国在世界各地进行生育意愿调查时发现，虽然各国实际生育水平大相径庭，但是生育意愿出乎意料的相似，平均意愿生育水平大体上相当于 2.1 这个更替水平。也就是说，在不受任何约束的条件下，人们期望的孩子数从宏观意义上恰好可以保持人口稳定。可见，就提高低于更替水平的生育率而言，公共政策仍有很大的作用空间。以我国家庭为例，年轻夫妻面临十分紧张的家庭时间预算约束，在职业发展和家庭发展之间的焦虑取舍往往导致生育意愿降低。直接降低生育、养育和教育成本的相关举措固然有益，从生育、养育、教育、就业、社会保障和养老等全生命周期入手，建立健全覆盖全民的基本公共服务供给体系更能从根本上消除后顾之忧，释放生育潜力。

其次，挖掘人口红利潜力和开启人才红利。如果仅看劳动年龄人口的负增长，我国似乎难再形成大规模的新成长劳动力，但是，农业剩余劳动力和非农产业中生产率较低领域劳动力的转移仍可释放出新的非农劳动力供给。从这个意义上，旨在挖掘人口红利潜力的改革可以创造出真金白银的改革红利。户籍制度改革等有利于要素流动和重新配置的改革，应该着眼于合理分担改革成本和分享改革收益，增强改革激励相容，进而加快进度和加大力度。此外，为了培育人力资本这一可持续要素，以人才红利支撑高质量发展，应该利用2035年之前青少年人口占比下降、公共教育经费较快增长这一时间窗口，延长义务教育年限、提高教育质量和均等化水平。

最后，促进人口发展质量与人民生活品质的同步提高。人口发展质量和人民生活品质之间的一致性关系，既符合现实逻辑，也具有政策含义。一方面，两者反映出相同的内涵。联合国开发计划署编制的反映生活品质的人类发展指数，包括人均国内生产总值、教育和健康三个板块，均与人口高质量发展的内涵完全相同。另一方面，所有提高人类发展水平的举措，同样具有提升生育意愿和生育率的效果。事实上，瑞典等国家的福利国家建设实践，初衷就是应对生育率下降和人口增长停滞危机。最新研究也表明，在人类发展和性别平等都达到极高水平的条件下，生育率将出现反弹的趋势。我国在走向现代化的过程中，保持适度生育水平的政策举措完全可以与社会福利体系建设统一起来。

第二章
认识人口红利和新人口红利

关于人口与发展关系的认识范式转变

二十届中央财经委员会第一次会议提出要求：必须全面认识、正确看待我国人口发展新形势，认识、适应、引领人口发展新常态，以及以人口高质量发展支撑中国式现代化。为了更好地贯彻落实这一重大部署，使相关的政策更具针对性并取得实效，要求学术界和政策研究界在多领域进行深入的研究，特别是在理论上，需要与时俱进地实现一个关于人口—经济—社会关系范式的转换。

从经济学的发展来看。在200多年前，托马斯·马尔萨斯构造了最早的人口与经济发展的关系范式。由于马尔萨斯的研究主要依据的是工业革命之前和早期的经验，在理论中未能包括技术进步这个重要前提，所以在资源和生活资料以自然级数增长、人口却以几何级数增长的假设下，人口规模的扩大会把人均产出摊薄，因而不可避免地降低生活水平。可见，在马尔萨斯看来，人口与经济发展进而与社会发展之间，非此即彼或此消彼长的关系占据主要地位，由此也形成了人口与经济、社会发展之间的替代取舍关系范式。

工业革命以来的技术进步打破了资源对经济增长的绝对制约，也破除了人口增长必然降低人均收入的迷思。在学术界和舆论界，传统的人口—经济—社会关系范式日益受到挑战。传统的理念和研究范式通常需要经历一个旷日持久的过程，才会被新的理念和研究范式所替代。不过，在这个转变的过程中，产生了诸多的学术流派和汗牛充栋的研究成果。下面，我仅以其中最具代表性的理论为例，对人口—经济—社会关系范式转换过程做一个简单的梳理。

与此相关的讨论，可以说从理论假说到经验证据，都是针锋相对的。① 一方面，以马尔萨斯观念为研究范式或理论基础，在20世纪中叶及稍晚的时期，关于人口—经济—社会关系的新马尔萨斯主义，以各种学术流派的面貌或非学术运动的形式出现。例如，低水平均衡陷阱假说或贫困恶性循环假说，把人口的过度增长作为不发达状态和低收入水平持续存在的基本原因；关于人口爆炸的预言和增长极限的警示，也极力渲染人口增长是经济社会发展不可持续的根源，因而在政策上倡导"零增长"；直至今日，在关于全球气候变化的讨论中，也不乏把问题的根源归结为不发达国家人口过度增长的经济学家。

另一方面，在学术界和社会活动领域，始终存在对以上理念和范式持强烈批评态度的对立阵营。例如，朱利安·西蒙等学者认为，森林、土地、气候、矿产、水源等自然资源禀赋并不具有

---

① 中国发展研究基金会. 人口形势的变化和人口政策的调整 [M]. 北京：中国发展出版社，2012：22-25.

绝对短缺的性质，只要政治、制度、管理和市场等机制能够发挥良好的作用，长期而言，人口增长是有利于技术进步和经济社会发展的。与此同时，在这种以争论为主要动机的批判性思潮中，也逐渐孕育出更规范的经济理论学派。

随着学术讨论的深化，研究者不再把人口增长对经济发展的影响简单地看作正面或是负面，而是越发深入新的层面，即观察随时间变化在不同的经济发展水平、技术条件、资源存量和人口规模下，人口与发展之间更复杂的内生关系。相应地，简单地使用"悲观派"和"乐观派"这种二分法来概括学术争论和政策决定中的对立如今也不再适宜。人们越来越注重观察理论分析方法和经验检验过程是否科学。在微观层面，加里·贝克尔等人从家庭养育孩子的成本和收益视角着眼，构建了经济社会因素如何决定或影响生育率的理论模型。在宏观层面，人口红利理论则着眼于人口年龄结构和抚养比变化，对人口转变与经济增长之间更为紧密的关系进行经验检验。

对进入以少子化、老龄化和区域人口增减分化为特征的人口发展新常态，并且正在积极应对人口老龄化挑战的中国来说，长期发展起来并积累下来的这些理论存量无疑都具有一定的借鉴意义。很多发达国家较早步入少子化和老龄化阶段，在一国的地区之间及国家之间也出现了人口增长分化的现象。遭遇挑战的国家大都采取过形形色色的应对政策，由此积累的经验和教训也值得借鉴。然而，我国人口发展的新常态具有诸多特殊性，要求我们在实践中善于把应对人口转变的一般做法与面对的特殊挑战相结合。为了达到这个要求，研究者需要突破既有的理论框架，着眼于以中国经验构造人口—经济—社会关系的认识范式。

我国的人口国情及其变化赋予中国式现代化以明显的特色。一方面，在中国之前，人类历史上从未有过如此大规模人口同步实现现代化的先例，也未曾发生过同样规模人口的负增长和老龄化。从我国人口在全球的占比来看，预计从2022年到2035年，总人口占比将从18%降低到16%，65岁及以上人口占比将从25%提高到27%。这种规模效应无论表现为人口问题上的更大挑战还是更大机遇，都是其他国家未曾经历过的。另一方面，鉴于我国存在城乡之间、区域之间、产业之间显著的发展不平衡，存在人口群体之间较大的收入差距，人口高质量发展水平及其支撑中国式现代化的能力，必然遭遇格外的难度和突出的堵点。

因此，加强对我国面临独特挑战的学术探讨和政策研究既重要又紧迫。着眼于提高对14亿人口现代化规律的认识，有助于我们把握适合于中国国情的特色现代化路径，推动建立和完善现代化的体制和机制，以及避免在这个过程中延误时机、错过机遇和陷入堵点。从履行智库研究者的职能出发，我们应该在多领域全方位加大研究力度，通过多种途径提高研究水平。只有在完成人口—经济—社会关系的认识范式从替代取舍到良性循环转换的基础上，才能确实交出有益的学术答卷。

从加大研究力度和提高研究水平的要求来说，我认为应该特别在以下几个方面着眼和发力。首先，深入理解我国的人口国情及其变化，特别是把未富先老特征对经济社会发展的影响机理和表现研究透，非此便难以提出可行、有效的破解之策。其次，在博采既有各种理论之长的基础上，加强理论的集成和创新，特别是需要实现人口学、经济学、社会学、社会保障理论等领域的有机融合，形成学科交叉的优势。最后，既要重视吸收各国形成的经验和教训，又要加强对我国各地实践经验的总结，以便在应对人口—经济—社会关系的挑战中，能够将顶层设计同摸着石头过河实现良好的结合。

全面认识人口红利

人们常常用"生之者众，食之者寡"形象地刻画有利于经济增长的人口年龄结构。意思是，如果我们把"生之者"视为劳动年龄人口，把"食之者"视为非劳动年龄人口，这样的人口结构就表现为：劳动年龄人口增长快、占比高，非劳动年龄人口增长慢、占比低。

一般来说，这就是能够带来人口红利的合意的人口结构特征。反之，一旦人口年龄结构逆转到"生之者寡，食之者众"的格局，即劳动年龄人口负增长从而占比下降，而非劳动年龄人口（特别是老年人口）增长快从而占比提高，就意味着人口红利的消失。

如何认识现实中的人口红利现象？不妨设想一个生产函数，其中等式右边的各种变量均被用来解释等式左边的国内生产总值增长率。根据经济学家已达成共识的生产函数自变量，我们可以观察其中每一种作为影响经济增长的因素，对国内生产总值增长率的贡献及其变化。实际上，借用生产函数这个概念，意图就在于揭示人口红利的具体统计含义，从供给侧认识经济增长现象。

以下是"生之者众"条件下的情形。

第一，人力资源对经济增长的贡献。这种贡献可以从劳动者的数量和质量两个方面来考察。一是用人数来衡量的劳动力。劳动年龄人口并不全是劳动力，因为在符合法定就业年龄的人口群体中，总有一部分由于在学、生病、失能或者需要照料子女或老人等原因，并没有进入劳动力市场的意愿。显然，只有那些有就业意愿的劳动年龄人口才是劳动力。不过，劳动参与率（即希望就业的人口占劳动年龄人口的比例）一般是相对稳定的。所以，劳动年龄人口的规模和增长决定了劳动力的规模和增长。二是用平均受教育年限来衡量的人力资本。在中国的情形下，新成长劳动力具有更高的受教育程度，因此，当这个人口群体增长快的时候，劳动力整体的人力资本改善速度提升明显。

第二，物质资本对经济增长的贡献。这种贡献也可以从两个方面来观察。一是经济活动中的物质资本投入，包括维持简单再生产的流动资金和形成新的生产能力的固定资产投资。二是为使用土地或其他资源而投入的资金。这种物质资本的投入与人口年龄结构有密切的关系。一方面，"生之者众，食之者寡"就意味着具有较低且持续下降的人口抚养比，因此社会有条件形成较高的储蓄率。另一方面，劳动力供给丰富，就可以使物质资本与劳动力之间维持合理的投入比例，阻止资本报酬递减规律发挥作用，避免出现资本投入内卷的现象，就能保持较高的投资回报率。

第三，生产率对经济增长的贡献。根据生产的性质和度量的方法，通常有两个重要的生产率指标。劳动生产率衡量的是单位劳动投入创造的产出，通常由人力资本水平、资本投入强度和全要素生产率水平决定。全要素生产率是资本、劳动、资源等要素投入的产出贡献之外的产出增长，主要反映的是要素的配置效率。在有利的人口机会窗口期，除了人力资本的积累和新机器设备的使用，农业剩余劳动力大规模地转移到非农产业，实现更充分的就业，就意味着资源从生产率较低的部门转移到生产率较高的部门，实现重新配置。对我国来说，劳动力资源的重新配置在相当长时间里是生产率提高的主要源泉。

有利的人口结构在上述方面对经济增长的贡献，表现为生产函数中相应变量的系数为正值，合成的结果就是强劲的产出能力，使一个经济体具有更高的潜在增长率。然而，"生之者众"的人口结构特征不是永恒的，一旦劳动年龄人口在达到峰值后开始减少，人口结构特征就逐渐转变为"生之者寡"，上述各种与人口相关的因素或变量就会按照相反的方向影响经济增长，变量的系数就转为负值，这通常会通过劳动力短缺、劳动力素质改善速度放缓、资本回报率下降、生产率提高减速等使潜在增长率下降。

由此可见，并非从劳动力丰富这一个特征即可充分认识人口红利，也不能单纯观察经济计量模型中设定的代理变量（即人口抚养比）的系数作用，而是需要认识到几乎所有增长因素或解释变量都反映出人口红利的作用。一旦了解这一点，我们就能够对以往研究中得出的诸多结论做出新解，即人口红利的解释。这样做即便不算是对传统经济学理论的颠覆，至少可以为以往增长理论的新古典式的老生常谈增强一些解释力。

对于人口增长，无须谈"负"色变

国家统计局的最新数据表明，2022年年末我国人口为141 175万人，比2021年年末少85万人，自然增长率为-0.60‰。这意味着我国人口于2021年达到峰值，从2022年开始进入负增长阶段。生育率从高到低、人口增长率从正到负、老龄化率从低到高都是经济社会发展的自然过程，也是符合预期的。然而，我国这一人口变化新趋势虽是水到渠成的结果，时机上却出乎意料，值得在认识上予以重视，在政策方面及时应对。

面对人口负增长，我们既不应掉以轻心，也无须谈"负"色变，更不必在"乐观"和"悲观"之间选边站队。对于人口负增长问题，我们从三个角度着眼进行解析，澄清一些广为流传却容易误导公众的认识，希望能够对形成正确认识进而做出有效的政策应对有所助益。

人口负增长的来临早于预期

有人可能会认为，既然人口变化趋势是已知的，也就没有必要反复提及和过度渲染新出现的人口负增长现象。问题在于，面对一种国情的变化情况，终究要从政策上做出适应性的调整，才可以做到有备无患。更重要的是，人口负增长的到来比我们原来预期的时间早了很多，以致在认识上和应对措施上还缺乏准备。

鉴于我国没有定期发布的人口预测数据，所以大多数人对人口变化的认知相对于现实来说明显滞后。不过，联合国经济和社会事务部人口司经常性地根据各国（地区）提供的基础信息，对人口趋势进行预测并予以发布。该机构在 2019 年的预测仍然显示中国人口将在 2025 年后达到峰值，对老龄化率的预测也明显低估。在国家统计局公布 2022 年人口数据后，我们才发现，我国人口达峰年份和老龄化程度至少比联合国的预测提前了 5 年。

人口峰值、人口负增长和更深度老龄化的提前到来，不仅仅是在认知上造成了一次冲击，更重要的是可能导致政策应对上的延滞。跨国数据和一些国家的个案都表明，在劳动年龄人口进入负增长阶段之后，经济增长速度会在供给侧遭遇冲击，总人口达峰并转入负增长阶段，还会在需求侧遭遇冲击，特别是在老龄化率越过 14% 这个拐点之后，消费需求通常转弱。因此，对于突如其来的人口负增长和更严重的老龄化，我们需要在认知上补课，既认识到这个趋势的必然性，也了解所面对情况的严峻性和紧迫性，科学冷静地认识我们面临的挑战和机遇。

增量的挑战和总量的机遇

有人以我国人口和劳动力仍将保持庞大的规模为依据，认为正在发生的人口变化不会对经济增长施加实质性的干扰，因而并不值得大惊小怪。这个认识视角只能说部分正确，同时却会导致对现实挑战不该有的忽视。当我们讨论人口因素对经济增长的影响时，着眼点在于增量的变化，而不在于总量的规模。也就是说，人口是正增长、零增长还是负增长，对于经济增长的影响大不一样，足以产生在方向上南辕北辙、在程度上天壤之别的结果。

首先，在人口进入负增长阶段之后，劳动年龄人口的减少加速，导致我国经济的潜在增长率比原来的趋势进一步下降。

2011—2022年,即劳动年龄人口达峰到总人口达峰期间,我国15~59岁劳动年龄人口的减少仍然处于缓冲期,年平均减少0.14%,随着缓冲期的结束,2022—2035年,劳动年龄人口减少的年均速度将提高到0.83%。这将产生降低潜在增长率的结果,包括:劳动力短缺,导致工资成本提高;新成长劳动力减少,减缓劳动力整体人力资本的改善;资本投入快于劳动力投入,导致投资回报率下降;劳动力转移,即资源重新配置空间,导致劳动生产率提高速度下降。

其次,人口负增长和深度老龄化使需求因素(特别是居民消费)成为经济增长的常态制约。我国人口、经济和消费的增长相互影响、互为因果,近年来已经同步减速。不仅老年人的消费能力和消费意愿受到低就业率、劳动收入和保障水平的制约,大龄就业者也由于承受缴纳养老保险、赡养家庭老人和预防性储蓄等负担,消费明显被抑制。在一些城市的调查显示,居民在23~85岁这个生命周期,年龄每提高1岁,平均消费支出降低1.8%。

跨国数据显示,在老龄化率超过14%这个老龄社会门槛后,居民消费支出占国内生产总值的比重趋于降低。对我国来说,不仅人口负增长将对消费增长造成更大的冲击,2021年老龄化率达到14.2%,标志着成为老龄社会,居民消费也进入相对疲弱的轨道。

最后,人口抚养比加快提高,削弱基本养老和医疗保障体系的可持续性。从人口峰值前后各10余年来看,60岁及以上老年人与16~59岁劳动年龄人口的比率(老年人口抚养比)年均提高速度预计从2010—2022年的3.8%显著增加到2022—2035年的 4.5%。由于我国基本养老保险和医疗保险具有现收现付的性质，即社保缴费和支付在当期同步完成，在缴费者和领取者人数日益不对称的条件下，这个体系的可持续性堪忧。

规模庞大的人口存量仍然是我国的优势所在，也为人口负增长条件下经济社会发展提供了机遇。从供给侧来看，虽然劳动年龄人口加速减少，但是就业结构调整仍然可以大幅度增加劳动力供给。2021年，我国农业就业比重为23%，比高收入国家平均水平高出20个百分点。设想农业就业比重降低的三种情景：降低1个百分点所释放的劳动力就超过马里、也门等国家的劳动力存量，降低10个百分点释放的劳动力则超过巴基斯坦和俄罗斯等国家的劳动力存量，降低20个百分点释放的劳动力甚至超过中东和北非国家的劳动力总和。

从需求侧来看，庞大的人口规模也是扩大消费需求的巨大潜力因素。2021年，我国人口在全球占比为17.9%，而居民消费总支出仅为全球总额的12.8%，这意味着我国的人均消费支出还低于世界平均水平。如果缩小这个明显的差距，即让我国消费和人口的全球占比相等，可以使我国居民的总消费支出增加39.4%，这个增量总额甚至大于日本、德国、英国和印度这些国家的消费支出。

应对负增长，改革的紧迫性凸显

有人指出，人口负增长并不会终结经济增长，劳动力质量替代数量、机器（人）替代劳动者、人工智能提高生产率，这些都是推动形成高质量发展新格局的因素，无疑是增长的新动能。

然而，这些积极因素的存在并不意味着可以对人口红利的消失趋势掉以轻心。经济学家在指出一个新挑战时，其基本出发点是假设"其他条件不变"。也就是说，那些有助于保持经济增长的新动能，并不因人口负增长而自然而然地被挖掘出来，如今需要面对的是，在人口红利消失的情况下加快开启新动能的紧迫性。

重视人口负增长这一新情况，就是要以此作为更加积极应对人口老龄化的警钟，认识到挑战和机遇在哪里，在政策方面主动回应。体制改革、政策调整和制度建设都是由现实需求引发和推动的。在经济增长的供给侧驱动力和需求侧拉动力遇到更严峻挑战时，即在传统增长动能加快弱化的条件下，对新的体制机制、政策导向和制度安排的需求也愈加强劲，改革紧迫性更加突出，改革方向也更加清晰。

从供给侧，以改革红利替代人口红利。我们在预测未来中国经济潜在增长率时，预设了两种情景：假设全要素生产率提高速度不变，由于人口红利消失，2021—2035年的国内生产总值年均潜在增长率为4.4%，如果把全要素生产率增长率提高13%，潜在增长率可提高到4.8%。在新的人口条件下，通过改革提高全要素生产率应着眼于：推动新型城镇化，促进农业剩余劳动力继续转移；改善营商环境，扩大市场准入，让市场主体依靠生产率水平进退存亡、优胜劣汰；稳定制造业比重，创造更多的高生产率岗位，防止劳动力内卷化。

从需求侧，改善收入分配，提高基本公共服务供给和均等化水平。低收入和中等收入群体尚有未满足的消费需求，消费受制于后顾之忧，同时具有更强的消费意愿。因此，显著缩小居民收入差距，建立健全覆盖全民、全生命周期的社会福利体系，既是共同富裕的要求，也有助于挖掘庞大的消费市场。有针对性地采取措施，提高农村脱贫人口、进城农民工和老年人的收入水平，满足这些群体的基本公共服务需要，加快将其培育为中等收入群体，可以显著增强国内大循环的内生动力和可靠性。

改革越来越具有红利丰厚、报酬递增，以及供给侧和需求侧有机统一且相互促进的特点。从这方面看，有一些改革领域特别突出。例如，以农民工市民化为核心的户籍制度改革可以增加非农劳动力供给，可以促进劳动力流动，从而提高资源重新配置的效率，还可以大幅度提高新市民的收入和消费水平。又如，深化教育，特别是延长义务教育年限，既有财力基础，又可以创造第二次人口红利。假设公共教育支出占国内生产总值的比重保持在4%，到2035年前，公共教育支出可实现年均4.3%的增幅，同期义务教育负担率（即4~18岁人口与19~64岁人口的比率）却以年均2.2%的速度降低。

应对人口负增长条件下的三重冲击

我国人口于2022年开始负增长。国内国际经验表明，人口特征和动态是影响宏观经济格局最重要的长期因素。一方面，人口格局为经济增长设定了方向和路径，即一定时期的潜在增长能力；另一方面，潜在增长率为宏观经济确定了基准，即周期性波动之后经济增长应该回归的正常轨道。随着人口转变阶段的变化，潜在增长能力也会发生改变，发展方式和增长动能也应该随之转变。

我国人口在2021年达峰和随后的负增长是人口转变阶段的自然结果和必然归宿，我们必须正视和重视其所带来的全新的、严峻的挑战。虽然稳定生育率及促使其反弹的任务也十分重要，但是这方面政策既需从长计议，政策见效也需足够的时间。经济增长的长期表现取决于供给侧驱动力和需求侧拉动力，人口负增长的影响也分别体现在供需两侧。因此，本节重点讨论如何应对人口转折点对经济增长的冲击。2023年是我国经济复苏和增长的关键一年，也是应对人口负增长第一轮冲击的关键一年。在新冠大流行后，经济增长回归正常轨道的同时，人口负增长抑制需求的长期趋势与疫情短期冲击造成的消费预期减弱形成同频共振，构成双重压力和挑战。短期应对政策和长期制度建设应该有机结合、双管齐下。下文将简述供需两侧冲击因素，并有针对性地提出政策建议。

供给侧冲击：潜在增长率进一步降低

经济增长的供给侧驱动力就是潜在增长率。与人口年龄结构相关的人口红利显著地决定潜在增长率水平。理解这个转折点和冲击，需要澄清两个认识误区：第一，人口对经济增长的影响不在于人口总量，而在于增长率的符号，即人口正增长、零增长还是负增长，它们对经济增长产生的影响在方向上南辕北辙，在程度上有天壤之别；第二，认为人口红利仅仅意味着劳动力丰富实际上是一种盲人摸象式的理解，不仅难以做出令人信服的解释，还可能导致于事无补的政策误导。

2011年之前，即在我国劳动年龄人口的增长期，劳动力得到充分供给，人力资本得以快速改善，高储蓄率（投资率）和高投资回报率均得到保障，生产率改善幅度也很大。基于这些方面的人口红利，当时的潜在增长率和实际增长率都达到两位数。2011年之后，随着劳动年龄人口负增长，人口红利加速消失，潜在增长率也逐年下降。直到第七次全国人口普查数据显示2020年我国育龄妇女总和生育率已经降到1.3之前，国内外预测者大多采用1.6~1.7的生育率假设，联合国直到2019年的预测还显示中国人口峰值将于2025—2030年到来。因此，我的同事据此预测的2021—2035年的潜在增长率为年均4.84%。既然人口峰值已经提前到来，无疑需要依据新数据重估潜在增长率。显然，我们预测由此得出的潜在增长率将进一步降低。

这是因为在人口进入负增长阶段之前和之后，劳动年龄人口的减少速度大不相同。根据联合国于2022年发布的最新预测，2011—2022年，我国15~59岁劳动年龄人口每年减少的速度为0.14%，2022—2035年，这个速度将大幅提高到0.83%。与此同时，新数据预测的老龄化程度和提高速度都比此前预测的高得多。据此进行的经济增长预测表明，2021—2035年的潜在增长率预计降低到只有4.53%。更低的潜在增长率和更快的老龄化速度相结合，将会使我国未富先老的特征转化为更为不利的慢富快老（见图2-1）。

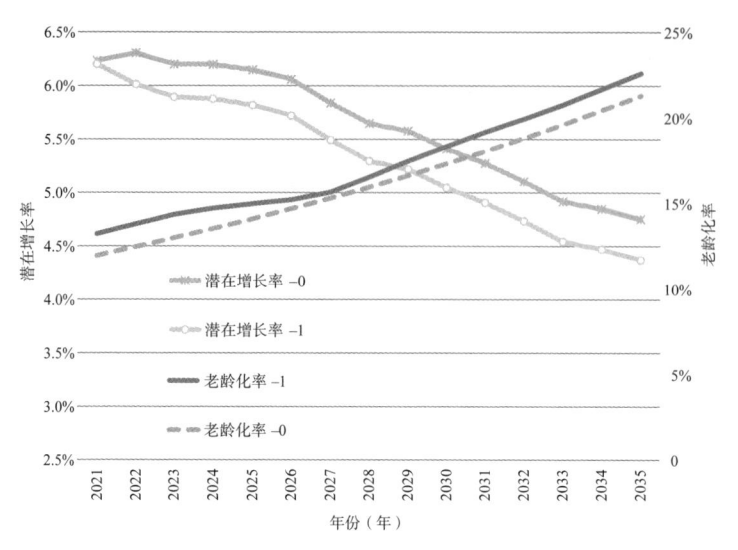

图 2-1　人口最新趋势和潜在增长率的不同情景

资料来源：蔡昉，李雪松，陆旸. 中国经济将回归怎样的常态 [J]. 中共中央党校（国家行政学院）学报，2023(1).

注：潜在增长率和老龄化率缀以 0 和 1，分别代表依据旧的人口数据和最新人口数据所做的预测结果。

不过，我们也不必像一些预测者那样，由此产生对我国经济增长前景的悲观预期。经济预测的目的在于揭示在"其他条件不变"这一假设下的变化趋势，以便在政策上未雨绸缪，通过改变"其他条件"来避免不利的结果。实际上，与此前的预测相比，重新预测的潜在增长率仅仅降低了 0.31 个百分点，对如期达到基本实现现代化的目标，即按人均国内生产总值衡量进入中等发达国家行列，可以说没有颠覆性的影响。

更进一步来说，如果加快出台酝酿已久的关键领域改革，特别是加大改革的力度，可以使全要素生产率的未来增长速度上一个台阶，尽早转换经济增长动能。按照这种更大力度的改革方案预测的话，2021—2035 年，我国的潜在增长率可达到 4.80%。

也就是说，如果在重新预测的潜在增长率基础上加上改革红利，可以预期的经济增长潜力与此前预测的常规速度相差无几。更何况，改革红利不仅体现在生产率的提高上，譬如增加要素供给的改革同样具有提高潜在增长率的效果。换句话说，通过赢得改革红利，可以达到"取乎其上，得乎其中"的效果。

需求侧冲击：居民消费成为常态化制约

人口负增长的最大冲击力在于需求因素（特别是消费）成为经济增长的常态制约，可能阻碍我国经济以合意的速度增长，因而实现预定的现代化目标的因素越来越在于需求侧。经济增长的需求侧拉动力由"三驾马车"构成。消费的主体是居民，因此，人口因素对消费的影响主要通过人口增速放缓、人口总量减少和年龄结构老化产生。可以从三个统计结果来观察。

第一，我国的人口、经济和消费增长相互影响、互为因果，近年来已经同步减速。例如，人口自然增长率、国内生产总值增长率和居民消费增长率分别从2001—2011年的6.5‰、9.7%和8.3%降低到2011—2019年的6.0‰、7.0%和8.0%。根据三者之间的关系可以预期，人口开始负增长后，这三个增长率将进一步下降，负面冲击力更趋明显，在一定时期以更大的力度抑制居民消费的增长。

第二，老龄化不利于消费的扩大，更深度的老龄化具有抑制消费的效应既是一般规律，也与我国未富先老的特征相关。我国老年人偏低的就业率、劳动收入、养老保障水平最终都表现为消费能力和消费倾向下降。就业人口也面临三重负担，即为社会养老保险缴费、赡养家庭老人和进行预防性储蓄，因此，他们的消费支出随年龄增长而下降。中国社会科学院人口与劳动经济研究所于 2016 年进行的一项抽样调查显示，我国城镇居民在 23 岁时，平均消费支出达到整个生命周期的最高水平（52 809 元），随后消费支出便随着年龄的增长而递减，在 85 岁时，平均消费支出降到最低水平（16 951 元）。

第三，国际经验表明，人口因素（特别是老龄化）对消费的冲击，在统计意义上存在一个转向显著增强的引爆点。长期跨国数据显示，在老龄化率超过 14% 之后，居民消费率趋势性地进入下降的轨道（见图 2-2）。对我国来说，2021 年老龄化率为 14.2%，标志着进入老龄社会，同年总人口也达到峰值，可以说已经转入居民消费趋于疲弱的轨道。

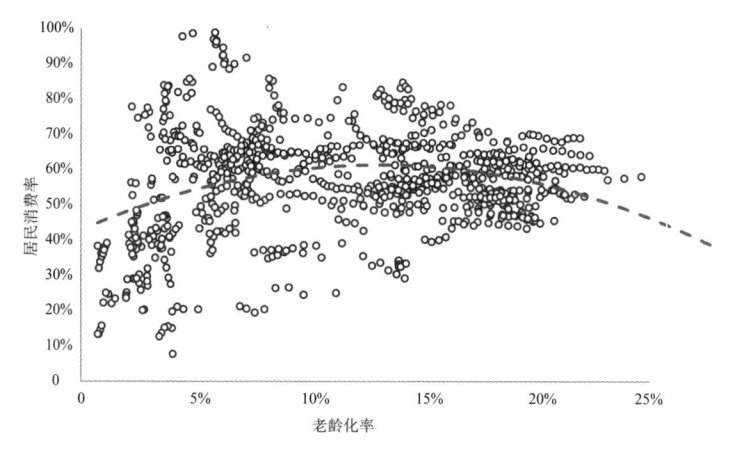

图 2-2 随老龄化程度加深，居民消费倾向降低的国际趋势
资料来源：世界银行公开数据库，https://data.worldbank.org/。

人口转变的趋势不可逆转。我国的人口不可能再回归正增长，老龄化程度也将日益加深，人口总量和年龄结构抑制消费的效应不可避免。然而，通过改革扩大居民消费仍有巨大的潜力空间。由于中低收入群体具有更高的消费倾向，收入分配向该群体倾斜可以提高社会总消费需求。也就是说，提高劳动报酬和居民收入、改善收入分配、提高基本公共服务水平和均等化程度、扩大基本公共服务覆盖面，以及实施旨在扩大中等收入群体的改革和制度建设，既直接有利于实现改善民生、增进人民福祉、促进共同富裕的发展目标，也是挖掘居民消费潜力、扩大社会总需求进而保障经济增长发挥潜力的重要手段。

综合运用政策手段促进消费回升

新冠大流行对我国经济的冲击与人口效应产生一种同频共振的现象。经济活跃度低导致持续的高失业率，部分岗位永久性消失；许多中小微企业归零，创业者和劳动者的持久性收入流减少，导致居民资产和财富缩水，资产负债表受损；社会流动性降低，使适龄人口的创业和就业能力或者广义人力资本受损。鉴于存在收入分配和储蓄分布的严重不均等，一方面，一些群体收入绝对减少，消费能力和消费倾向下降；另一方面，超额储蓄主要集中在高收入群体，难以转化为补偿性消费，不足以支撑总需求的复苏。应对人口负增长和居民消费预期转弱造成的第一轮冲击，要求把刺激消费作为宏观经济政策的重点，相应调整政策优先序，在提高民生保障水平的基础上，促进消费尽快回升。

短期政策应着眼于通过既有渠道，以更大的扶助力度和真金白银的补贴形式，稳定和增加居民收入，修复失衡的居民资产负债表，扭转预期转弱的趋势。疫情后复苏的政策刺激不仅着眼于投资领域，更重要的是直接惠及家庭，促进居民消费回归正常。这方面的渠道包括：巩固脱贫成果的延续性措施，最低生活保障和失业保险等足额乃至扩大范围发放，提高城乡基本养老保险和农村医疗保险的补贴和发放水平，等等。

加快出台酝酿已久的一系列关键领域改革，以其立竿见影的改革红利为保持合理增速保驾护航。例如，加快推进户籍制度改革，促进农业劳动力进一步转移，促进已进城农民工在城镇落户，可以从供需两侧收获"一石三鸟"的改革红利：一是增加非农劳动力供给，缓解工资成本过快增长的压力，以及资本替代劳动节奏过快造成的投资回报率下降现象；二是促进劳动力跨城乡、跨地区、跨产业流动，释放资源重新配置的生产率潜力；三是提高农民工及其家庭的基本公共服务保障水平，消除其后顾之忧，释放其消费潜力。

从拆除要素流动的体制障碍、促进市场主体的进入和退出，以及加强社会政策托底等方面入手，营造创造性破坏的环境，实现竞争中的优胜劣汰，不断提高全要素生产率。经济合作与发展组织成员国的经验表明，社会福利支出占国内生产总值的比重与劳动生产率之间具有显著的正相关关系，说明越是在社会层面对劳动者及其家庭的基本生活予以托底保障，越是可以无后顾之忧地拥抱创造性破坏，因而无须保护落后的产能、低效的企业及过时的岗位，从而避免资源配置的僵化和退化。

短期政策手段与长期制度建设衔接

鉴于需求因素已经成为经济增长的常态制约，以中国式福利国家建设为目标的制度建设也亟待进入加速快行的轨道。通过再分配明显缩小收入差距，提高基本公共服务水平和均等化程度，使居民消费能力和意愿迈上新台阶。换句话说，分好蛋糕已经成为做大蛋糕的前提。一方面，保障和改善民生已经成为宏观经济政策的题中应有之义；另一方面，宏观经济政策和社会政策不再是彼此割裂的两个领域，供给侧和需求侧越来越具有相互促进、互为因果的关系。

基本公共服务供给的财力保障，归根结底在于经济保持合理增长。所以，说到福利国家建设的资金来源，只要经济总量、生产率和人均收入能够保持合意的增速，旨在增进人民福祉的必要社会性支出应该且能够做到水涨船高。从打破需求侧常态制约的需要来看，这类支出并不是一种负担，而是可以随着国内生产总值这个分母的扩大，在经济增长的良性循环中保持可持续性。瓦格纳法则表明，随着经济发展水平的提高，政府支出（特别是社会性支出）占国内生产总值的比重趋于提高。更进一步分析表明，在人均国内生产总值从 12 000 美元向 30 000 美元过渡的过程中，政府社会性支出的增加速度最快。

我国人均国内生产总值已经连续两年超过 12 000 美元，2035 年成为中等发达国家的远景目标也要求我国人均国内生产总值达到 23 000~30 000 美元。可见，今后一二十年，我国恰好处于"瓦格纳加速期"。建设中国式福利国家，大幅度提高政府社会性支出占国内生产总值的比重既是一般规律的要求，也具备必要的物质条件。例如，政府社会性支出比重显著高于中国、人均国内生产总值处于这个区间的国家，2006—2019 年，人均国内生产总值的平均增速只有 1.21%。然而，在 2021—2035 年，我国人均国内生产总值的潜在增长率预期可高达 4.53%~4.80%。

加快培育新人口红利

促进人口高质量发展是推进中国式现代化进程的一个重要方面，既要体现各国的共同特征，也要基于我国的国情特点，还要从迫切的现实需要出发。2022 年以来，中国人口总量已经转入负增长阶段，并且已进入中度老龄化阶段。人口新常态对经济发展最突出的挑战，表现为劳动年龄人口众多和持续增长的特征趋于消失，传统人口红利式微。以人口高质量发展支撑中国式现代化，要求通过挖掘传统人口红利潜力和开启人才红利，加快培育新人口红利。

新人口红利的理念和内涵

广义而言，人口红利指的是人口数量、质量和结构中有利于经济增长的因素，并不必然与特定的人口阶段和人口特征相关联。只是由于两个历史机缘，人口红利的定义被窄化了。一是，经济学家最初观察到的人口对经济增长产生积极影响的事实，恰好表现为劳动年龄人口领先于依赖型人口增长，因而人口抚养比迅速下降，为经济提供了一个额外的增长贡献。二是，我国高速经济增长与有利人口转变的重合发生于 1980—2010 年，也恰好是劳动年龄人口迅速增加、人口抚养比显著降低的时期。正因如此，我们习惯于把人口红利的内涵限定在劳动力丰富和人口负担轻上面。国外有学者曾经提出第二次人口红利的概念，主要关注的是如何在老龄化条件下稳定和提高储蓄率[①]，因而也是一个偏窄的概念。

即便是在劳动年龄人口和总人口负增长、老龄化程度显著加深、人口抚养比上升的条件下，仍然可以通过制度建设、体制改革和机制设计提高人口素质和人力资本，使现行人口格局更具就业、创业、创新能力强和生产率高的特征，即创造新人口红利。相比于传统人口红利，新人口红利体现新理念、具有新内涵。一是更加可持续。如果不将其限定在特定的人口特征上，而是立足于我国超大规模人口，着眼于改善各人口群体的素质，而无论年龄、性别、户籍身份，提升整体生产率和配置效率，人口红利永远不会消失。二是目标和手段更加统一。人口高质量发展既是中国式现代化的有力支撑，也同人民高品质生活紧密相连，人的全面发展和全体人民共同富裕是高度一致的。三是挖潜力和开新源并重。一方面，促进农业劳动力转移，提高各群体的劳动参与率，均有助于增加劳动力供给，可以看作传统潜力；另一方面，加强教育和培训，提高劳动者的技能和劳动力市场适应能力，赢得人才红利，即为新人口红利之源。四是供给和需求两侧并重。从供给侧，劳动力素质提高和重新配置显著提高生产率，进而提高潜在增长率；从需求侧，更高质量的充分就业及收入合理增长和分配，可以提高居民消费能力和意愿，以超大规模市场支撑国内需求。

---

① Ronald Lee, Andrew Mason. What Is the Demographic Dividend? [J]. Finance and Development, 2006, 43(3).

从人口红利到人才红利

从人口红利到人才红利的转变，意味着经济发展从依靠劳动力数量向依靠人力资本转变。与此同时，以人口发展支撑经济发展的理念和方式是一以贯之的。我国在收获传统人口红利期间，既抓住了人口抚养比下降和劳动力规模扩大的机遇，也高度重视劳动者素质的提高。为了长期收获人才红利，应该更加关注和着力提高人口素质。联合国开发计划署倡导的人类发展指数把人均国民总收入、教育和健康水平结合起来，既能说明传统人口红利的内涵，也能揭示新人口红利的长期可持续性。所以，这个指数也可以作为新人口红利的代理指标。1990年人类发展指数发布以来，我国是唯一从"低人类发展水平"跨越了"中等人类发展水平"，进入"高人类发展水平"的国家。1990—2022年，人类发展水平的年均提高幅度：中国为1.55%，世界平均为0.65%，发展中国家平均为0.95%，经济合作与发展组织成员国平均为0.41%。

坚持以人民为中心的发展思想，落实人口高质量发展的要求，同时参照人类发展指数的构成因素，加快培育新人口红利应该从两个方面着力。一方面，以发展作为第一要务，以合理增长速度为要求，坚持做大蛋糕。按照在2035年成为中等发达国家的要求，人均国内生产总值达到23 000美元，需要在2022—2035年，人均国内生产总值年均增长率不低于4.7%。虽然我国具有达到这个增长速度的潜力，但仍然需要在两方面做出努力：一是通过改善劳动力的数量、质量和配置效率，争取实现尽可能高的潜在增长率；二是通过扩大就业和增加收入，稳定和扩大居民消费，确保社会总需求能够与增长潜力相适应，实际增长率与潜在增长率相符合。

另一方面，在发展中保障和改善民生，以提高人口综合素质为抓手，分好蛋糕。教育和健康既是发展目标，也是推动发展的人力资本手段，还是最直接、最现实的民生。因此，这方面的发展关乎经济社会发展的均衡性。根据联合国开发计划署的数据，我国人均国民总收入的国际排位与人类发展指数排位是一致的，预期寿命和预期受教育年限的排位均显著高于人类发展指数排位。然而，平均受教育年限排位却明显低于人类发展指数排位，意味着25岁及以上人口人力资本存量与所处发展阶段仍有差距。从人类发展指数着眼，在经济发展的同时提高基本公共服务水平和均等化程度，可以增强人民群众的获得感和幸福感。国际经验表明，人类发展指数与衡量社会流动性和主观幸福感的指标之间，均具有显著的正相关关系，同时有利于提升生育意愿和生育率。

政策的关注点和关键抓手

人口红利并非天赐之物，不是在无所作为中可以自然而然产生的，而是需要以适宜的政策环境、充分的市场激励和微观主体的努力为必要条件。我国改革开放的经验表明，传统人口红利的获得在于创造这些必要条件，新人口红利的获得也必然如此。从人口红利到人才红利的转变，实际上是一个经济体制改革、发展方式转变、增长动能转换和社会政策调整的过程，需要以时不我待和持之以恒的精神推进。从问题导向和目标导向出发，我们可以列举以下关键领域，通过破除各种现存的体制机制弊端，推动新人口红利的形成。

首先，持续提高全体人口（特别是劳动年龄人口）的受教育年限。人均受教育年限衡量一个社会的人力资本存量，是教育发展和教育改革的结果。在高速增长时期，普及九年制义务教育和高等学校扩大招生是受教育年限大幅度提高的关键推动力，为人口红利的充分利用提供了人力资本保障。类似这样疾风骤雨式的教育发展机会仍然可以创造出来，最现实的就是向学前和高中两端延长义务教育或免费教育。此外，在积极应对人口老龄化的国家战略框架下，通过更好地提供公共就业服务，提升大龄劳动者的认知能力、就业技能和劳动力市场适应力，也是新人口红利的重要部分。

其次，显著提高各劳动年龄人口群体的劳动参与率。劳动年龄人口和依赖型人口的划分不应该是一成不变的，随着一些人口群体的受教育水平和健康水平及劳动参与率的提高，人口红利可以得到重新定义。相应的政策着力点包括：促进教育与就业创业的有效衔接，缩短各级毕业生的就业摩擦期；促进农村剩余劳动力向城镇转移就业和落户；更有针对性地提供公共就业服务，增强大龄劳动者的就业技能，努力提高实际退休年龄；鼓励儿童照料和高龄老年人护理产业的发展，并在相关行业中创造高质量就业岗位；在全生命周期中提供优质医疗、公共卫生、学校教育和终身学习服务，全面提高人口素质。

最后，着力推进中国特色福利国家建设。推进这一进程面临必要性和可行性的"三期叠加"。一是经济合理增长创造的资源相对充沛期。鉴于公共教育支出按要求不应低于国内生产总值的 4%，2035 年之前我国可以实现的国内生产总值增长率也就定义了公共教育支出的增加幅度。二是与人口结构变化相关的负担减轻期。17 岁以下儿童和 6 岁以下儿童在 2035 年前都将以年均 3% 的速度减少，延长义务教育年限的资源约束大幅度减弱。三是基本公共服务支出的加速期。国际经验表明，人均国内生产总值从 10 000 美元到 23 000 美元的发展阶段，正是政府社会性支出占国内生产总值的比重迅速且大幅提高的时期。由于这也是我国所处的发展阶段，扩大社会福利支出符合一般规律。

生育意愿、社会流动和福利国家

在低生育国家，生育意愿有无机会反弹，或者说旨在提高生育率的政策能否奏效，需要阐明是否存在高于实际生育率的理想生育意愿。如果这样的生育意愿确实存在，并且具有普世性，则可以通过政策干预达到提高生育率的目标。通过对经济史和学说史的梳理，以及从社会流动的角度进行微观行为分析，本节对此做出回答。首先，在不存在实质性制约的情况下，每个家庭的理想孩子数通常是两个，或者说，2.1 这个更替水平即为普世生育率。其次，一旦消除因国家而异的相关制约，各国均可能产生向普世生育率回归的趋势，或称趋中律。这有明显的政策含义，提升生育意愿和生育率应该着眼于创造趋中律发挥作用的条件。在现代社会，影响生育率回归的主要因素是社会流动性。社会福利供给的充分性和均等化是社会流动的重要制度保障，因此，加快构建覆盖全民、全生命周期的社会福利体系，应该成为提高生育率政策努力的着力点。

转向普世生育率

总和生育率处于 2.1 这一更替水平，在统计意义上是人口长期稳定的条件，因而也是大多数社会乐于接受并被认为具有可持续性的生育率。不过，如果说在社会层面存在理想生育率，或者说普世生育率的话，其必然是一个长期选择形成的历史倾向。也就是说，从一个特定时期来看，这个所谓的普世生育率或许带有发展阶段的特征，并且在足够长的历史时期里，普世生育率的普世程度将显著提高，其数值越来越接近更替水平。其实，在前人认识和研究长期历史的叙事框架中，不乏关于这种长期选择机制的表述。例如，正如人们常说的，历史具有螺旋式上升、钟摆式往复、消长式波动、二分式取舍、纠错中前行等特征，都表明社会倾向于具有一种"回归均值"的机制和表现，也可以称之为"趋中律"。①

就本节讨论的主题来说，"回归均值"或"趋中律"是指从长期趋势来看，以更替生育率为基准或均衡点，高生育水平国家的生育率倾向于降低，低生育水平国家的生育率则倾向于提高。虽然经济史上有据可查的经验和案例未必可以被视为严格意义上

---

① 丹尼尔·卡尼曼阐释了"所有表现都会回归平均值"的原理。丹尼尔·卡尼曼. 思考，快与慢[M]. 胡晓姣，李爱民，何梦莹，译. 北京：中信出版集团，2012：156-165. 兰特·普里切特和劳伦斯·萨默斯以中国为对象，把这一原理应用于对赶超型经济增长的分析. Lant Pritchett, Lawrence Summers. Asiaphoria Meets Regression to the Mean[R]. NBER Working Paper, No. 20573, 2014.

的"自然实验"或"准自然实验",借助于合理的假设,仍然可望从中观察到一些有含义的现象,甚至从中概括出一些特征事实。然而,无论从哪种意义来说,更替水平生育率作为一个人口学特征,尚不构成该生育水平具有普世性的充分论据。在对社会层面的理想生育率进行理论阐述和经验论证时,还需要以家庭这个微观层次作为分析的基础。

在这个课题领域,学术界及一些国际组织进行的国别调查、数据分析和理论阐述,迄今已经形成一些有益的理论假设及与之相关的经验证据,表明两个孩子或2.1这个更替水平生育率在各国或各地区的家庭中得到相当广泛的认同,因而具有成为一种理论意义上普世生育率的潜质。

首先,联合国在世界范围内以及有关研究者在部分国家的调查均发现,把两个孩子作为家庭期望孩子数是一种可以观察到的普遍现象或平均趋势。例如,联合国调查表明,虽然处在不同发展阶段的各国总和生育率差异悬殊,但是在家庭层面人们所表达的期望孩子数平均而言为两个孩子,相当于2.1这个更替水平。托马斯·索博特卡等人归纳的大量调查结果也表明,在欧洲国家范围内,存在家庭的理想生育率向更替水平趋同的现象。[①]

其次,不同学科研究者所揭示的一些现象及其理论解说,也在不同程度上支持两个孩子或2.1更替水平作为普世生育率这一结论。在这方面,人口学家提出了一些论据,可以帮助我们从常识的角度理解为什么两个孩子适宜作为普世生育率。例如,索博

---

① Tomáš Sobotka, Éva Beaujouan. Two Is Best? The Persistence of a Two-Child Family Ideal in Europe[J]. Population and Development Review, 2014, 40(3).

特卡等人归纳的理由包括：保持家庭性别平衡、防止独生子娇生惯养、为第一个孩子创造同伴环境、为家庭提供保险机制，以及符合一般社会规范等。此外，自然科学家的研究表明，两个孩子具有一种基因意义上的效果，譬如说有利于延长寿命。[①]对这一统计结果背后的选择机制，人们还不能做出合理的解释，特别是正如这些现象所显示的那样，生育率的决定涉及因素十分复杂，甚至面临一些难以逾越的经济、社会和自然界限。不过，作为他山之石，我们不妨把相关因素放在解释人类生育行为的备选名单中。

作为一项思想实验，即便从方法论意义上来说，把更替水平生育率设想为普世生育率，离人们能够普遍接受的事实尚有较大距离，但是这毕竟提出了一个可供证伪的假说，也算理论发展的一个必要步骤。何况进行这样一项思想实验，对我国来说具有显而易见的政策含义。我国总和生育率的下降既遵循了各国在相同发展阶段的一般轨迹，也呈现出比大多数同等收入水平国家快得多的特征，或者说，无论与何种发展水平的国家相比，我国的生育率已经处于全球最低水平，而且具有继续下降的强大惯性。世界银行按照人口转变阶段把国家或地区划分为四类，分别处在前人口红利阶段、早期人口红利阶段、晚期人口红利阶段和后人口红利阶段。[②]在这个框架下对生育率进行国际比较可以发现，我

---

① 张梦然. 促进生育的基因突变会缩短寿命：研究发现生两个孩子最有利于长寿[N]. 科技日报，2023-12-12(04).

② The World Bank, The International Monetary Fund. Development Goals in an Era of Demographic Change: Global Monitoring Report 2015/2016[R]. Washington,DC.: International Bank for Reconstruction and Development/The World Bank, 2016: 268-273.

国处于晚期人口红利阶段和后人口红利阶段之间，生育率下降的速度和幅度明显高于其他组别。特别值得关注的是，面对不断放宽的生育政策以及时有出台的鼓励措施，生育人群的反应并不积极。换句话说，生育率不仅没有回弹的迹象，反而有极大的可能性继续下降（见图2-3）。

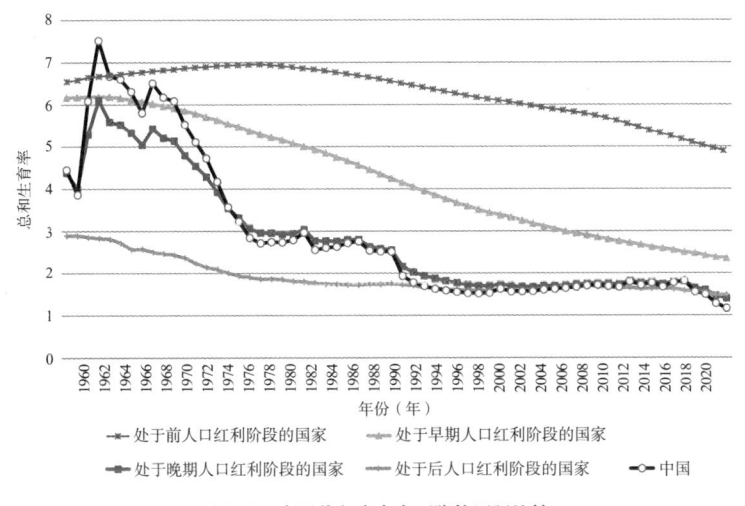

图 2-3　中国总和生育率下降的国际比较

资料来源：世界银行公开数据库，https://data.worldbank.org/。

对于我国生育率的迅速下降和极低水平，学术界进行了诸多讨论，也达成了较大的共识。从一般性来看，我国的快速经济社会发展改变了孩子对于家庭的成本—收益效用。从特殊性来看，我国执行数十年的严格计划生育政策也产生持续降低生育率的效应。不过，对于我国社会何以形成如此低的生育意愿，显然还需要一种更具针对性的解释框架。在下面的讨论中，我们将从社会流动入手，论证普世生育率存在的可能性，进而从促进社会流动的角度讨论这种关系的政策含义。

从分析逻辑上，我们分两步实施这项任务。首先，我们把极低生育率及继续下降趋势的现象，归结为我国生育水平何以没有回归普世生育率这样的问题，进而在这个语境中讨论普世生育率的存在和形成。其次，在此前的研究中，基于中国经验和跨国数据比较，以及社会流动性下降的诸多表现，我们观察到了一些抑制生育率的因素。在生育政策酝酿放开和实际放开的时期，我国的社会流动也表现出一种新的态势：一方面，有利于释放社会流动的制约性政策改革已经进入边际效应递减的阶段；另一方面，经济增长进入减速阶段也使有利于社会流动的市场机会扩大势头有所式微。从一般性和特殊阶段性来看，我们可以做出的判断是我国的社会流动性趋于减弱，并且构成对生育意愿的抑制。这样，探讨我国现实的生育意愿问题就有了针对性和落脚点。

简而言之，在回顾已有理论和经验的基础上，本节从生育率变化的视角重新观察长期的世界发展历史，在一般与特殊的对比及理论与实际的碰撞中，分析生育的微观动机，阐述普世生育率形成的均衡条件。再进一步，立足于中国的语境，揭示实际生育率与普世生育率产生差异的原因，特别关注在特定发展阶段出现的社会流动性减弱现象对生育意愿的系统性抑制。从国际比较和中国现实分析得出的第一个结论是：相对完善、覆盖全民和全生命周期的社会福利体系是社会保持充分流动的制度基础，也是促进生育率向普世水平回归的制度前提。本节论述的另一个目的在于揭示建立什么样的社会福利体系可以有效促进社会流动，结论是坚持以人民为中心的发展思想，加快建设中国式福利国家，应该成为促进社会流动、提升生育意愿、推动生育率向普世水平回归的政策努力方向。

生育率"趋中律"的经济史实验

迄今为止，以描述人口转变三个阶段及其演化为内容的人口转变理论，为生育率的长期变化及其原因提供了最具概括性的解释，并且经过了历史回顾、国别经验和数据分析的检验。这一理论认为，基于长期数据观察到的各国生育率下降趋势，归根结底可以由经济社会的发展来解释。[1] 该理论提炼出的人口转变三个阶段及其转化，即从具有高出生率、高死亡率、高增长率特征的早期阶段，经由具有高出生率、低死亡率、高增长率特征的中间阶段，最终到达具有低出生率、低死亡率、低增长率特征的阶段，也符合世界整体和各国、各地区的一般经验。在以此作为认识基础的同时，我们还可以围绕普世生育率和"趋中律"假说补充一些历史叙事，获得更清晰的特征事实。

严格来说，经常为人所援引的所谓"经济规律"，大多只是对统计意义上较为频繁发生的现象的描述，或者是对人们经常观察到的事件的叙事，充其量可以称为"特征事实"。然而，我们不应对此类事实有丝毫的轻视，观察、描述和阐释这些事实是形成经济理论不可或缺的步骤。为了向那些可以进行可控条件实验的自然科学靠近，经济学家越来越热衷于借助自然实验或准自然实验的方法，即从实际发生的事件或情景中获得数据，

---

[1] John Caldwell. Toward a Restatement of Demographic Transition Theory[J]. Population and Development Review, 1976(2): 321-366.

将观察对象与控制组进行对比,运用相应的计量方法得出统计上显著的结论,也包括进行因果推断。不过,如果放松分析中的技术性限制,已经发生并产生后果的经济事件或情景,无论有没有准确记录可供进行计量分析的数据,本质上仍然是一种自然实验。因此,从经济史的角度观察事实,揭示各因素之间可能存在的因果关系,不仅对理论发展是有益的,而且可以为今后的实践所借鉴。

经济社会发展与人口增长之间的关系,以及经济社会因素与生育率之间的关系,既密切又复杂,在不同的条件下还会发生因果转换。以马尔萨斯为代表,诸多关于经济发展的研究流派均在不同程度上对这种关系的长期历史做出过不同的解读。在这里,我们暂且忽略经典文献中各种结论的不同之处,着眼于找到不同学派研究中的共同逻辑,以人口—经济—社会关系的新框架包络既有的经验事实,以期形成一个新的研究范式。具体来说,我们以 2.1 这个更替水平或普世水平生育率作为一个均衡点,解释为什么会产生自上而下或自下而上的回归现象。并且,鉴于无论从相同时点上的跨国比较出发,还是从时间序列所表达的长期历史趋势来看,下面将要进行的分析及其结论均具有针对性和普遍性(见图 2-4)。

从长期经济数据中,我们可以观察到一个意外的同步现象,即全球经济发展也好,各国生育率及全球人口增长也好,均呈现出回归均值的倾向。如果把"马尔萨斯陷阱"作为基准,即在工业革命之前的数千年里,无论何时何地,全球的人口、产出及人均收入都处于零增长这一稳态的话,18 世纪下半叶以来,

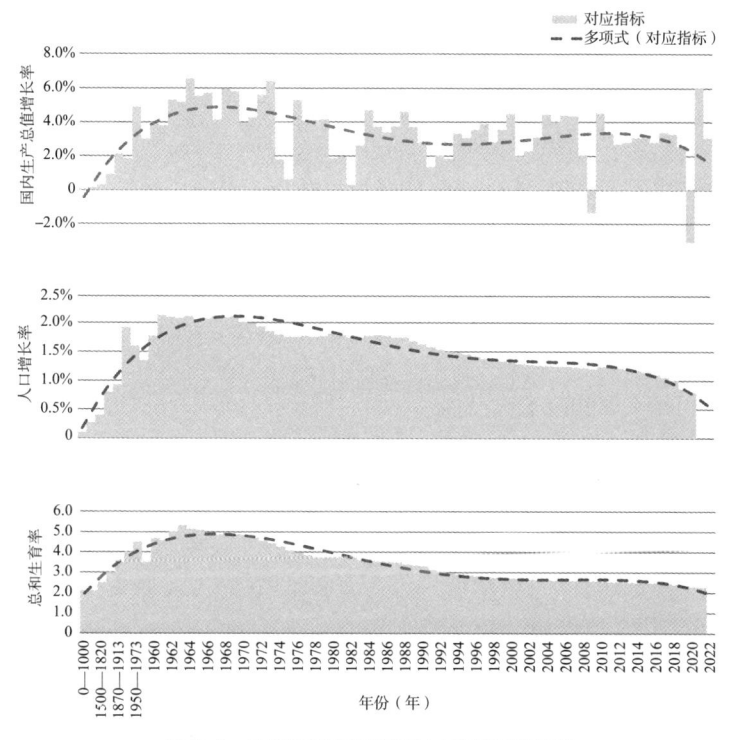

图 2-4 从长期发展看经济和人口增长回归均值

资料来源：拼接了不同数据并根据假设估测了部分节点上的数据。世界银行公开数据库，https://data.worldbank.org/。安格斯·麦迪森. 世界经济千年史 [M]. 伍晓鹰，许宪春，叶燕斐，施先启，译. 北京：北京大学出版社，2003：239-260.

先是偏离初始的稳态水平，即打破了"马尔萨斯陷阱"，经历了历次技术革命、产业革命和全球化高潮之后，全球人口、产出及人均收入的增长率又在某种程度上呈现出回归稳态水平的趋势。

我们可以设想生育率高于或低于普世水平的两种极端情景，为简洁起见，分别称之为"马尔萨斯不均衡"和"缪尔达尔不均衡"。值得指出的是，这里的"不均衡"并非这两位经济学家自己的表达，只是借用他们的理论分析来表明分别处在极高或极低水平的生育率，如何造成经济社会发展的不可持续现象。按照马尔萨斯[①]及其学术传承者的理论[②]，高生育率使人口的增长远远超过供养人口所需生活资料的增长，以及资源、环境、生态和全球气候所能承受的程度，因此造成极度贫困、长期饥馑、资源环境不可持续以及气候危机。从一个直接的政策干预角度来看，只有遏制住人口增长才能使生活回归到生存水平，使全球气候回到可持续轨道。从长期趋势来看，生活水平的改善通常伴随着生育率和人口增长率的下降，与此同时，人类对自身生存环境的控制也越来越拥有主动权。

按照缪尔达尔[③]及其处于同一阵营研究者的论述[④]，长期的低生育率导致人口增长停滞、负增长和老龄化，降低了投资需求，也抑制了消费意愿，给经济发展带来不利的乃至灾难性的影响。这种结果被阿尔文·汉森命名为"长期停滞"，在当代全球经济中的表现就是低利率、低通货膨胀率、低经济增长率和高负债率的不良组合。虽然有很多政策手段和冲击因素可以短期改变这种特征，例如，新冠大流行就造成主要发达经济体的通货膨胀高企，

[①] 马尔萨斯. 人口原理[M]. 丁伟, 译. 兰州: 敦煌文艺出版社, 2007.

[②] Aisha Dasgupta, Partha Dasgupta. Population Overshoot. in K Bykvist, T Campbell, (eds.). Oxford Handbook of Population Ethics[M]. Oxford: Oxford University Press, 2022.

[③] Gunnar Myrdal. Population: A Problem for Democracy[M]. Gloucester Mass: Peter Smith, 1962.

[④] John Maynard Keynes. Some Economic Consequences of a Declining Population[J]. Population and Development Review, 1978, 4(3): 517-523. Alvin Hansen. On Economic Progress and Declining Population Growth[J]. Population and Development Review, 2004, 30(2): 329-342. Gauti Eggertsson, Manuel Lancastre, Lawrence Summers. Aging, Output Per Capita, and Secular Stagnation[J]. American Economic Review: Insights, 2019, 1(3): 325-342.

并引致调高利率的货币政策举措，但是，从根本上改变宏观经济中的这种不均衡，人们越来越普遍接受的政策选项是求助于生育率从过低水平向普世水平回归。

一种人口格局常态是生育率长期走向的结果，而生育率是生育意愿和生育行为的综合体现，在较长的时间里处于相对稳定的状态。因此，与此相关的研究固然可以应用成本—收益分析或供求分析方法，现实中却并不存在一种在短期内可以通过价格调整或数量调整实现市场结清的单一均衡。无论在宏观层面还是微观层面，都应该把回归普世生育率这个趋势看作由包括经济、社会、心理和生理因素在内的多重均衡所决定的。或者说，普世生育率类似于经济分析中的种种均衡点或恒等式，只可作为一个基准或参照，而并不经常成为现实状况。或者说，达到普世生育率的均衡其实在更多的场合下只是例外，而非常态。不过，普世生育率同许多均衡点和恒等式一样，既具有方法论意义，也指示出政策努力的方向。从实践来看，生育率从高水平朝着更替水平下降，无论是否施加了政策干预，无论这类政策干预的程度如何，终究主要还是经济社会发展的自然结果，而生育率从低水平向普世水平回归却需要更有意识的政策干预。

普世生育率的均衡如何实现

我们将从社会流动入手论证普世生育率的可能性和形成机制。虽然这属于一种分析方法上的另辟蹊径，但巴罗和贝克尔模型的研究方法论，特别是一些基本假设仍适用，明确或隐含地体现在这部分分析中。① 这些基本假设包括：第一，生育行为和人口变化是内生的，生育决策是在特定经济社会背景下进行的效用最大化选择；第二，作为决策者和行为者的父母具有利他的动机，不仅考虑自身的效用，也考虑子女的幸福，所以，孩子数量是一种跨代的选择；第三，既然这里涉及的生育决策分析本身已经超出以物质生产和消费为对象这个界限，分析中考量的成本和收益因素自然也不限于实物或货币；第四，出于分析的需要，增长理论常做的其他必要假设在这里也应该适用，在涉及的情况下将予以简单说明。

从社会流动的视角来看，家庭在对自身福利及其预期做出反应时，也会把相应的期冀投射在孩子身上。假设家庭生产率（即挣取收入和积累财富的能力）不变，他们为了不使自身和子女的生活水平下降，或者说为了把父母具有的必要生活水平投射到孩子身上，选择的孩子数量应该以两个为均衡点。也就是说，如果以高于更替水平的生育率为初始状态，家庭期望的生育率将趋于降低；在生育率显著低于更替水平的初始状态下，家庭则趋向于把生育率提高到更接近更替水平上。

这里所谓的"投射"，实际上就是家庭把现行的社会流动性作为基准，尽可能同时做到父母和孩子的生活质量皆不至降低到社会必要水平之下，而这个社会必要的生活质量通常只能参照当下社会平均水平，一般情况下也会直接参照家庭生活质量的现状。例如，山田昌弘以日本经验，认为年轻人的生育意愿低是由于

---

① Robert Barro, Gary Becker. Fertility Choice in a Model of Economic Growth[J]. Econometrica, 1989, 57(2): 481-501.

"对从中流跌落的不安"。① 因此，正是孩子数量的增加，导致一个家庭生活标准降低到社会必要水平之下。由此可以推论出家庭的两个决策原则：一是在预期稳定的假设下，家庭生产率如果低于（或高于）社会平均水平，父母倾向于具有较低（或较高）的生育意愿；二是在考虑到预期不稳定或存在诸多不确定性的情况下，父母的生育意愿与社会福利水平呈正相关关系。换句话说，生活质量越少依靠家庭生产率，越多依靠社会层面制度安排的支持，家庭的期望生育率与社会的理想生育率之间差异就越小。这一分析逻辑和结论可以从家庭生活成本的角度原封不动地再推导一遍，这里不再赘述。

阐明社会理想生育率与家庭期望生育率的同一性，显然是得出"更替水平生育率就是普世生育率"这个结论的关键。从严谨的理论构建和经验检验来看，可以说迄今为止远未达到期望的成熟程度，我们能够且需要继续做的工作便是从各种角度进行耐心细致的说明。出于这个目的，我们可以设想一种类似于拍卖的情景，即政府作为竞购者，代表社会以配额的方式把孩子数委托给千千万万处在生育期的家庭。我们应该假设家庭满足社会需求做出孩子数量决策的方式，与企业面对社会需求做出产品数量的决策具有相同之处。如果可以从理论上说明这种机制是有效的，并且经验上也可以得到更具稳健性的检验，也就意味着社会层面的理想生育目标与家庭层面的生育意愿在方向上相符，在功能上彼此接近，因而在数量上也应该相同。

---

① 山田昌弘. 低生育陷阱：日本少子化对策的失败 [M]. 钱爱琴，译. 南京：译林出版社，2023：133-141.

然而，我们也应该指出，竞购对产品而言和对孩子而言，性质上具有一些重要的不同之处。例如，在前一场合，物质产品可以通过交换获得，因而并不需要所有企业都生产同样数量的产品，甚至无须全部企业都生产特定产品；在后一场合，孩子不能通过交换获得，因此满足社会对特定孩子数量的需要，要求每个处在生育期的家庭尽皆参与。此外，家庭提供孩子的决策分别依据两方面的激励做出：一方面是在市场上表现出来的孩子的相对价格（或成本），可以称之为"贝克尔激励"；另一方面是政府以公共服务形式提供的额外补偿或惩罚，可以称之为"缪尔达尔激励"。换句话说，政府作为一定数量孩子的竞购者，可以通过改变公共服务的数量和质量影响家庭生养孩子的成本和收益，进而改变家庭生育孩子的激励方向和强度。

社会福利体系如何促进社会流动

公共服务的供给数量增加和质量提升，能够降低生养孩子的家庭成本，从而具有提升生育意愿的效应。作为一种制度安排和宏观保障，社会福利体系还通过增强社会流动，使家庭的生育选择符合自身意愿和社会需求。如前所述，从20世纪40年代开始，欧洲和北美国家通过建立社会福利体系，促进了社会流动，显著提高了生育率，始料未及地创造了一个婴儿潮时代。从一般的意义上，这种实践后果作为历史经验，在一定程度上印证了福利国家促进社会流动性，从而提高生育率的制度效果。为了在理论上和经验上更好地阐述社会福利体系与社会流动的关系，我们简要概述关于福利国家起源、发展、倒退及分化过程的事实和文献，以便在此基础上更好地理解已有的国际经验，做出针对中国国情的进一步分析。

资本主义在20世纪二三十年代经历过一次巨大的危机。在那个年代，虽然社会主义思潮和运动一度风起云涌，西方国家却终究没有选择社会主义道路。然而，以瑞典等北欧国家为代表，在拒绝"生产资料公有制"这种革命性的做法，或者说放弃"供给侧社会化"道路的同时，以"需求侧社会化"作为一种可以接受的选择且产生了期望的效果。凯恩斯理论提供的新经济思维，与体现平等价值观的激进社会工程实践相结合，构成了北欧式的福利国家框架。[1] 具体来说，瑞典以缪尔达尔夫妇推动的"母婴立法"为起点，英国以实施《贝弗里奇报告》中的福利计划为标志，美国以推动"罗斯福新政"为载体，欧美各国分别完成了福利国家的建设任务。

可以说，整个资本主义世界能够走出那一次生死危机，根本原因在于欧美各国普遍建立起社会福利体系。加尔布雷思以美国为例，叙述了第二次世界大战后的政策选择及成效，认为那个时期获得的发展在很大程度上归功于包括社会保障制度、劳动者权益保护、最低工资制度，以及政府在公共领域发挥更大作用等因素。[2] 虽然加尔布雷思通常更强调"制衡力量"的作用，但其实同样的分析逻辑和结论也适用于社会福利体系建设。不过，作为

---

[1] Ulf Olsson. Planning in the Sweden Welfare State[J]. Studies in Political Economy, 1991 (34): 147-171.

[2] 约翰·肯尼斯·加尔布雷思. 美国资本主义：抗衡力量的概念 [M]. 王肖竹，译. 北京：华夏出版社，2008. 约翰·肯尼斯·加尔布雷思. 权力 [M]. 何永昌，译. 北京：中信出版集团，2023：III-XXXIX.

各国竞相选择的一种制度框架,福利国家并不是如出一辙,在促进社会流动方面的表现也千差万别。

例如,按照蒂特马斯的概括,"补缺型社会福利"和"制度型社会福利"体现了总体上对立的两种理念,自然也不会产生相同的促进社会流动的效果。① 在前一模式下,政府只需在最困难群体的社会救助和有限的基本生活服务方面承担责任;在后一模式下,社会福利保障在任何社会和任何发展阶段都是政府应该履行的责任。与这一划分紧密衔接,哥斯塔·埃斯平-安德森把福利资本主义区分为接近于美国、加拿大和澳大利亚实践的自由主义类型,接近于奥地利、法国、德国和意大利实践的社团主义类型,以及接近于北欧国家实践的社会民主主义类型。② 对于福利国家这三个世界的划分,既是埃斯平-安德森当时写作的意图,也为理解后来各国之间的分化路径,以及各种模式促进社会流动的效果评估提供了基因线索。

社会福利是一种合理安排社会关系的积极力量,却并不自然而然地促进社会流动。在纪念《福利资本主义的三个世界》一书英文版出版 25 周年之际,埃斯平-安德森接受一份学术刊物的约稿,运用更新的数据和回顾晚近的讨论,对社会福利体系与社会流动性之间的关系进行了补充性研究。③ 他得出的结论是,在三

---

① Richard Titmuss. Social Policy: An Introduction[M]. London: Allen and Unwin, 1974. United Nations. World Population Prospects 2019: Highlights (ST/ESA/SER.A/423). https://population.un.org/wpp/Publications/Files/WPP2019_Highlights.pdf.

② 哥斯塔·埃斯平-安德森. 福利资本主义的三个世界[M]. 苗正民,滕玉英,译. 北京:商务印书馆,2010.

③ Gøsta Esping-Andersen. Welfare Regimes and Social Stratification[J]. Journal of European Social Policy, 2015, 25(1): 124-134.

种福利国家类型中，只有北欧的社会民主主义福利国家可以有效地为各阶层提供平等与平衡的机会，尤其有助于促进自下而上的社会流动。由于与工薪阶层合作的政治框架特点，这些国家通常把促进就业和性别平等置于突出位置。围绕着这个中心，社会政策在更广泛的领域得到实施，最终取得的政策效应更为深远。例如，儿童早期发展项目的实施、综合学校的建立和分班制的废除等促进了教育机会的均等化，积极劳动力市场政策的实施使包括单亲母亲在内的弱势群体也能够自立自强。

社会福利体系诞生于不同的土壤，在区域上并非千篇一律，在时间上也不是一成不变，在发展和演变的过程中既可能产生一定的趋同，也可能继续分流乃至发生变异。把埃斯平-安德森的研究结论与这个领域的其他重要文献结合起来，我们可以概括福利国家促进社会流动的原因和条件，并从中引申出对于我国的启示，即如何构建中国特色社会福利体系，确保其发挥促进社会流动和提升生育意愿的积极作用。

首先，政治理念和政策出发点至关重要。以英美为代表的自由主义福利模式，先天留下了笃信自由市场竞争和"涓流效应"等政治经济理念的烙印。20世纪80年代以来，这种福利体系还遭遇巨大的倒退，弱化了对低收入家庭和非熟练劳动者的社会保护，导致收入和财富两极分化。与之相对，以北欧为代表的社会民主主义福利模式在制度设计中突出了"去商品化"，即弱化劳动力作为纯私人要素的属性，强化劳动者及其家庭的社会权利。由于更充分反映普通工薪阶层的诉求，在促进社会流动方面效果较为显著。虽然这些国家的福利体制也经历过起起伏伏，但是在改革中总体上坚守了制度选择的初衷。

其次,准确把握社会福利体系的内涵和边界。坚持普遍性和公平性,才能确保社会福利体制不是一纸空文,社会福利支出也不是一个黑箱。不同于把政府责任仅限于拾遗补阙范围的理念和模式,北欧的社会福利体系从形成之初便立足于覆盖全民、全生命周期。这种"从摇篮到坟墓"的全面保障,包括以政府埋单或社会合作的方式,提供婴幼儿照料、儿童早期发展、各级各类教育、就业扶助和失业保险、劳资关系协调、住房保障、免费医疗、病残弱群体救助、养老保险和老年人照护等基本公共服务。社会福利的普遍化和均等化,通过解除社会必要基本生活条件对人的束缚,破除了阶层固化的体制羁绊,为居民赢得居住和就业选择中"用脚投票"的权利。高度社会流动性、高人类发展水平和性别高度平等也解除了生育的后顾之忧,呈现出生育率向普世水平回归的趋势。

再次,社会福利支出随发展阶段变化而提高。社会福利支出规模及其占国内生产总值的比重虽然并不足以概括福利国家的本质内涵,并且这类支出的使用也不必然完美无缺地符合福利国家的初衷,但是巧妇难为无米之炊,福利支出毕竟是衡量福利国家建设成效的一个重要指标。以德国经济学家阿道夫·瓦格纳命名的瓦格纳法则,表达了随着发展阶段的变化或人均收入的提高,政府支出占国内生产总值的比重相应提高的规律性现象。[①] 在一定程度上,这个特征事实也适用于福利国家建设,即政府社会性支出比

---

① Magnus Henrekson. Wagner's Law—A Spurious Relationship? [J]. Public Finance/Finances Publiques, 1993, 48(2): 406-415.

重也是社会福利体系完善程度的重要表征。同时，越是目标明确的社会福利模式，越是趋向于打破支出这个黑箱，越重视政府支出期望达到的社会保障目标，并且从目标导向来评估支出的效率。

最后，福利国家建设大多以人口危机为诱因。从经济史上看，福利国家建设无疑受到各种因素的影响，特别是在形成之初，可能受到诸多经济、社会和政治变量的推动。然而，无论采取了哪种模式，欧美福利国家的诞生历史都表明，在特定时期遭遇的人口危机，对于构建福利国家的起步及随后付出的努力，均具有决定性的影响。在瑞典，经济学家缪尔达尔从抑制人口增长停滞趋势出发，既从经济学角度做出了严谨的理论阐述，也在政策实施领域提出了福利政策建议，还身体力行地帮助催生了北欧福利模式。这一事件也成为理论研究与政策推广相结合的完美典范。在英国，凯恩斯对人口危机的潜在威胁和危害做出警示，并且在作为福利国家计划《贝弗里奇报告》的实施中得到回应。[1] 在美国，汉森论述了人口增长减速可能导致长期停滞的危险，呼应了那个时期"罗斯福新政"的相应内容，也同美国福利国家建设有着内在的联系。[2]

政策含义和政策建议

在各国进行的生育意愿调查、对长期经济发展和人口转变过

---

[1] John Maynard Keynes. Some Economic Consequences of a Declining Population[J]. Population and Development Review, 1978, 4(3): 517-523.

[2] Alvin Hansen. On Economic Progress and Declining Population Growth[J]. Population and Development Review, 2004, 30(2): 329-342.

程的回顾，以及在微观层面进行的均衡分析，都倾向于表明存在一个相当于 2.1 这一更替水平的普世生育率。相应地，在长期人口转变过程中，各国分别在不同的方向上表现出"回归均值"的倾向，或者说"趋中律"确实发挥了作用。影响回归意愿和趋中效果的因素，特别是阻碍生育率从过低水平回归普世水平的直接原因，在于一个国家在特定时期存在的社会流动性减弱现象。一般来说，社会流动性受到制度安排和市场机会的影响。在一定的发展阶段转折点上，制度变革面临收益递减现象，市场机会也随经济增长减速而式微，社会流动性从而趋于减弱。这时，着眼于长期的制度建设愈显重要和紧迫。从发达国家的历史来看，这种制度建设主要表现为福利国家建设。

我国在社会福利体系建设方面，与发达国家相比仍有较大的差距。但是，社会福利体系不是一个千篇一律的抽象事物，现有的福利国家在实施的理念、模式和方式方面可谓五花八门，因而促进社会流动的功效千差万别。坚持以人民为中心的发展思想，使我国在福利国家建设的过程中已经占据理念和制度基础的制高点。从其他国家的经历中借鉴经验和吸取教训，有助于我国探索具有自身特色的福利国家建设路径。

以下列出的几个要点分别为需要坚持的原则和值得关注的领域。首先，以扶助最弱势群体为着眼点，以覆盖全民、全生命周期为落脚点，中国特色的社会福利体系将有效发挥促进社会流动、增进居民认同感和获得感、稳定预期和增强凝聚力的功能。其次，从尽力而为与量力而行相统一的原则出发，以"七有"等基本公共服务的充分和均等供给为目标，辅之以社会、社区参与的和谐社会关系的建设及维护，也将以中国特色社会福利体系创造社会流动的前提条件，提升生育意愿和生育率。再次，利用好我国仍将保持中高速到中速经济增长这一时间窗口，通过提高政府公共财政支出占国内生产总值的比重、改革财税体制、调整政府支出结构等方式，大幅度提高社会福利水平和均等化程度。最后，围绕提高生育率，稳定人口规模，增强养老、助老、敬老能力等任务，社会福利体系的建设既着眼于促进社会流动，也立足于产生制度实效，服务于促进共同富裕的最终目标。

第三章
银发经济与银发红利

银发经济与银发经济学

促进银发经济发展,不能仅仅将其看作一项旨在提振宏观经济的短期措施。我国已经进入人口负增长和快速老龄化时代这一事实,使得银发经济成为未来的主流产业领域。根据联合国 2022 年的预测数据,我国老龄化率不仅持续提高,在 2030 年后还将在已达到的基础上明显加速,提高的势头将持续到 2085 年。即使到 21 世纪末,我国的老龄化率仍比 2022 年的水平高 27 个百分点。可见,对我国来说,银发经济发展不是权宜之计,而是百年大计。因此,在更广的范围内研究老龄化与经济增长的关系,特别是探讨银发经济发展问题,应该成为经济理论和政策研究的一个主流领域。本节把促进银发经济发展作为一个既必要又紧迫的产业政策问题,对其实施的着眼点和发力点做初步的讨论。

填补经济增长缺口的产业抓手

一个具有共性的经济发展现象是,在即将跨入高收入国家行列的关口,很多国家都面临经济增长减速的挑战。从高速增长转向中高速或中速增长,直至增长速度"回归均值",可以说是发展阶段变化的一种必然后果。但是,能否实现发展方式的适时转变和增长动能的恰当转换,决定了增长减速的幅度是否处在合理的范围内。对我国来说,人口发展新常态,特别是作为最主要表现的人口总量负增长、劳动年龄人口加速减少,以及老龄化加速且程度加深,使经济增长面临三个潜在缺口。

第一,劳动年龄人口的更快速减少,导致传统增长动能持续减弱,特别表现为劳动力短缺、人力资本改善的步调减慢、资本回报率下降等支撑增长的源泉趋于衰减。随着人口红利加快消失产生这个增长动能缺口,固然是发展阶段变化的自然结果,然而这并不意味着在政策上可以无所作为。国际经验表明,如果不能同步、等量地以新动能替代传统动能,潜在增长率的下降将超出合理的范围。对我国来说,低于预期的国内生产总值增长率目标难以保证在2035年如期成为中等发达国家。

第二,在传统要素投入不再能够作为主要增长动能,因而越来越需要生产率提高来支撑合意增长速度的同时,生产率的传统源泉(即资源重新配置效率)也趋于式微。在人口红利支撑高速增长时期,劳动力从农业向非农产业转移,创造出资源要素从低生产率部门向高生产率部门的重新配置效率,成为符合那个时代特征的生产率源泉。随着待转移的劳动力逐渐减少,这种生产率提高空间也趋于收缩。如果不能及时开启新的生产率源泉,以致生产率提高的效应不足以抵消要素投入贡献率的降低，也同样导致潜在增长率的过快和过度下降。

第三，在比较优势和资本回报率下降分别削弱出口和投资需求，因而越来越需要居民消费在社会总需求中发挥决定性支撑作用的同时，人口数量减少和老龄化带来诸多抑制社会消费能力和意愿的效应。如果居民消费潜力不能得到及时且充分的挖掘，也就意味着消费难以充当需求的主要拉动力，不能为需求"三驾马车"的再平衡做出贡献，就可能出现一种不利的局面，即社会总需求不足以支撑供给侧增长能力的充分利用，导致实际增长率与潜在增长率之间的缺口。这同样意味着我国经济无法实现合理且合意的增长速度。

在上述三个经济增长缺口中，前两个表现在供给侧，最后一个表现在需求侧。银发经济的发展可以从供需两侧，以毕其功于一役的方式，提供全面填补这三个增长缺口的产业方案。一方面，与其他具有成长性的新兴产业一样，银发经济应该且能够在践行新发展理念中，当仁不让地居于引领性的地位。这是因为因应传统要素动能和传统生产率源泉式微的挑战，必然要求立足创新发展，通过转变发展方式实现增长动能转换。另一方面，通过带动一系列行业增长点，银发经济可以创造出新的、更可持续的消费需求和投资需求。我国之所以具有世界上最完整的工业体系，一个重要的原因就是拥有规模庞大且多样化的人口，以及由此创造出的丰富需求，从而扩大国内循环空间。年龄结构是人口的一个重要特征，因此必须将老龄化及其引致的消费和投资需求引导到进一步扩大内需的轨道上来。

市场机制和产业政策结合的典型领域

无论是供给侧的增长动能转换和创新驱动，还是需求侧的新消费增长点创造，对银发经济发展来说，都需要借助市场机制进行有效的资源配置、调节供求关系，以及激发微观主体活力。从这个意义上说，银发经济发展同其他产业的发展一样，只有在行业的有进有退、市场主体的有生有死，以及产品和服务价格即时调节市场供求、要素价格充分反映资源稀缺性的竞争性市场上经风历雨，才能保持整体效率和竞争力不断提升，进而实现长期可持续成长。

与此同时，银发经济发展也需要产业政策的重点扶持。人口数量和结构变化对经济增长的影响具有明显的外部性特征。这种体现共性的一般规律在我国体现得尤为突出。首先，无论作为劳动力还是消费者，人口作为具体个人的总和，既是发展的手段也是发展的目的。因此，银发经济在创造私人收益的同时也创造社会效益。其次，人口与发展的关系既反映人口转变对当下经济增长的影响，也关乎资源和责任的代际分配，因此表现为一个双重外部性问题。最后，我国极其快速的人口转变过程及未富先老的特征，在一定程度上是长期实行严格计划生育政策的历史遗产。因此，人口新常态对民生（特别是老年群体）的影响是一个公共政策领域的问题，应该体现在促进银发经济发展的产业政策之中。

可见，从本质上说，银发经济应该成为市场机制和产业政策作用相交织和结合的典型领域。双重外部性的存在无疑需要政府更好地发挥作用，同时也绝不意味着政策应该越俎代庖，银发经济发展的动力、活力和激励归根结底应该建立在市场作用基础上。

产业政策在这个领域的更突出作用应该在一般性的引导和鼓励之外，更注重从人口转变的特征出发，在以下方面着眼和发力。

第一，产业政策引领银发经济的技术创新方向，确保产业发展符合老龄化相关的当下现实需求及未来的潜在需求。老龄化对我国来说是一个全新的经验，也具有极大的动态性变化特征，要求产业政策更具前瞻性，能够做到未雨绸缪。例如，在人口队列的交替转换中，今天对体面的就业岗位有特别需求的大龄劳动者，很快便成为亟待填补退休生活中文化产品空缺的消费者，继而又成为需要更多生活辅助性服务的老年人，以及需要照料和护理的高龄老年人。老龄化相关的需求具有不断变化的特性，应对的技术也是日新月异的，因此产业政策的前瞻性至关重要，以便为产业和业态发展做出预判和规划。

第二，在产业政策中应该融入更多社会政策的元素，确保银发经济发展中生产率的提高结果同步地获得分享，惠及老年人和涉老人群。我国独具的未富先老国情意味着在消费需求和消费能力上，均存在较明显的代际差别。这对银发经济领域实施产业政策提出特殊要求，即格外注重缩小技术应用中的行业差距，消除使用技术产品的数字鸿沟，同时努力降低产品和服务成本，确保老年人消费市场早日进入良性循环且具有长期可持续性。

破除"人口金字塔悖论"的关键

随着老龄化程度的加深，老年人口占比不断提高这个动态特征，最形象地反映在用统计数据绘制的人口金字塔图形变化中。也就是说，随着老龄化程度的加深，绘制出的人口金字塔实际上越来越不像典型的金字塔图形，而是先演变成一个橄榄型的人口结构，进而逐渐趋近于倒金字塔形。在图3-1中，我们展示了2000年和2020年的人口金字塔图形，可以清楚地看到这个趋势性变化。例如，在这个时间区段里，我国60岁及以上人口比重从10.5%提高到18.8%，70岁及以上人口比重从4.3%提高到8.3%，80岁及以上人口比重从1.0%提高到2.6%。

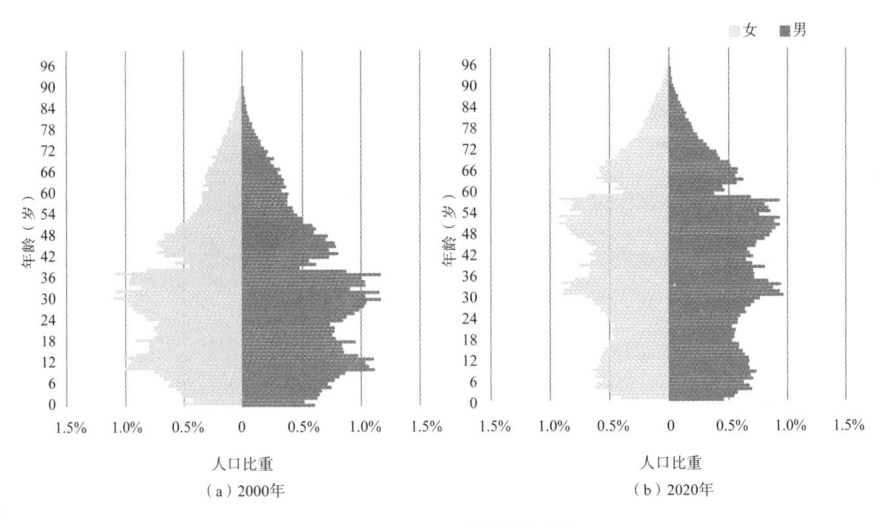

图3-1 中国人口年龄结构变化

资料来源：国家统计局"普查数据"，https://www.stats.gov.cn/sj/pcsj/。

与其他年龄段人口相比，老年人口的数量虽然增长更快，这个群体的消费能力和消费意愿却明显偏低。2016年，中国社会科学院人口与劳动经济研究所对上海、福州、武汉、沈阳、西安、广州六个城市进行住户抽样调查显示，人均消费支出水平在20~25岁这一年龄段达到最高点，随后便随着年龄的增长而降低。例如，如果峰值平均消费支出水平为1的话，50~55岁人口的平均消费支出水平为0.56，60~65岁人口为0.66，到80~85岁时则下降为 0.46。

这种趋势形成一个与未富先老特征相关的悖论：至少在一定时期内，人口的消费能力和消费意愿与人口金字塔演化（年龄结构变化）趋势相背而行。世界性的时间序列数据表明，随着老龄化程度加深，居民消费率有逐步降低的趋势。就老龄化程度来说，我国已经于2021年达到国际通用的老龄社会标准，预计在2034年达到高度老龄社会标准。可见，如果不能及早破除人口金字塔悖论，我国居民的消费需求与人口结构之间的矛盾将与日俱增，造成经济增长率缺口的可能性将大大提高。

以增进老年人福祉为根本出发点、以满足老年人需求及涉老需求为目标的银发经济，是破除"人口金字塔悖论"的关键抓手。应对老龄化经济影响的双重外部性，必须从两个方向着眼和发力。一种解决方案在于供给侧，即在老年产业和涉老产业的发展中实施产业政策，把政府的扶持意图体现其中，通过财政、金融等宏观手段实施补贴和其他政策优惠，缩短产能、产业链和供应链形成的周期。另一种解决方案在于需求侧，即通过经济和社会政策改革，增加大龄劳动者的收入、提高老年人的社会保障水平，以及提供更充分的惠老基本公共服务，提高老年人的消费能力，挖掘与之相关的需求潜力。

供给和需求相互促进的应用场景

党的二十大报告强调，把实施扩大内需战略同深化供给侧结构性改革有机结合起来。这一重大部署的理论基础在于两方面：一方面，消费对投资和生产具有关键性的引导作用；另一方面，高质量供给能够创造出新的需求。供给和需求实际上是一枚硬币的两面，共同维持和促进有效的经济循环，并且随着发展阶段的变化，供需两侧协同做出恰当的反应和互动，有助于形成更高水平的动态平衡。银发经济的发展过程恰好可以成为供需两侧相互促进的应用场景。

早期的经济发展理论探讨过所谓的"贫困恶性循环"现象，分别从供给侧和需求侧着眼，认为落后国家特有的贫困状态是一个难以轻易摆脱的因果循环。从供给侧来看，产出不足造成的收入水平低下是起点上生产率低下的结果，进一步导致储蓄意愿不强和积累能力不足，反过来维系着供给不足的循环。从需求侧来看，低收入导致消费能力孱弱，进而构成产业发展的需求瓶颈，导致就业不足并抑制收入增长，反过来维系需求不足的循环。因此，推动形成一个临界最小规模储蓄水平，通过在诸多领域同时进行大规模投资，相互创造市场和需求，可以同时打破供需两侧的恶性循环。

由于在整体收入水平比较低的条件下，资源要素从何而来、如何对资本积累和投资进行激励、如何形成消费需求，以及如何保持供需两侧条件的持续满足等一系列问题，都未能从这个理论中得到回答，实践中也往往未能取得预期的效果。可见，打破贫困恶性循环的理论假说和政策主张没有在发展实践中通过检验。众所周知，我国发展银发经济仍然面临产业基础薄弱、服务对象的潜在消费能力不足等瓶颈，但毕竟是在更高水平的经济发展阶段实施，短板只存在于局部，而非经济整体。2022年，我国人均国内生产总值已经达到12 663美元，比中等偏上收入国家平均水平高24.7%，这个发展成果也被相应转化为居民的人均可支配收入，同年达到39 218元。也就是说，我国所处的发展阶段足以支撑供需两侧同步实施一个产业"大推动"。

围绕银发经济相关产业实施这个"大推动"，可以取得预期的效果。在人均国内生产总值已经超过中等偏上收入国家平均水平的同时，我国居民的人均消费支出却比中等偏上收入国家平均水平低6.9%。这种在收入与消费之间存在的不对称现象由两方面原因造成：一方面，居民收入与经济增长不够同步、收入差距大和基本公共服务供给不均等，抑制了居民的消费能力和消费意愿；另一方面，居民（特别是老年消费者）的部分需要未能从供给侧得到充分满足。这些因素均在老年产业和涉老产业中有所体现。因此，培育银发经济发展中的需求动力，一个重要的切入口在于提高产品和服务的数量、质量、市场便利水平等，以高质量供给消除人均国内生产总值、人均可支配收入与人均消费支出之间的不对称性，实现三者的同步增长。

老年健康领域的人口红利

保障和改善人民健康、为全体老年人提供基本养老服务是党的二十大做出的战略部署，是实施积极应对人口老龄化国家战略，实现人口高质量发展的重要内容。作为社会保障内容的老年健康服务，需要以增进基本公共服务供给的方式推动；涉及老年群体的健康产业则是银发经济与大健康产业的交集，可以成为新的经济增长点。因此，促进老年健康的重要意义甚至超出了基本公共服务体系完善和涉老服务产业发展本身。本节从积极应对人口老龄化挑战出发，讨论老年人健康产业发展如何从供需两侧培育经济增长动能，并据此得出政策建议。

人口加速老龄化带来的挑战

随着我国人口以史无前例的速度发展和变化，日益加深的人口老龄化程度已经成为一个新的国情特征。从国际上通常采用的定义来看，2000 年，我国的老龄化率达到 7.0%，标志着整体进入老龄化社会；2021 年，我国的老龄化率提高到 14.2%，标志着整体进入老龄社会；2023 年，老龄化率进一步提高到 15.4%。在过去 10 年里，老龄化率每年提高大约 0.5 个百分点。按照这个趋势，预计在 2033 年或 2034 年，我国的老龄化率将超过 21%，成为高度老龄社会。

在老龄化带来的诸多挑战中，由于与其他年龄段人口相比，老年人口的健康需求更为突出，供求矛盾较大，所以这是一个值得关注并亟待破解的问题。世界卫生组织数据显示，2019 年我国人口出生时预期寿命为 77.4 岁，健康预期寿命为 68.5 岁，也就是说，我国老年人有 8.9 年的时间处于不健康状态。从国际比较来看，预期寿命和健康预期寿命之间存在 10 年左右的差别并不算异常。例如，作为高收入国家的澳大利亚、中等偏上收入国家的巴西、中等偏下收入国家的喀麦隆，虽然在预期寿命和健康预期寿命上存在很大的差异，但三国均具有两个指标之间的差距，分别为 12.1 年、10.5 年和 7.9 年。

我国的独特之处在于老年人口规模巨大，相应地，处于不健康状态的老年人规模也十分庞大。我国人口转变速度及老龄化速度之快，必然引发一个特有的现象，即老年人口规模迅速扩大。按照联合国的预测，2034年中国进入高度老龄社会时，65岁及以上人口数量约为2.93亿，占全球老年人口的27.6%。可见，解决好老年人健康问题是保障和改善民生的一个必须有所作为且大有可为的领域，有助于显著增进人民福祉，同时创造新的人口红利，助力实现中国式现代化共同富裕的目标。

促进老年人健康的现实意义

在2035年如期基本实现现代化，并且以人均国内生产总值、人均可支配收入和基本公共服务供给水平等衡量，成色十足地进入中等发达国家行列，离不开以14亿人口为基础的超大规模人力资源和消费群体作为支撑。数亿健康老年人口也必然是人口红利和超大规模市场的积极贡献者。因此，提高老年人健康保障、促进涉老健康产业发展具有重大且显著的意义。

一是有助于提高老年人的劳动参与率，增加劳动力和人力资本供给。吸引和接纳大龄劳动者就业、提高老年人口的劳动参与率，从而达到延迟实际退休年龄的目标，需要以老年人的身心健康水平为基本条件。增加健康基本公共服务供给和促进涉老健康产业发展，可以从健康角度显著提升老年人的人力资本，延长他们的经济活动年限。因此，这方面的努力意味着对新人口红利或人才红利的深度开发，从供给侧对劳动生产率的提高和国内生产总值的增长做出贡献。

二是有助于解除老年人的消费后顾之忧，释放居民消费潜力。老年人的健康消费固然是一个重要的需求因素，可以通过增加消费支出促进需求"三驾马车"的平衡，从而增强社会总需求的可持续性，支撑经济增长潜力的实现。与此同时，作为基本公共服务的重要内容，老年人健康保障的充分性还有利于消除老年群体的预防性储蓄动机，进而使其消费意愿与消费能力更加匹配。

三是有助于补足在健康领域涉老基本公共服务和市场供给的短板，增进全体老年人福祉。未富先老的表现之一就是，在养老保障、老年人医疗和其他健康服务方面仍然存在短板。补足短板总体上要遵循尽力而为与量力而行相统一的原则。在具体推进中，提升老年人健康水平可以收获新人口红利，同时涉老健康产业也可以成为新的经济增长点，由此创造出的人口红利或改革红利直接表现为产出和收入的增长。因此，这个领域的改革和工作推进具有收益大于成本的性质。

老年健康领域的政策必要性和目标

我们通常所讲的人口红利概念实际上具有狭义和广义两种含义。从狭义上说，人口红利是指在劳动年龄人口增长快、数量多和比重大的条件下，劳动力数量和质量供给、资源重新配置、储蓄率和投资回报率等均有利于形成更快的经济增长速度。在这个意义上，长期支撑我国经济增长的人口红利正在消失。从广义上说，在任何人口结构下，如果能够有针对性地投资于人，充分挖掘特定人群的超大规模优势，均可以从供给侧和需求侧创造有利的经济增长条件。可见，挖掘广义人口红利是促进人口高质量发展的必然要求，要求公共政策发挥更大的作用。

具体来说，人口老龄化对经济社会发展有消极的影响，甚至带来冲击性的效应，譬如降低潜在增长率、对经济增长的需求形成制约、加重养老负担等。然而，创造必要的制度条件，推动特定产业的发展，仍然可以充分利用老龄化的积极方面。例如，预期寿命和健康预期寿命的提高可以成为新人口红利的人力资本基础。即便具有未富先老的特征，也有其积极的一面，譬如挖掘诸多后发优势潜力。因此，在更高程度的老龄社会同样蕴含着可供挖掘的人口红利。

本节的分析具有政策含义。促进有关老年人健康的产业发展，是商品生产与公共品供给相交织的领域，因而也是营利性投资与产业政策相结合的领域，在带来私人回报的同时产生社会收益。因此，促进老年健康保障和相关产业发展，也应该在健全基本养老和医疗保险制度、完善基本公共服务供给体系、推进适老化改造、实施大健康产业政策等方面发挥政府的作用，与资源配置、产品和服务定价及供求调节方面的市场机制有效结合。

照护劳动市场化促进就业和经济增长

我们可以把照护经济当作银发经济的特殊例子，由此来认识发展照护经济的紧迫性，同时看到照护经济产业链所具有的社会效益和市场效益，就是说，它虽然是关乎老年人的银发经济，但也是一个朝阳产业。我们从观察以下几个事实开始。

事实一：老龄化要求更多的照护活动。这是大家都知道的事实。老龄化和养老面临的矛盾是照护比在下降，也就是能够照护老人的人口数量与他需要照护的老人数量之间的比例在下降。这个比例的下降基本上是自然现象，无法改变。

年老以后，必然有一个阶段是需要别人照护的。虽然很多老年人身体健康且能够自理，但是仍有部分老年人由于残疾、疾病导致失能，必然需要他人照护。我们可以关注一个数据，即虽然不同类别国家的老龄化程度和预期寿命不同，但是需要他人照护的时间是差不多的。一般来说，人口的预期寿命与健康预期寿命之间的比例关系十分接近。特别是，60岁及以上人口的不健康预期寿命占预期寿命的比例，高收入国家的平均水平为25.6%。中等偏上收入国家为24.2%，中等偏下收入国家为24.7%，低收入国家为25.5%，基本上都在25%上下。中国的占比与其他收入组国家相比还要低一些，是23.6%。

这个数据比较表明：一方面，与其他发展中国家相比，我国的老年人口更健康，具有比较好的医疗卫生发展水平和保障水平；另一方面，与高收入国家相比，我国的老龄化程度较低，老年人口的年龄不是很大，虽然我国的老龄化率增速很快，但是目前高龄老人占比仍然较低。从这个意义上说，在我国老年人的余寿年限中，需要被照护的年份相对少一些。但是，作为人口发展的必然趋势，未来我们在这方面的负担必然加重。这几乎是定论。

事实二：我国的家庭照护负担已经很重。当然，在谈论家庭负担时，不仅包括照护老人，还包括照护其他家庭成员，特别是孩子。随着老龄化率的提高，照护老人是其中越来越重要的一部分。再来看一个跨国比较的数据,即在每天的 24 个小时中,女性有多少时间从事家务劳动(同时也是无偿劳动)。我国女性的家务劳动时间占比为 11.1%,有数据的 73 个国家或地区的算术平均值是 12.5%,也就是说我国女性的家务劳动负担没有比其他国家更重。但是,我国女性的劳动参与率极高,达到 60.5%,可以说是世界上最高的国家之一,其他国家的算术平均值仅为 51.6%,可见差距很大。

这意味着我国女性的家务负担虽然不重,但是她们是在就业之余从事家务劳动。其他国家的女性就业率并不高,因此可能很多是专职做家务。所以,我国女性的家务劳动负担很重,似乎已经没有太大的潜力可挖掘。与此同时,老人照护这部分的需求将越来越大。这在宏观上构成一个关于照护的必要性和照护能力不足之间的两难,日益紧迫地成为相关政策面临的问题。在微观上,几乎所有相应年龄的人在日常生活中也在为这些照护难题发愁。对年轻人而言,看到了这样一个照护难题,考虑到没有时间生育、养育和教育孩子,因此他们的生育意愿不高,导致我国的总和生育率降至不可持续的极低水平。

事实三:我国有潜力将照护需求转化为产业和市场供给。我们以前即倡导家务劳动的社会化,也就是将家务劳动交给职业化的家政劳动者。劳动经济学家克里斯托弗·皮萨里德斯在虹桥国际经济论坛上也提出把照护劳动(即家务劳动)市场化。如今很多研究者都相信,这可以带来真金白银的银发红利。

第一,家务劳动市场化后,可以显著稳定女性就业。从对我国的影响来看,尤其具有针对性和紧迫性。近年来,我国整体劳动参与率有下降趋势，女性的劳动参与率下降更快，女性 50 岁之后的劳动参与率更是陡然下降。有调查显示，年龄较大的女性退出劳动力市场后，实际上是转到了家务劳动中，例如帮助子女带孩子。在这种情况下，家务劳动既成为女性的负担，又减少了她们的收入。因此，如果家务劳动实现社会化或市场化、职业化和产业化，从而解放这部分家务劳动负担，无疑可以稳定劳动参与率。同时，与目前正在实施的渐进式延迟法定退休年龄政策也可以衔接起来，提高部分大龄劳动者继续就业的意愿，避免其过早退出劳动力市场。一旦这部分劳动者回归就业市场，便同那些职业化的照护人员形成合理的劳动分工。

第二，家庭照护实现社会化、职业化，也能为其他群体创造就业机会。按照成为中等发达国家的要求，未来我国还有不少百分点的城镇化率差距需要填补，特别是我国的户籍人口城镇化率与常住人口城镇化率之间尚存在 18 个百分点的差别。此外，我国还有超过 20% 的劳动力在农业中就业，高收入国家的这个比例仅为 2% 左右，可见我国仍有诸多百分点的农业劳动力需要转移到非农就业。这意味着未来还会有大量的农村毕业生和转移劳动力进城。未来进入城市的人口不再只是新毕业生，而是有一些年龄较大的劳动者，特别是一些年龄偏大的女性劳动者。这些转移劳动力需要非农就业，我们应该给他们创造就业机会。

第三，人工智能和人力资源可以形成良好的互补关系，使这个领域成为一个经典的人工智能应用场景。很多年前，瑞典经济学家林德贝克曾宣称，未来机器人会在很多岗位上替代人类，但有一项工作它们无法替代，就是照护工作。目前看来，这个观点已经不太准确,实际上现在很多智能机器人可以照护老人和孩子。但是,用机器人替代人工来照护老人和孩子始终有一个门槛,那就是机器人难以满足被照护者的情感需求。所以,把人工智能与人力资源结合起来,即人工智能赋能于人的照护活动,必然是一个最恰当的人工智能应用场景。通过合理分工和自动化,把一些苦、累、烦的活儿交给机器人来干,照护者这个职业也会变得更加体面,更富有人力资本的内涵,可以提供更好、更高质量的服务。

第四,将家务劳动转变为市场化的劳动,直接增加国内生产总值,对经济增长有显著贡献。国家统计局在 2018 年做过一次全国时间利用调查,发现城乡居民的无酬劳动相当于有酬劳动的 61%。[①] 无酬劳动这部分活动是不计入国内生产总值的,这就是说,将其中的任何部分转变为市场化的有酬劳动都意味着对应的经济活动增加,从而以一定的幅度扩大国内生产总值。此外,家务劳动市场化也意味着资源重新配置,促进生产率和潜在增长率的提高。

第五,能够显著降低家庭为相关服务承受的负担和支出成本,同时改变年轻家庭对未来的预期,有助于提升生育意愿和生育率。二十届三中全会要求,以应对老龄化和少子化为重点完善人口发展战略。这意味着人口发展战略瞄准"一老一小"两个重点,从年龄上构成人口群体的两个端点。同时,人口支持政策并不局限于这两个群体,而是两点连成一线,覆盖全民、全生命周期。能

---

① 国家统计局,《2018 年全国时间利用调查公报》,https://www.stats.gov.cn/sj/zxfb/202302/t20230203_1900224.html。

够实现老有所养、老有所为和老有所乐,就能向全社会传递一个良好的预期,包括对儿童生育、养育和教育及就业相关的更好预期,对人口发展会产生更好的微观激励作用。

以发展银发经济拓展经济循环链条

发展银发经济是实施积极应对人口老龄化国家战略的重要产业抓手。通过增加涉老产品和服务的供给、扩大老年消费者的选择范围,既从供需两侧拓展经济循环链条,又增进老年人口的福祉。可见,以产业政策促进银发经济发展,既是保障和改善民生的重要举措,也是应对我国经济面临诸多挑战的产业推动。本节着眼于以下三点:首先,阐述银发经济发展在推动塑造区域经济新优势,以及培育供给侧和需求侧新动能等方面的积极效应;其次,揭示银发经济发展的有效途径,包括协调市场机制和产业政策的作用,以及需求引导供给和供给创造需求;最后,从加强普惠保障和完善体制环境的角度,提出发展银发经济的改革要求。

发展银发经济是贯彻党的二十大报告"实施积极应对人口老龄化国家战略,发展养老事业和养老产业"重大部署的关键抓手,也是转换和增强我国经济增长动能,增进包括老年人在内的全体人民福祉的必要举措。随着 2022 年我国人口开始负增长,劳动年龄人口数量减少和老年人口比重提高的速度均将明显加快,少子化和老龄化成为新常态。在进一步加大供给侧挑战的同时,也给我国经济发展新常态带来一个新的特征,即消费需求逐渐成为经济增长的常态制约。以发展银发经济为抓手，从供需两侧协同发力，应对我国人口老龄化的特殊表现——未富先老，是一项既重要又紧迫的任务。

未富先老是经济发展新常态和人口发展新常态交汇条件下日益凸显的一个国情特征，反映我国老龄化达到的水平显著超前于所处的经济社会发展阶段。一方面，早熟的老龄化程度从供给侧和需求侧过早削弱经济增长的动能；另一方面，激励生育和养老助老的能力也因此受到物质基础的制约。也就是说，人口与发展之间这种互为条件的关系特征，使得在人口增长与经济增长之间形成一种不利的因果循环关系。由于未富先老的根本特征在于缩短了人口从事生产经营活动和改善消费的生命周期，所以旨在拓展经济循环链条的银发经济，可以通过延长人口作为积极生产者和消费者的生命周期，推动破除这个不利的因果循环。

塑造区域经济发展的新比较优势

进入 21 世纪以来，我国在区域均衡发展方面取得了显著的成就。例如，从一个反映地区差距的指标来看，省际人均地区生产总值差距的泰尔指数从 1992 年的 0.145 提高到 2001 年的 0.183，随后进入不断改善的阶段，于 2011 年回落到 0.099，此后进一步下降到 2021 年的 0.080。[①] 在整体差距显著缩小的情况下，地区差距也呈现出一些新特点。首先，在整体区域差距的构成中，东部、中部和西部三类地区之间的差距在缩小，而三类地

---

① 蔡昉, 贾朋. 中国地区差距类型变化及其政策含义 [J]. 中国工业经济, 2022(12): 5-13.

区内部的省际差距在扩大。其次，在三类地区之间差距仍然存在的基础上，又出现了东北地区经济增长乏力这一新因素，以及南方地区与北方地区经济增长表现出现差异的新现象。最后，在人口格局和发展态势上也形成明显的地区差异（见图3-2），不利的人口特征与乏善可陈的经济表现在区域分布上形成比较紧密的对应关系。

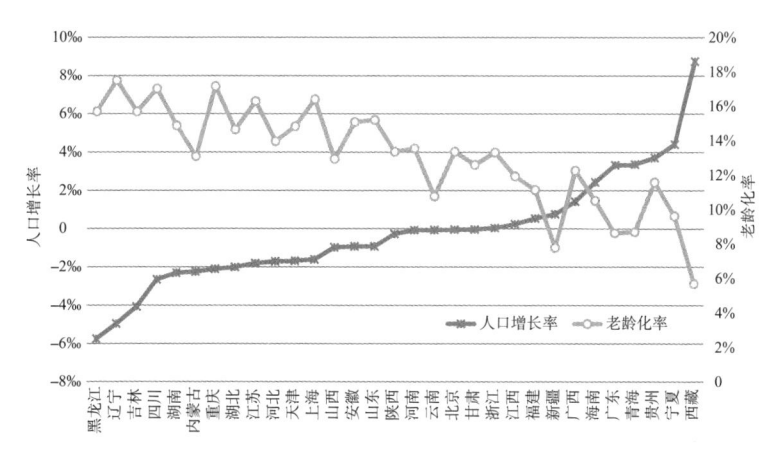

图3-2 各地的人口增长率和老龄化率

资料来源：国家统计局"国家数据"，https://data.stats.gov.cn/easyquery.htm?cn=E0103；国务院第七次全国人口普查领导小组办公室编，《中国人口普查年鉴（2020）》，https://www.stats.gov.cn/sj/pcsj/rkpc/7rp/zk/indexch.htm。

认识地区差距的一个习惯性思维范式是尝试找出落后地区的发展短板，由此判断其似乎应该具有的比较优势，进而建议通过市场机制或政策扶助，将潜在比较优势在特定产业的发展中显现出来。一般来说，这里考虑的比较优势通常是从供给侧着眼，依据一个地区在要素或资源方面的相对稀缺性，确定究竟是资源密集型产业、劳动密集型产业还是资本密集型产业符合特定时期的比较优势。在一定程度上，这种思维范式已经落后于时代变化，对于认识现实、抓准问题和提出建议都越发捉襟见肘。因此，比较优势原理的理解和运用需要与时俱进，传统思维范式也需要转变。

我国经济发展发生的变化具有阶段性转折意义。例如，以人均国内生产总值衡量，我国已经接近世界银行定义的高收入国家门槛（2024年的标准为 13 846 美元）[①]，产品市场的一体化程度不断提高，要素的国内流动并不存在根本性障碍，产业链和供应链已经高度嵌入全球分工体系。因此，即便地区发展差距仍未完全消除，地区之间也已经不存在实质性的资源要素禀赋差异。这时，套用传统的理论和范式，尝试以要素价格来识别区域比较优势，既有更大的难度和复杂性，也容易造成误判和误导。例如，居民可支配收入和工资水平这样的指标，如今并不能准确地反映劳动力的相对稀缺性。事实上，很多居民收入和工资水平较低的地区却表现出较高的老龄化程度，人口减少和劳动力外流现象也更严重，恰恰不具有劳动力丰富的资源特点，因而也不应被赋予劳动密集型的产业定位。

传统比较优势理论的应用价值在于，比较国家或地区在某种产品生产上的相对生产率，以便利用分工获得最大化和最有效的供给。在需求成为经济增长常态化制约的条件下，消费需求的区域特征有助于形成新的增长点，因而也构成一种新形式的比较优势。换句话说，如果一个地区相对于其他地区，在某类产品或服务上具有相对大的需求，并且在供给能力上也不存在实质性的制

---

① 参见世界银行网站，https://datahelpdesk.worldbank.org/knowledgebase/articles/906519-world-bank-country-and-lending-groups。

约，就可以认为该地区在提供此类产品或服务的产业方面具有需求比较优势。从这个意义上说，在经济发展和人口发展双双进入新常态的条件下，尽管有些地区在经济增长表现和人口特征方面都不尽如人意，但由于具有相对强烈的老年人口需求和涉老需求，发展银发经济可以成为加快赶超的产业突破口。

资源要素禀赋意义上的比较优势，如果在资源动员和要素配置等方面遭遇障碍，以致不能形成临界最小规模的优势产业，就不能被转化为足以影响地区发展的经济优势。同样的道理，对老年产业和涉老产业相对突出的需求，也不会自然而然成为一个地区银发经济发展的比较优势。所以，塑造区域经济发展新优势，特别是充分挖掘与人口老龄化相关的需求因素，归根结底还要同供给侧结构性改革及扩大内需战略的实施同步推进，培育供需两侧的经济增长新动能。

培育供给侧和需求侧的新动能

2022 年，我国的人口自然增长率为 -0.60‰，2023 年延续了这个负增长态势，人口自然增长率进一步下降为 -1.48‰。从年龄结构上，劳动年龄人口减少和老龄化的速度也将年复一年地加快。2021 年，老龄化率达到 14.2%，标志着我国从老龄化社会进入老龄社会。2022 年，老龄化率进一步提高到 14.9%。对我国经济来说，一方面，这表明供给侧的挑战更加严峻，与此前预测的情景相比，潜在增长率将加速下降[1]；另一方面，这也带来

---

[1] 蔡昉，李雪松，陆旸. 中国经济将回归怎样的常态 [J]. 中共中央党校（国家行政学院）学报，2023(1).

前所未有的需求侧挑战，不仅表现为出口和投资拉动经济增长的作用相对减弱，因而越来越倚仗消费需求，而且表现为居民消费需求受到人口老龄化的影响，预期会有明显的减弱趋势。如果不能有效应对，就会使供需两侧的制约因素一并显现出来，并且产生叠加效应，使我国经济的潜在增长速度难以保持在合理且合意的区间。

无论是从供给侧还是从需求侧着眼，应对经济增长减速的举措均可以从两个方面来认识，即开发新动能的源泉和挖掘传统动能的潜力。从供给侧来看，一方面，亟待把增长方式从高度依赖要素投入转向更多依靠生产率驱动，提高潜在增长率；另一方面，农业剩余劳动力继续转移和大龄劳动者就业率提高，仍然可以取得增加劳动力供给进而延长人口红利的效果。从需求侧来看，一方面，促进居民收入与经济增长的同步性，改善国民收入分配格局，以提高整体消费能力；另一方面，通过完善社会保障体系，提高基本公共服务供给和均等化水平，提高老年人、大龄劳动者和社会保险缴费群体的消费能力和意愿，以挖掘尚未实现的消费潜力。

未富先老因果循环的基本含义在于，老年人对经济增长供需两侧的贡献潜力均未得到充分挖掘。因此，从供给侧和需求侧着眼并发力促进银发经济加快发展，有助于打破未富先老因果循环，形成新的经济良性循环。从供给侧来看，银发经济创造新的增长点。与银发经济对应的技术研发、应用、产业发展和业态创造，可以通过满足老年人的物质和精神需求，譬如改善他们的身心健康水平、增强低龄老年人或大龄劳动者的认知能力和就业技能，以及创造新的产业和行业，更充分利用这个日益增长的人口群体的人力资本和企业家精神。通过提高老年人口的经济社会活动参与度，渐进式延迟法定退休年龄的条件也在加快成熟。从需求侧来看，银发经济旨在改善民生。通过提供多层次、多样化、更有针对性的物质和文化产品，满足老年群体刚性消费需求，以及不断提高的改善性消费需求。无论最终消费还是由此诱致的投资，都会产生扩大社会总需求的效果。

同时，供给侧和需求侧的因素还可以相互转化，形成产能和消费相互促进的激励效应。银发经济创造的产品和服务既满足老年人生活品质提高的要求，增强全社会养老、敬老和助老的能力，也不断在各种行业、业态、产品生产、服务供给及基础设施建设中创造新的需求。此外，鉴于国内经济循环与国际经济循环具有相互促进和相互转换的关系，银发经济产生的扩大国内循环的效果也有助于高水平扩大开放。由于全球也经历着迅速的人口变化，特别是高收入国家和新兴经济体呈现加速老龄化的趋势，我国在银发经济领域形成的优质产能和多样化产业链，也有助于形成新的比较优势和竞争力，从而参与到国际经济循环中，实现国内国际双循环的相互促进格局。

协调市场机制和产业政策的作用

作为一个渗透到各个产业、行业和业态，涉及各类企业和市场主体的经济活动，银发经济必然不是市场配置资源的例外领域。产业的投资和企业的运营都需要价格信号引领和优胜劣汰机制的激励；作为产业发展可持续性依托的整体生产率水平，也建立在竞争实现的微观效率改善基础上。实际上，银发经济的发展有日益扩大的需求支撑，将长期作为一个具有成长性的朝阳产业。庞大的老年人口规模构成超大规模市场的基础，要求在市场机制的引导下，通过提供高质量、有迫切需求的产品和服务，把老年群体的消费潜力变成经济增长强劲的需求拉动力。

2022年，我国人口占全球人口的比重为17.8%，居民消费支出总额却只占全球消费总额的12.1%。可见，实现消费拉动型的经济发展方式，潜力在于提高居民消费率，达到消费支出的全球占比同人口的全球占比相匹配。随着老年人口比重的提高，会不可避免地出现诸多不利于扩大消费的因素。但是，更深度的老龄化并不必然对应更低的消费率。对居民消费率进行历史观察和国际比较，可以发现一种不尽符合逻辑的现象，具体来说，就是在人口老龄化与居民消费率的关系上，时间序列数据与跨国数据并不完全一致。如图3-3a所示，全球平均老龄化率与消费率呈现相反的变动关系；如图3-3b所示，2022年各国家或地区的老龄化率与消费率并不存在显著的负相关关系。

我们来进一步解读图3-3体现的世界银行数据信息。全球平均老龄化率从2000年的6.9%提高到2022年的9.8%，同期居民消费率的全球平均水平从60.1%下降到54.3%。这意味着从时间变化趋势上看，人口老龄化具有抑制消费的效应。然而，如果在2022年或者其他年份的时点上进行跨国比较，不同国家或地区之间的老龄化差异并未反向地对应着消费率差异。这种老龄化率和消费率的负相关关系在时间序列中存在，而在特定时点上变得不显著的现象，构成"老龄化与消费率关系悖论"。这个悖论恰

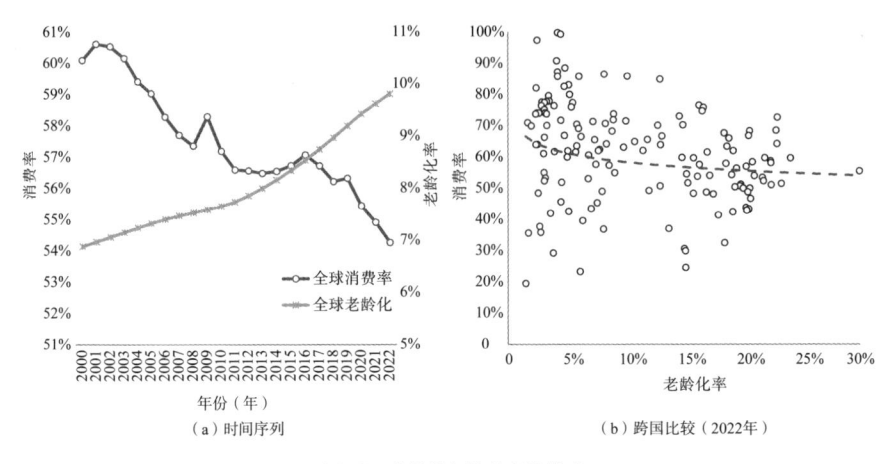

图 3-3　老龄化与消费率的关系

资料来源：世界银行公开数据库，https://data.worldbank.org/。

恰反映了国家（地区）之间在经济社会发展水平和体制上存在巨大的差异，而这些差异对消费能力和意愿来说，具有比老龄化趋势更重要的影响力。

具体而言，世界银行的数据表明，2022 年中国的老龄化率为 14%（国家统计局的数据为 14.9%），仍然低于美国（17%）、欧盟（21%）、日本（30%）和韩国（17%）。与此同时，这些更发达国家或地区的居民消费率却大幅度高于中国。同年，中国居民消费率只有 37%，不仅大幅度低于美国（68%）和欧盟（52%）的水平，也显著低于日本（55%）和韩国（48%）的水平。把这个比较放在"老龄化与消费率关系悖论"的框架中来理解，意味着我国老龄化程度虽然不断加深，但显著增强居民消费能力和消费意愿的潜力不仅存在且巨大。把这种潜力转化为现实的消费市场，一个很大的方面就在于适应老年人口及其他年龄组人口涉老消费的需求，可以大力度地拉动银发经济相关产业的发展。所以，从需求引导这个关键点来说，银发经济发展无疑要倚重市场的价格和激励信号。

与此同时，未富先老这一国情的形成也有特殊的历史逻辑。改革开放以来，我国的经济增长速度大幅提高，在很短的时间里极大地改善了人民生活水平。这种在时间意义上高度浓缩的经济社会发展，也导致了分享改革发展成果程度的代际差异。在欧美国家，目前达到法定退休年龄的婴儿潮一代经历过经济繁荣时期的就业和创业，或者积累了较多的财产，或者可享受较为丰厚的退休金，很多人还保持着较高的劳动参与率，因而具有较强的消费能力和意愿。相对而言，我国老年人的劳动收入、财产性收入和养老保障相对不足，他们的消费能力和意愿因此受到抑制。既然旨在增进老年人福祉的政策举措具有社会效益，银发经济的供给中也包括部分公共品，相关产业发展也体现出一定的外部性，那么这个领域的发展也应该以实施产业政策的方式推动，并使产业发展的成果外溢到老年消费群体。我国在促进高科技领域和新兴产业发展中，积累了实施产业政策的丰富经验。在迈向共同富裕的现代化过程中，保障和改善民生的产业发展和基础设施建设将逐渐成为产业政策的重点领域。

在全球数字技术革命和中国经济高质量发展的背景下，银发经济的发展具有更高的技术起点。适应当前和今后发展阶段特点，需要满足的居民消费是多层次、多元化和多样性的，这并不意味着银发经济的发展质量要被定位在低水平上，相关产业、行业也不应被置于产业链条的低端。鉴于数字技术及其应用具有零边际成本、报酬递增和广泛连接性等特点，银发经济的相关行业和领域能够最大程度地利用数字技术，特别是人工智能技术的最新成果。通过与数字经济的深度融合，银发经济领域的技术含量、涉老产品和服务的供给质量、消费者的市场可及性均可以设在更高的起点上。这要求通过法律和规制以及产业政策和社会政策手段，鼓励企业创新向善，消除市场歧视、技术差距和数字鸿沟，同时防止产生寻租活动和产业泡沫。

需求引导供给和供给创造需求

在拉动经济增长的最终消费、资本形成和净出口"三驾马车"中，最终消费（特别是居民消费）的贡献度偏低，因而经济增长过度依赖投资拉动的格局，长期以来被视为我国经济发展方式不平衡、不协调和不可持续的重要表现。相应地，为什么会形成这样的需求因素格局，一直是经济研究领域不懈探求的谜题。实际上，从改革开放以来的整个发展历程来看，资本形成规模增长快且对国内生产总值增长贡献大的特征，最突出地表现在我国加入世界贸易组织到经济增长即将减速的 2001—2011 年（见图 3-4）。值得指出的是，这 10 年也是国内生产总值增长速度最快的阶段，是中国二元经济发展的典型时期。按照二元经济结构理论提出者阿瑟·刘易斯的本意，在这个时期，劳动力供给并不构成对经济增长的制约，因此，物质资本积累的速度决定着经济增长的速度。[1]

---

[1] Arthur Lewis. Economic Development with Unlimited Supplies of Labor[J]. The Manchester School, 1954, 22(2): 139-191.

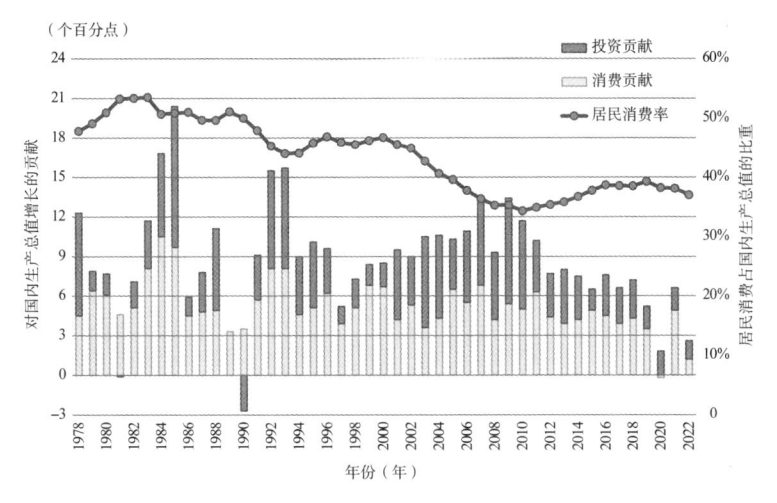

图 3-4　国内生产总值及其增长中的投资和消费

资料来源：国家统计局"国家数据"，https://data.stats.gov.cn/easyquery.htm?cn=C01；世界银行公开数据库，https://data.worldbank.org/。

从这个意义上说，直到劳动年龄人口开始负增长，或者说到达人口红利消失转折点之前，高储蓄率和高投资率始终是经济增长的关键条件，并且在这个时期，投资通常不会遇到报酬递减的困扰。既然投资是当时经济增长的主要需求源泉，对应的需求结构及发展方式无疑也是与这个发展阶段特点相适应的。然而，随着我国经济跨越刘易斯拐点，人口红利逐渐消失，比较优势发生显著的变化，同时出现了资本报酬递减现象。也就是说，出口需求和投资需求都不再强劲，居民消费日益成为拉动经济增长的制约性需求因素。如果不能显著提高居民消费率，需求因素则难以支撑基本实现现代化所要求的经济增长速度。

事实上，居民消费率与经济发展阶段也具有对应的关系，并且伴随着后者的变化而逐渐调整。如图 3-4 所示，在高投资足以支撑高速增长的时期，居民消费率一直处于较低的水平；随着资本形成对国内生产总值的拉动作用减弱，居民消费率逐步提高。但是，我国居民消费率及消费对国内生产总值贡献率提升的节奏和幅度，迄今未充分达到经济发展方式变化的要求。与国际一般规律相比，我国居民的消费能力和意愿具有非典型化特征，即与自身所处的发展阶段不匹配。例如，从居民消费占国内生产总值的比重来看，我国不仅低于大多数发达经济体，甚至低于世界平均水平（54%）和中等偏上收入国家平均水平（46%）。这种状况受到诸多因素的影响。总体来说，我国居民消费率过低的根本原因与未富先老的国情特征密切相关，或者说表现为未富先老的消费特征。

诚然，未富的因素仍然存在，包括居民收入整体偏低、收入差距（特别是城乡收入差距）偏大，以及社会保障水平和覆盖水平偏低，等等，但是我们这里将着重讨论先老的因素。我国处于低生育水平已经长达30余年，至今总和生育率仍在继续降低，2021年每个妇女终身生育的孩子数仅为1.2个，由此导致的必然结果就是人口结构表现出快速老龄化，而且速度明显快于处在同等发展阶段的其他经济体。根据联合国人口数据，2000—2020年，老龄化率的年均提高速度：中国为3.0%，不含中国数据的发展中国家平均为1.6%，发达国家则为1.5%。

用未富先老这个表述来概括我国人口转变特征，也恰好突出了我国老年人的消费能力和消费意愿与其日益扩大的规模和提高的比重不匹配。这种现象也可以概括为人口的年龄结构与消费的年龄结构不对称的特征，并称之为"人口金字塔消费悖论"。把2020年第七次全国人口普查数据与2016年中国社会科学院人口与劳动经济研究所的"城市劳动力调查"数据结合起来，我们可以看到另一幅画面，显示出我国城市人口的年龄结构及其趋势，与居民消费平均支出的年龄分布之间，形成了一种十分明显的不对称关系（见图 3-5）。例如，目前我国的年龄中位数大约为 38 岁，城市中大于该年龄的人口比例为 47.0%，然而他们的消费总支出只占全部城市居民消费额的 38.5%，其中 60 岁及以上人口占 25.6%，消费占 21.1%；65 岁及以上人口占 18.1%，消费只占 15.0%。实际上，考虑到农村老龄化程度更高且农村居民消费能力更低这个因素，图 3-5 未能充分反映中国作为一个整体，分年龄的现行消费能力（及意愿）与当下及未来的人口年龄结构的不匹配程度。

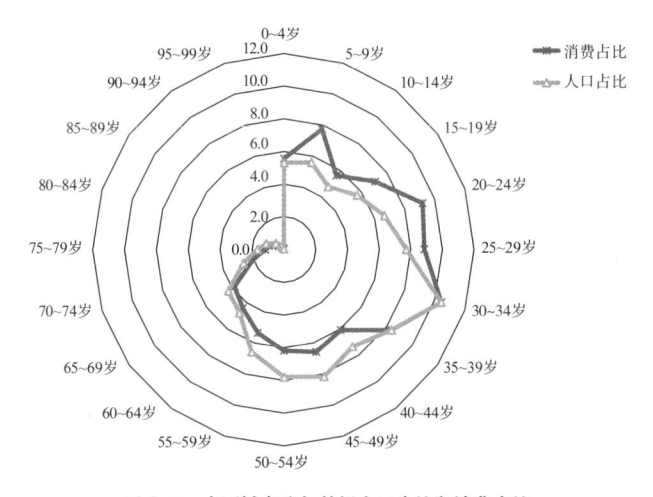

图 3-5　中国城市分年龄组人口占比和消费占比

资料来源：国家统计局"国家数据"，https://data.stats.gov.cn/easyquery.htm?cn=C01；中国社会科学院人口与劳动经济研究所，"城市劳动力调查"（2016 年）。

面对消费需求总体不足的宏观经济格局，从提高居民收入、改善收入分配、强化社会保障水平等方面着手，无疑是加快提高居民消费能力和意愿的需求侧途径。同时，从涉老产品、服务和基础设施等供给着手推动银发经济发展，是提高居民消费能力和意愿的供给侧途径。银发经济涉及建设和更新基础设施、按照适老化原则改造和重塑社区、发展新产业和新业态、增加服务网点、拓展产业和服务链条等众多经济活动，不仅满足老年人及其家庭的最终消费需求，还创造新的经济增长点。正如早期发展经济学中"大推动"理论所描述的，通过一系列相关经济活动的同时启动，并且相互创造市场，必然开启更大的需求源泉和经济循环链条。所以，银发经济的意义并不只表现在一些行业和领域，更重要的在于促进国内大循环和国内统一大市场。

从这个意义来说，银发经济发展可以成为"需求引导供给，供给创造需求"这一产业发展模式的典型应用场景。日益增加的老年人口产生的巨大需求，注定了银发经济的朝阳产业属性和长期成长的可持续性。然而，极低的生育率及其导致的人口负增长不仅成为一种新常态，而且将使老龄化程度日渐加深，因此，老年人和老龄社会的现实需求直到出现之前，对市场来说都可能是陌生的，没有先例可循。运用产业政策推进银发经济的发展，可以充分利用其他老龄社会已有的经验，最大化借助投资者和企业家的市场发现能力，从而在需求引导供给的同时，更好地发挥供给创造需求的功能。与此同时，银发经济发展还是产业与数字经济深度融合的典型实践过程。人工智能技术的最新发展，除了可以显著提高老年消费品和服务的供给效率，在医疗、护理、照料、助残等特殊场景的应用更具不可替代的作用，必然通过延长人口的预期寿命，特别是健康预期寿命，不可限量地提高老年人的生活品质。

加强普惠保障和完善体制环境

发展银发经济是根据老年人口和老龄社会的特殊需要做出的政策部署，因此，巨大的市场需求潜力足以利好产业发展的长期展望。然而，这并不意味着居民的潜在需求可以自然而然地转化为市场的实际需求。也就是说，银发经济既是解决老龄化问题的重要手段，也有赖于一系列相关配套政策的推动。老龄化带来的不利于发展的负面影响，既渗透或弥漫于整个经济社会领域，直接施加于当前的经济社会发展，又涉及人口队列之间关系及代际安排，因而属于双重外部性问题。[①] 这就要求政府为银发经济发展创造良好的政策环境，包括在扩大社会福利、增加公共投资、实施产业补贴、规范产品和要素市场等方面更好地发挥作用，以弥补消费能力和消费意愿的不足，以及消费内容方面的短板。从这个意义上说，促进银发经济的发展并不仅仅是产业发展和产品及服务的供给，更是一个深化体制改革、社会政策调整和制度建设的契机。

首先，覆盖全民、全生命周期的基本公共服务体系。银发经济成为一个稳定、可持续的经济增长点，归根结底在于老年人和涉老需求的稳定性和成长性。诚然，居民收入增长和收入分配改善是消费能力和意愿不断提升的终极源泉，但政府遵循尽力而为与量力而行原则保障和改善民生的着力点在于进行必要的制度建设。从目标和路径相结合的角度，以下两个方面应该严格遵循：

---

① 双重外部性是借鉴经济学家威廉·诺德豪斯针对气候变化和绿色经济发展提出的概念。威廉·诺德豪斯. 绿色经济学 [M]. 李志青，李传轩，李瑾，译. 北京：中信出版集团，2022.

一方面，基本公共服务体系覆盖全民，并且按照"就高不就低"的路径，逐步缩小乃至消除在公共品供给上的城乡、区域、户籍、行业和企业差别；另一方面，基本公共服务贯穿每个人的全生命周期。我国居民在不同的生命阶段获得的基本公共服务保障程度不尽相同，与人口年龄结构现状及动态形成错位的现象。例如，基本社会保险和其他许多社会福利供给主要对应就业群体，特别是正规就业人员，而有着更大需求的人群，譬如"一老一小"，充分覆盖的程度仍有欠缺；农村老龄化程度显著高于城镇，养老保障水平却相对低下。上述两种改善基本公共服务供给的方式，从缩小和消除差别出发，可以使以前未被覆盖的群体显著获益，从而使资金和资源改善民生的效果最大化。

其次，激励生产率提高和分享同步的经济体制机制。正如新的增长点和新兴产业一样，银发经济发展有着更大的需求和更好的条件，在践行新发展理念方面后来居上，乃至形成引领性。在这方面，创新发展的关键是引导和激励银发经济更加依靠生产率驱动，从而体现其作为朝阳产业的特点和优势；践行共享发展则在于突出银发经济的问题导向和民生优先特点，从而融入积极应对人口老龄化国家战略。这要求在银发经济及涉老产业的发展中，强化目的和手段、公平和效率的有机统一，探索形成生产率提高及其成果分享同步的体制和机制。

最后，兼容市场机制和政府作用的产业政策实施途径。对包括银发经济在内的大多数产业来说，产业政策都是竞争政策的必要补充，而非取舍替代。因此，如果没有行业的自由进入和退出机制、企业之间的充分竞争环境、价格根据供求关系和稀缺性形成的机制，以及生产率回报的激励作用作为前提条件，产业政策则难以得到良好的实施。在上述条件具备的基础上，政府适时适度运用宏观经济调控手段、规制和监管办法，以及补贴和税收机制等奖惩手段，对产业发展方向进行合理引导，既是银发经济健康发展的需要，也把解决老龄化相关问题的过程同时变成新的体制机制探索实践和新兴产业增长机遇。

银发经济的供给与需求

二十届三中全会审议通过的《决定》也提出发展银发经济、优化基本养老服务供给等要求。[①] 积极应对人口老龄化，是促进人口高质量发展的重要任务之一，因而也是推进中国式现代化进程的一个重要方面，既要基于中国的国情特点，从迫切的现实需要出发，也要借鉴各国共同拥有的一般性规律。2022 年，我国人口已经转入负增长阶段，并已转变为老龄社会。人口新常态对经济发展的突出挑战表现在两个方面：一是劳动年龄人口众多和持续增长的特征趋于消失，从供给侧支撑经济高速增长的传统人口红利趋于消失；二是老龄化程度的不断加深产生抑制居民消费的效应，从需求侧支撑经济增长的拉动力逐渐减弱。

即便在老龄化这一常态人口环境和未富先老的特殊挑战下，经济增长在面对挑战的同时，仍然有潜在的机遇。毋庸置疑，抓

---

① 中共中央关于进一步全面深化改革 推进中国式现代化的决定 [M]. 北京：人民出版社，2024.

住机遇以应对挑战，有赖于社会各群体、各类市场主体的积极性，以及政府在诸多领域的积极作为。党的二十大报告指出"实施积极应对人口老龄化国家战略，发展养老事业和养老产业"[①]，这正是应对老龄化诸多任务中的一个重要方面。二十届三中全会进一步提出完善养老事业和养老产业政策机制。同时，国家已经将实施这一战略具体部署在促进银发经济发展之中。按照定义，银发经济是向老年人提供产品或服务，以及为老龄社会做准备等一系列经济活动的总和，促进这些经济活动的发展，目标就在于积极应对人口老龄化，培育经济发展新动能，提高包括老年人在内的人民生活品质。[②]

  作为积极应对人口老龄化国家战略的产业方案，银发经济值得学术界和政策界高度关注，既有诸多理论问题值得探讨，也需要按照新发展理念的要求，通过政策的制定和实施，把理论和理念转化为实践。并且，随着实践的推进及其过程中的新探索，将会产生大量值得总结和借鉴的经验。本节拟采取类似于"总论"的形式，把银发经济发展作为研究对象或产业案例，揭示在我国特有的未富先老条件下，经济社会发展面临的挑战及其相关的理论、政策和实践问题，并尝试给出初步分析的答案。我们希望运用相关理论及其揭示的一般性规律，与中国现实的特殊问题相结合，从而更好地把握银发经济发展的前景、产业链特点、适宜的

[①] 习近平. 高举中国特色社会主义伟大旗帜　为全面建设社会主义现代化国家而团结奋斗——在中国共产党第二十次全国代表大会上的报告 [M]. 北京：人民出版社，2022.

[②] 《国务院办公厅关于发展银发经济增进老年人福祉的意见》，国办发〔2024〕1号，中华人民共和国中央政府网：https://www.gov.cn/zhengce/content/202401/content_6926087.htm。

资源配置机制、产业政策推动手段等。在理论上，我们希望从产业的层面对我国人口老龄化研究做出贡献；在政策上，我们也希望在此基础上提出有针对性的实施建议。

应对老龄化的理论和政策挑战

广义而言，认识、适应和引领人口发展新常态；狭义而言，有效推动银发经济发展，皆有必要先提出若干与未富先老特征相关的现象之谜，以及由此产生的政策难题。换句话说，这些谜题中所概括的事物实际上是未富先老所提出的挑战在某一方面的概括。相应地，若要完好应对这些挑战，或者说做到对人口发展新常态的有效引领，终究有赖于通过银发经济的成功发展，打破这些所谓的现象之谜和政策难题。

破解"人口金字塔消费悖论"

人口学家通常用数据绘制一个人口金字塔，以这种图的形状来表达老龄化或老年人口占比提高的变化过程。也就是说，随着老龄化程度加深，这种图形所反映的人口分布状况均反映在这个图形的变化中，即从一个具有巨大底座并逐渐过渡到狭窄塔尖的典型金字塔，经由一系列中间过渡形状，譬如说一个两头小、中间大的橄榄型，逐渐趋近于一个倒金字塔型（见图3-1）。

与这个趋势不尽相称的一种现实情况则是，我国老年人口虽然在数量上增长更快，但由于劳动参与率下降，导致劳动收入减少直至完全丧失，以及基本养老保险的覆盖率和给付水平都偏低，他们的消费能力和消费意愿明显低于更年轻的人口群体。前文提到一项抽样调查显示，我国城市居民的人均消费支出在

20~25岁这个年龄段达到最高点，随后便随着年龄的增长而逐年减少。

这种趋势形成一个与未富先老特征密切相关的悖论，当我们把其视为未富先老的一种表现时，似乎说明它是一种中国特有的现象，其实也并非如此。实际上，从微观研究来看，经济学家在发达国家发现，存在一种"退休消费之谜"，即收入和财富处于优势地位的退休群体，其消费意愿却下降了。① 从宏观的跨国数据分析，也可以看到一种随着老龄化程度的加深，居民消费率逐步降低的规律性现象，尽管导致这种现象的原因在各国不尽相同。对中国来说，以银发经济为产业抓手，突破居民消费对经济增长的制约，有助于破解"人口金字塔消费悖论"，扭转人口年龄结构与居民消费需求的背离现象，是实现现代化目标的必要举措。

人口变化中总量与结构的对立统一

人口特征通常以总量和结构之间的二元对立表现出来，人口变化也呈现出总量和结构的对立统一运动。在这方面，我们需要在认识上把握一个规律性现象，或者说是在政策制定中，善于抓住一个颇为有用的关系——人口数量和结构之间互为因果的关系。人口年龄结构的变化通常呈现出一种回声效应，即人口转变过程以婴儿潮这个数量特征为起点，相继经历由不同队列人口构成的高峰阶段，例如婴儿和儿童、青少年和青年、中青年、低龄老年人，直到高龄老年人。这既表现为每个年龄段人口的数量特点，又表现为各年龄段人口之间的结构关系。

---

① Erik Hurst. The Retirement of a Consumption Puzzle[R]. NBER Working Paper, No. 13789, 2008.

观察 1990—2023 年我国人口年龄结构的变化，我们可以看到不同人群之间具有消长关系。首先，0~14 岁儿童人口占比 1991 年以 27.7% 达到峰值，2023 年下降到只有 16.3%，这充分显示出我国人口发展在生育率下降条件下出现的少子化新常态。其次，15~64 岁劳动年龄人口占比 2010 年在 74.5% 的水平上达到峰值，随后逐年下降，意味着传统人口红利的源泉趋于消失。最后，老龄化率自始至终处于提高的过程中，2023 年已经达到 15.4%，并将长期持续提高，预计在 2032 年达到 21% 这一高度老龄社会的标志线，这无疑是我国人口老龄化新常态的明确表达。

对应这种回声效应，不同年龄段的居民群体先后成为人口问题的主要矛盾或矛盾的主要方面。相应地，经济政策和社会政策需要分别对每个阶段占主体地位人群的特殊优势和特别需求做出反应，以便通过对作为主要矛盾的人口群体的投资，从人口结构中挖掘经济社会发展必要的源泉，以弥补人口数量方面的不足。从供给侧来说，通过实施人力资本培养政策，提高老年人的健康水平和健康寿命，培养、挖掘和利用大龄劳动者的独特技能，有助于显著提高劳动力供给、人力资本贡献率和劳动生产率，进而提高潜在增长能力。从需求侧来说，通过实施再分配力度更大的公共政策，提高老年人的收入和社会保障水平，有助于扩大居民消费，以更充足的社会总需求支撑经济合理增长。银发经济无疑就是把人口结构因素，通过社会政策转向和产业发展环境改善，转化为经济发展优势，进而弥补总量不足的关键领域。

人口红利的重新定义

前文提到，我们习惯于把人口红利的内涵限定在劳动力丰富和人口负担轻上面。国外有学者曾经提出过第二次人口红利的概念，主要关注如何在老龄化条件下稳定和提高储蓄率，因而也是一个偏窄的概念。

在劳动年龄人口和总人口分别进入负增长阶段、老龄化程度显著加深、人口抚养比持续上升的条件下，通过提高人力资本、劳动生产率、收入和消费水平，使现行人口格局有利于促进高质量发展，则意味着可以获得新人口红利。新人口红利作为发展的源泉，更加可持续，并且目标和手段更加统一。毋庸置疑，人的全面发展和全体人民共同富裕是高度一致的，人口高质量发展和经济高质量发展也是相互促进的。我们将挖掘传统潜力和开启新源泉并重，不仅促进劳动力流动和提高劳动参与率，有助于挖掘劳动力供给潜力，而且提高劳动者的技能和就业适应能力，可以获得新人口红利。最后，将供给侧和需求侧并重。更高质量的充分就业及收入合理增长和分配，可以提高各居民群体的消费，以超大规模市场支撑国内需求，保障经济增长潜力得到发挥。

我国经济增长必须克服的人口挑战

在学术界和政策研究领域，关于人口与经济发展关系的认识范式已经发生根本性的变化。特别是得益于我国高速经济增长经验，人们认识到经济发展并不注定受人口数量多、增长快的拖累，在体制弊端不断被消除的条件下，人口数量和结构都可以被转化为人口红利。相应地，2010年前后劳动年龄人口达峰、2021年老龄化率达到老龄社会标准、2022年人口开始负增长等现象意味着传统人口红利趋于消失，我国经济增长必然遭遇新的挑战，也意味着只要做出正确的政策抉择，这些来自人口变化的挑战也可以得到克服，新人口红利完全可以期待。

老龄化加速期与未富先老特征

在过去10年里，我国老龄化率每年提高大约0.5个百分点。按照这个趋势，预计在2032年前后，我国将成为高度老龄社会。例如，中国人口与发展研究中心对2035年我国老龄化率的中位预测值为23.9%。[①] 为了获得更加清晰的变化图，我们将该机构的预测值与国家统计局公布的实际数据结合起来，进一步观察未来的老龄化趋势。如图3-6所示，我国老龄化率将持续提高，65岁及以上人口的年均增长率也将长期保持为正，并且从现在到2040年，可以说是加速老龄化的时期。

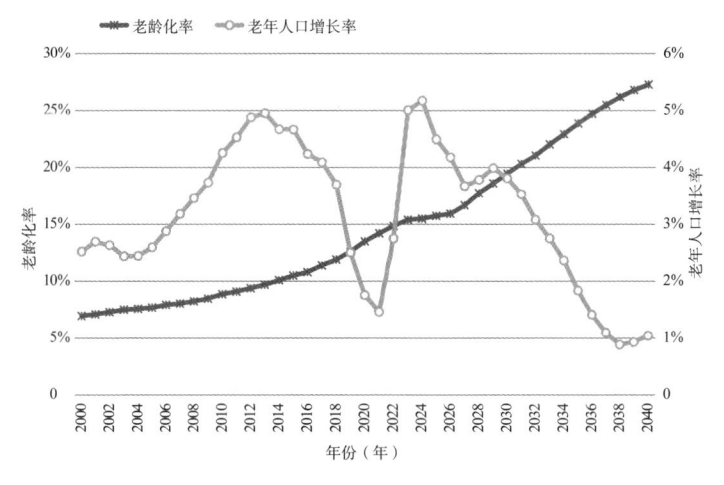

图3-6 老龄化率和老年人口增长率预测

资料来源：国家统计局"国家数据"，https://data.stats.gov.cn/easyquery.htm?cn=C01；中国人口与发展研究中心，《附录二：中国人口中长期多情景预测结果数据集》，https://www.cpdrc.org.cn/sjzw/yjgj/202311/t20231124_17127.html。

---

① 中国人口与发展研究中心，《附录二：中国人口中长期多情景预测结果数据集》，https://www.cpdrc.org.cn/sjzw/yjgj/202311/t20231124_17127.html。

按照在 2035 年成为中等发达国家的目标要求，我国人均国内生产总值应该从 2022 年的 12 663 美元，以大约年均 4.7% 的速度提高到 23 000 美元左右。相应地，人均国内生产总值水平的这个范围就是我国在走向深度老龄化过程中的增长路径。观察 2022 年人均国内生产总值处于相应范围内的经济体，可以得出有趣的比较结果。具体来说，就是从人均国内生产总值达到 13 031 美元的圣卢西亚，到人均国内生产总值达到 24 515 美元的葡萄牙，以及两者中间的其他国家或地区共有 24 个。取其简单平均值的话，这些国家或地区的老龄化率平均仅为 14.7%，甚至低于中国目前的水平。这表明直到基本实现现代化之前，未富先老的特征都将始终伴随我国的经济发展过程。

从供需两侧看经济增长制约

人口老龄化对经济增长的长期影响表现在供给侧和需求侧两个方面。先从供给侧来看，人口负增长意味着劳动年龄人口的减少将加速，对劳动力供给、人力资本改善、资本报酬率和生产率提高等方面产生不利影响，进一步降低潜在增长率。在此前没有预期人口负增长的情况下，我们曾经预测国内生产总值的年均潜在增长率在 2021—2035 年为 4.84%，正好符合保证我国在 2035 年成为中等发达国家的增长速度要求。然而，在人口负增长条件下，利用新的人口数据重新预测，年均潜在增长率则下降为 4.53%。[①] 看上去，供给侧的这个增长率缺口（0.31 个百分点）似乎影响还不是那么重大。特别是在加大改革力度的条件下，要

---

① 蔡昉，李雪松，陆旸. 中国经济将回归怎样的常态 [J]. 中共中央党校（国家行政学院）学报，2023(1).

素供给和配置效率都可以得到改善，挖掘传统人口红利潜力或者开启新人口红利，均意味着可以获得更高的潜在增长率。

然而，如果加上需求侧的制约因素，经济增长遇到的老龄化挑战比潜在增长率预测显示的更严峻。从逻辑上分析，人口负增长和老龄化都会产生削弱居民消费能力和消费意愿的效应。国际经验也显示，居民消费率与老龄化率之间呈现倒 U 形关系：最初，随着老龄化率提高，居民消费率也提高，老龄化率超过 14% 之后，居民消费率则趋于降低。[1] 这意味着伴随着人口发展进入新常态，我国经济发展越来越受制于社会总需求，特别是居民消费需求的制约。如果消费需求不足，甚至已经显著降低的潜在增长率都可能难以实现。日本人口在 2009 年开始负增长以后，社会总需求就经常不足以支撑潜在增长率，以致造成实际增长率低于潜在增长率，形成国内生产总值增长缺口的情形。

如图 3-7 所示，我们以人均国内生产总值的顺序排列作为基准，来看在每个收入水平上，对应国家或地区的老龄化程度和居民消费率水平。总体来说，在图 3-7 所涵盖的观察值范围内，随着人均国内生产总值的提高，的确表现出老龄化率和居民消费率均下降的趋势。但是，在这样的总体趋势中，各国之间也呈现出大幅度的离差现象，即在某一特定的人均国内生产总值水平上，一些国家的老龄化程度比其他国家更高，或者一些国家的居民消费率比其他国家更低。显然，同时具有更高的老龄化率和更低的居民消费率是一种不尽理想的组合。根据世界银行的

---

[1] 蔡昉. 人口负增长时代：中国经济增长的挑战与机遇 [M]. 北京：中信出版集团，2023：72-73.

数据，2022年，按2015年不变价美元计算，我国人均国内生产总值为11 560美元，以此为基准，我们可以利用图3-7进行国际比较。根据国家统计局的口径，2022年，我国的老龄化率为14.9%，在同等发达程度国家中居于较高的水平。根据世界银行的数据，我国居民消费率为37%，在同等发达程度国家中居于很低的水平。由此可见，我国经济增长未来面临的消费制约十分严峻。

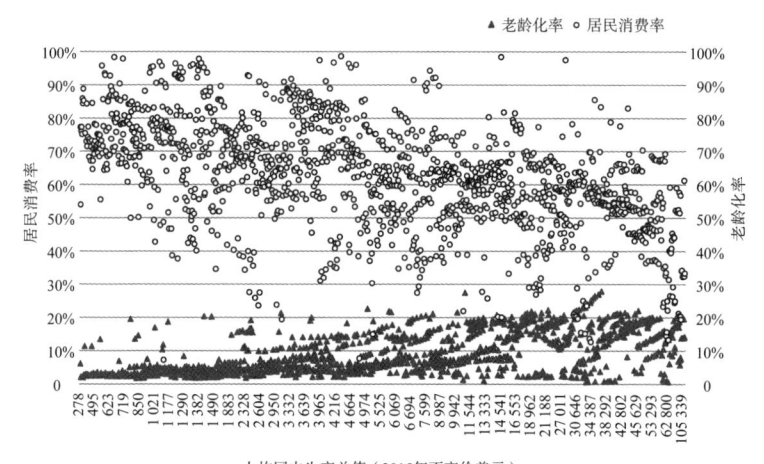

图3-7 跨国比较中的老龄化率和居民消费率

资料来源：世界银行公开数据库，https://data.worldbank.org。

当长期制约与短期冲击相遇

当长期发展阶段变化的转折点（人口负增长）与短期经济冲击（新冠疫情影响）相遇时，经济复苏的难度显著加大，进而经济复苏的实际效果可能低于预期。在更加极端的情形下，长期的下行趋势可能提前形成。在2020—2022年受到疫情影响的三年中，我国绝大多数月份的城镇调查失业率都高于5.1%这一自然失业水平，意味着存在明显的周期性失业。宏观经济较长期未达到充分就业、劳动者遭遇较长时间失业或就业不足，无疑放慢了城乡居民收入的增长速度，从理论上预期会产生一种需求侧的磁滞效应或疤痕效应，形成对宏观经济的不利影响，主要表现在经济直到最终充分复苏之前，居民消费能力和消费意愿会一度走低。

经历新冠疫情的冲击之后，随着疫情防控于2022年年底开始平稳转段，经济增长预期于2023年开始大幅度复苏。然而，在潜在的磁滞效应作用之外，我国人口恰于2022年开始了负增长，人口因素造成的实际影响和预期也表现为消费能力和消费意愿的弱化。这里，长期趋势与短期冲击相遇，形成了不利于消费需求恢复，从而不利于经济复苏的相互强化表现。正因如此，在我国经济回升向好的同时，也遇到诸多新的困难和挑战，例如，国内需求（特别是消费需求）不足，造成一些企业经营缺乏良好的市场预期，以致经济恢复呈现一个波浪式发展、曲折式前进的过程。

正确运用银发产业链条的外部性

实施积极应对人口老龄化国家战略、宏观经济政策和相应的社会政策，都是为了在老龄化的条件下，打破经济增长供需两侧的长期、短期制约，以更快、更好地促进宏观经济从疫情冲击中复苏，并保持长期可持续增长。与此同时，也需要从产业政策的角度，抓住关键的经济增长点、可持续产业链和朝阳产业领域，促进国内经济良性循环，达到应对挑战和抓住机遇统一、供给侧和需求侧契合，以及经济增长和社会发展均衡的境界。促进银发经济的发展,就是为实现这样一些目标所必需的产业政策安排。

抓住并培育好银发经济产业链

银发经济活动具有涉及面广、产业链长、业态多元、潜力巨大的特征。总体来说,可以分别将其概括为以下三类:第一类,适用于所有人群的衣食住行,但是对老年人来说,具有急难愁盼的紧迫性和可及性上的特殊难点;第二类,以老年人为特殊需求对象的产品和服务;第三类,为银发经济发展创造基础条件的行业,以及适老化改造领域。上述三类并不是截然分开的,常常通过产业链、供应链体现在一些相同的产品或服务中。从产品来看,包括功能性老年产品、满足老年人特殊需求的保健食品、特殊医学用配方食品、抗衰老产品、智慧健康和养老产品、健身和康复辅助器具等。从服务来看,包括扩大老年助餐、拓展居家助老、推动社区便民、老年健康服务、养老照护、老年文体等服务内容。

此外,银发经济发展还为其他行业创造出诱致性的需求,譬如该领域发展所提出的科技创新和应用、用地用房保障、人才培养、数据要素支撑、养老金融产品、方便老年人金融服务等诸多需求。另外,居住区、公共空间、消费场所、办公场所和住宅等场所的无障碍建设和适老化改造也是不可不为的项目,并且可以成为大有前途的经济增长点,创造出必要的产业拓展空间。

现在我们不妨回顾一下图3-6所揭示的趋势,即老龄化率持续提高,老年人口迅速增长,并且在相当长时间内,这个大趋势不会因扰动性因素而中断。这个人口趋势的背后有什么产业含义呢?既然未来我国经济增长的主要制约在于居民消费需求端,银发经济发展也主要靠老年人需求和涉老需求作为拉动力，那么老年人口继续增长和老龄化率继续提高的自然趋势，以及老年群体收入和保障水平持续提高，进而购买力不断增长的必然趋势则表明：银发经济和涉老产业是具有长期发展潜力的朝阳产业；发展银发经济不是仅仅着眼于解决当下消费需求不足的权宜之计，而是具有跨期和跨代效应的百年大计。

以老年人照护为抓手延伸产业链

对相应的具体产业和行业做出全面分析，并非本节论述的目的。这里，我们仅以一个老年人有着特殊需求、在老龄社会可以成为重要产业的照料护理活动为例，看银发经济的产业链条如何延伸，从而成为经济增长点和国内经济循环关键环节的。在讨论国民经济核算体系或国内生产总值这类概念时，人们经常提到的一个现象，就是存在大量的家庭内部照料和护理活动，构成没有报酬、不计入国民经济活动和国民收入的重要部分。这是一个经典的例子，表明一旦此类照护活动不再由家人提供，而是成为一种通过市场获得的服务，国内生产总值便可以形成规模惊人的增量。

国家统计局发布的《2018年全国时间利用调查公报》显示，城乡居民从事的包括照护在内的无酬家务劳动所花费的时间相当于有酬劳动时间的61%。这不仅说明国民生产总值可以因家务劳动的社会化而显著增加，实际上，在照护活动产业链条的这个终端部分之外，这种转变还可以派生出一系列相关联的经济活动，从而扩大产业活动链条，促进良性经济循环。例如，在国民经济行业分类中，服务业中的居民服务业和社会工作等类别可以由此获得极大的扩张和进一步的细化，也相应地提高第三产业在国民经济中的比重。

此外，与其他服务业活动相比，照护活动具有更明显的外部性或社会效益特征。最重要的表现在于女性一旦从繁重的家务劳动中解放出来，其经济自主性、职业成就和社会流动性可以得到显著的提高。前文提到，我国女性劳动者的实际负担很重。因此，解除这种负担不仅可使她们在劳动力市场上的表现得到提升，还可以改变生育、养育和教育孩子的成本—收益曲线，提升生育意愿和生育率。

跨国数据分析和国别经验研究都显示，极高的人类发展水平，如人类发展指数得分在 0.85 以上，加上高度的性别平等程度，是生育率从极低的"生育率陷阱水平"向更可持续水平回升的必要条件。这种效果已经在一些欧洲高收入国家中有所显现。[①]与此同时，把成年人（特别是作为年轻母亲的家庭成员）从照护活动中解放出来，让他们有更多的时间和孩子在一起，可以通过父母这一亲身养育的过程，在非认知能力、人文感和同理心等方面更好地培养孩子，有助于其形成较之人工智能更具竞争力的人力资本，如软技能、隐性知识和实践智慧，从而使下一代人力资本的竞争力得到明显提升。

老年照护活动的这种性质意味着其中相当大的部分，完全可以成为基本公共服务供给的内容，或者按照社会福利的原则予以免费提供，或者以政府与社会合作的方式形成补贴性的供给。既

---

① 蔡昉. 打破"生育率悖论"[J]. 经济学动态，2022（1）.

然为老年人提供照料和护理服务对于经济社会发展具有重要的意义，并且这种意义甚至超越了直接的成本—收益核算，那么政府应该实施鼓励和促进政策，改变此类行业工作强度较大、劳动报酬较低的状况。也就是说，积极就业政策在这方面可以大有作为，譬如以公共就业服务的方式，政府承担更大部分人力资本培养及其支出责任，改善照护行业劳动者的技能教育和培训，并促进人力资源的充分有效利用。

目前，国内一些大学开设了养老服务管理专业，并且已有本科生毕业。在此基础上，应该根据需要增加与照料和护理相关的更多管理型和技术性专业，培养各类实用型人才。职业教育也是培养这方面从业者的有效途径，特别是对位于实际操作层面的工作者来说。与此同时，科技政策和产业政策应该共同发力，促进老年照料工作成为人工智能与人类劳动有机结合的场景，降低该项工作的体力劳动性质，提高其科技含量和人文关怀的特质，不仅促进智慧养老产品和服务的发展，而且可以使这个领域的工作成为高质量就业的一部分。

为银发经济发展创造必要条件

实现老有所养、老有所为、老有所乐不仅应该成为银发经济发展的目标，也应该成为相关产业政策的指导思想，以及公共和私人投资的操作指南。政府的职能是为社会投资和经营创造必要的体制和机制环境，提高该领域的政策保障水平，鼓励企业最大限度地利用新科技手段、金融创新工具，以及促进新产业、新模式、新业态的形成，实现集创新和包容目标于一身的高质量发展。

资源配置的市场机制和产业政策

无论是供给侧的增长动能转换和创新驱动,还是需求侧的新消费增长点形成,对银发经济发展来说,都需要借助市场机制进行有效的资源配置、调节供求关系,以及激发微观主体活力。从这个意义上说,银发经济发展同其他产业的发展一样,只有在行业的能进能退、市场主体的有生有死,以及产品和服务价格即时调节市场供求、要素价格充分反映资源稀缺性的竞争性市场上经风历雨,才能保持整体效率和竞争力不断提升,做到长期可持续。

与此同时,银发经济发展也需要产业政策的重点扶持。人口数量和结构变化对经济增长的影响具有明显的外部性特征。作为体现发展共性的一般规律,人口与发展的关系及其转换在我国体现得尤为突出。首先,无论以劳动者的身份还是以消费者的身份,人口作为每一个具体个人的总和,既是发展的手段,也是发展的目的。因此,银发经济在创造私人收益的同时,也创造社会效益。其次,人口与发展的关系既反映人口转变对当下经济增长的影响,也关乎资源和财务责任的代际分配,因此表现为一个双重外部性问题。最后,我国极为快速的人口转变过程及其未富先老的特征,在一定程度上也是长期实行严格计划生育政策的历史遗产。因此,人口新常态对民生(特别是老年群体)的影响是公共政策领域的问题,应该将这些因素体现在促进银发经济发展的产业政策之中。

可见,从本质上说,银发经济应该成为市场机制和产业政策作用相交织和相结合的发展领域。银发经济发展的动力、活力和激励,归根结底应该建立在市场发挥资源配置决定性作用的基础上。与此同时，双重外部性的存在无疑同样需要政府更好地发挥作用，意味着产业政策的典型功能应该得到加强，虽然这也绝不意味着政策可以越俎代庖，替代市场配置资源和调节供求的机制。产业政策在这个领域更突出的作用，应该在一般性的引导和鼓励之外，更注重从人口转变的特征出发，在以下两方面着眼和施力。

一方面，产业政策应该引领银发经济的技术创新方向，确保产业的发展符合老龄社会这个大背景，即因应当下相关的现实需求及未来的潜在需求。老龄化对我国来说是一个全新的经验，也具有极大的动态性特征，可能会同时遭遇"灰犀牛"事件和"黑天鹅"事件，要求产业政策更具前瞻性，能够做到未雨绸缪。例如，在人口队列的交替转换中，今天对体面就业岗位有特殊需求的大龄劳动者，很快便成为亟待填补退休生活中文化产品空缺的消费者，继而又成为需要更多日常生活辅助性服务的老年人，以及需要照料和护理的高龄老年人。老龄化相关的需求具有不断变化的特性，因应需求的技术供给也应该是日新月异的，产业政策更应该尽可能做到与时俱进，为产业和业态的发展做出预判和规划。

另一方面，应该在产业政策中融入更多社会政策的元素，确保在银发经济发展中，劳动生产率提高的成果同步地获得分享，特别是惠及老年人和涉老人群。我国特有的未富先老的国情意味着在消费需求和消费能力上，均存在较明显的代际差别。这对银发经济领域实施产业政策提出特殊要求，即格外注重缩小技术应用中的行业差距，消除使用技术产品和服务过程中各年龄群体之间的数字鸿沟，同时努力降低产品和服务成本，确保老年人消费市场尽早进入长期可持续增长的良性循环。

养老保障和服务的配套性支撑

从现在起到 2035 年，我国的老龄化率大致从 15% 提高到 23%，并且仍然处于未富先老这一国情特征之下。也就是说，老龄化率处于相同区间的其他国家或地区，人均国内生产总值大多显著高于我国。从这个意义上，我国可以用于改善养老保障和养老服务的资源相对拮据。然而，如果我们暂且不考虑发展阶段决定的资源丰裕程度，单从资源增量来看，我国未富先老的特征未必不是一种有利因素。根据世界银行公开数据库的数据，我们汇集与中国的发展阶段具有可比性的 52 个国家或地区的数据，可以看到老龄化程度与经济增长速度的对应关系。图 3-8 分别展示了这些国家或地区 2018—2022 年老龄化率的算术平均值，以及这期间人均国内生产总值的增长率。由此可见，置身于老龄化率 15%~23% 这个区间，我国预计实现的潜在增长率显著高于大多数其他经济体的实际增长率。

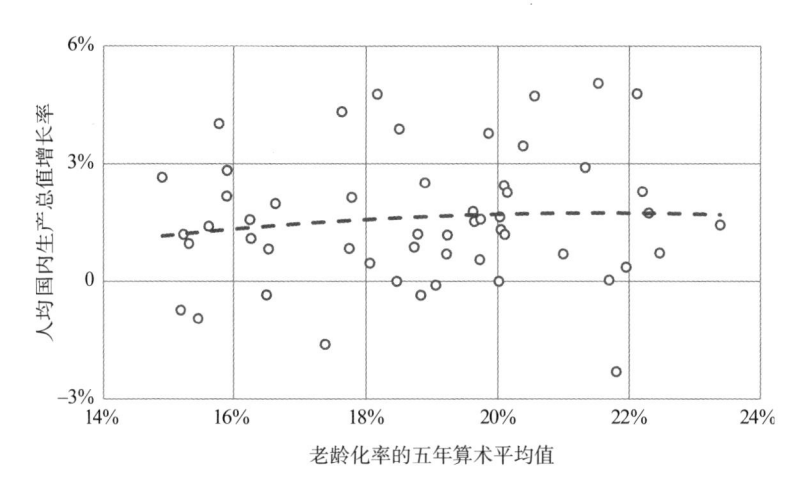

图 3-8　老龄化率与人均国内生产总值增长率的关系

资料来源：世界银行公开数据库，https://data.worldbank.org/。

更快的经济增长速度不仅意味着生活水平能够更快地得到改善，还意味着对公共品和私人品需求的增长速度更快。因此，在"民有所呼，我有所应"的原则下，这有助于加快形成必要的客观条件和主观激励，推动实现更多的制度创新和技术创新。例如，无论是基本养老保险项目、养老保险的其他支柱、各类养老和涉老产品及服务的供给领域，还是银发经济的发展过程和产业链条形成，都是科技金融、养老金融、普惠金融及人工智能技术的应用场景，也是体现以人民生命健康为导向的科技创新领域。

养老产品和服务及照护经济的发展，还可以通过拓展经济活动空间，产生促进经济社会发展一体化的效果。传统经济活动只有两个维度，即产业（行业）和区域，与家庭在社会意义上和空间意义上都有着较大的距离。这个特征无疑是实施积极应对人口老龄化国家战略，以及推进整个经济进行涉老改造的薄弱环节。在这方面，养老和照护经济的多种形式发展可以成为一个重要的突破口。例如，作为居家养老的必要配套举措，社区嵌入式养老服务就是通过在社区（小区）的公共空间嵌入功能性设施，在合理空间距离内提供家门口的养老和照护服务。因此，社区嵌入式养老和照护服务应该坚持公益性与市场化相结合，注重发挥市场主体作用，以政府主导、社会参与、市场协同的模式运行。

劳动参与和社会保障的无缝衔接

各国在应对老龄化挑战时，渐进式延迟法定退休年龄都是不可避免地要采取的一个政策选项。把增加劳动力供给、缓解养老金支付危机同扩大大龄劳动者就业、增进老年人福祉紧密结合起来，是延迟法定退休年龄政策能够获得成功的关键。根据我国人口的年龄特征，超过一个特定的年龄转折点之后，人口的受教育年限具有加速降低的趋势。因此，劳动者的技能及其对劳动力市场的适应能力均会逐年减弱，并使劳动参与率和就业率随之降低。根据第七次全国人口普查数据，2020年，以就业人口占劳动年龄人口比重表达的城镇就业率，在40岁左右这个高点之后便迅速下降（见图3-9），因而也成为老年人收入低、消费能力弱、消费意愿低的重要原因。

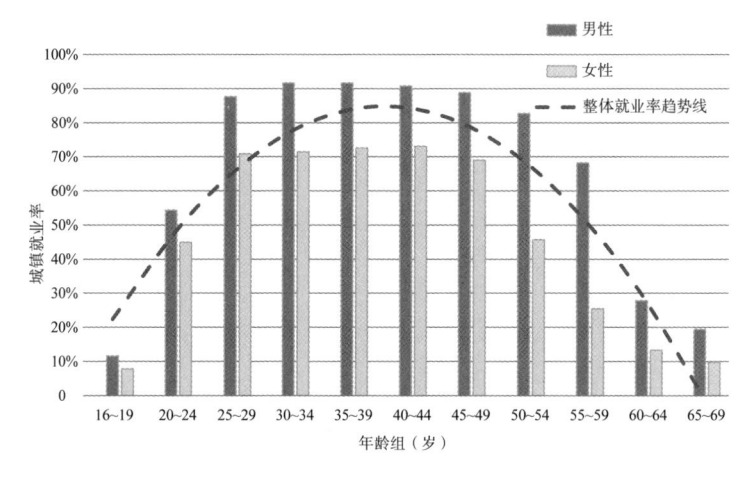

图3-9 城镇分年龄组的就业率

资料来源：国务院第七次全国人口普查领导小组办公室编，《中国人口普查年鉴（2020）》，https://www.stats.gov.cn/sj/pcsj/rkpc/7rp/indexch.htm。

要抵消这个人口特征导致劳动参与率下降的效应，就应该创造和完善一系列必要条件，以达到两个目标为努力方向，使大龄劳动者和老年人在参与就业与获得社会保障之间，不留任何时间缝隙和空间缺口。第一，老龄化背景下的高质量就业，要求明显加强公共就业服务，与此同时，服务重心向在劳动力市场处于相对脆弱地位的大龄劳动者倾斜。特别是针对大龄劳动者最经常面对的就业结构性矛盾，公共就业服务应该通过技能培训和就业适应力培养，以及清除体制机制障碍，改进劳动力市场匹配效率。第二，在遭遇就业冲击的情况下，大龄劳动者在寻职、待业、转岗期间，应该得到更加普惠、更加充足的社会保障托底。相对而言，面对社会保障项目碎片化的特点，以及受益人越来越难以准确识别的问题，大龄劳动者更容易遭受不利影响。因此，社会保障体系转型应该在针对大龄劳动者和老年人的待遇方式上率先启动。

诚然，银发经济的发展归根结底以产业的发展和企业的经营为实践基础。但是，在理论上搞清若干相关问题，并在政策层面增强对相关产业政策实施特点的认识，有助于准确把握银发经济发展的基本原则和重要特征、充实和调整促进产业发展的政策工具箱，从而使这一重要部署实现健康和可持续的发展。在本节分析的基础上，我们从以下方面进行简要概括，作为银发经济发展的政策理念，同时也作为相应产业发展少走弯路的几点必要提醒。

首先，国家对于银发经济发展的部署，无论在本质上还是在形式上，都属于一种产业政策。因此，产业政策实施中常出现的问题在这个场景中也不会缺席，因而将不可避免地影响政策实施的效果。基于此，事先强调一些值得注意的特殊要点，应该于实践大有裨益。具体来说，在政策实施的过程中，应该特别注重资源和要素配置的有效组合、投资经济效益和社会效益的有机统一，以及产业发展的可持续性考量。同时，鉴于如何更好地实现市场配置资源的作用与政府维护充分竞争和弥补市场缺陷的作用的有机结合和合理分工，始终是改革的核心问题，所以深化改革是发展银发经济的内在要求和必要条件。

其次,银发经济发展是积极应对人口老龄化国家战略下的产业方案。这就是说,促进银发经济发展也需要特别关注我国老龄化的经济社会性质,以及一系列固有特征。特别是我国未富先老的国情特征,不可避免地会造成一系列特殊的难点和堵点,也可以带来机会和机遇。因此,旨在促进银发经济发展的产业政策,在实施层面需要同其他重大战略、政策部署和具体举措紧密衔接。也就是说,在积极应对人口老龄化国家战略下,银发经济发展同时需要关注和协同人口高质量发展、社会福利体系建设、人力资本培养、创新强国建设等。

最后,正如人口老龄化在经济社会发展中具有巨大的渗透性影响一样,银发经济在我国也将长期具有朝阳产业的地位,并且始终以阳光普照的方式影响其他产业的发展过程。根据经济发展和人口转变的规律,在我国经济发展和人口发展双双进入新常态的条件下,银发经济及涉老产业的发展既可以解总需求不足的燃眉之急,也可以创造长期发展动能,是解决人民群众不断增长的需要、提高老年人生活品质的关键领域,是中国式现代化的重要支撑。因此,推进这个过程既要有时不我待的紧迫感,立足于加快收获早期成果,也要有足够的历史耐心,立足于长期培育、久久为功。

第四章
数智时代的产业创新和科技应用

数字经济如何赋能乡村振兴

中国式农业农村现代化必须走新型工业化、信息化、城镇化、农业现代化"四化同步"的道路。在农业农村现代化的多重目标和丰富含义中,推动乡村振兴是基本路径,产业兴旺则是一个关键的抓手。可见,就乡村振兴这一任务来说,"四化同步"既是基本要求,也是重要的动力来源和有效手段。在新型工业化、信息化、城镇化带动农业农村现代化的过程中,包括数字技术在内的最新科技成果及其应用具有重塑农业农村发展模式的功能,能够为实现农业农村现代化提供新道路、新机遇和新模式。

特别是以人工智能发展带动的数字技术革命和数字经济发展,以其通用技术、非竞争性、边际成本为零和报酬递增等突出特性,正在改写着经济学的一些传统假设及范式,不仅从整体层面深刻影响经济发展和结构变革,还为推动乡村振兴的政策思路和实施策略提供新的维度,可以帮助我们破除在农业农村发展中长期存在的各种障碍和制约，进而成为乡村振兴的新引擎。例如，各种颠覆性新技术与互联网及其平台的结合，特别是数字技术转化为数字经济，进而与其他产业的深度融合，为农业现代化和农村产业兴旺赋能，表现出一系列新特征，提供了无限可能性从而产生更多机遇。

从改善要素积累水平和使用效率来看。首先，数字经济及其产业融合可以打破生产要素禀赋对产业发展的制约。数字及其衍生出的要素不仅可以替代劳动力，还可以替代资本、土地和其他传统稀缺要素。其次，数字技术的运用可以延展各种要素的使用深度，预期可以改变配置效率和市场效率，因而使经济活动较少受到报酬递减现象的困扰。最后，要素延深配置和使用的特点，意味着新技术的采用、新产业和新业态的形成不再仅限于"机器替代人"的传统自动化模式，农业中剩余劳动力的转移未必表现为就业领域的空间变化，不再必须被其他产业活动所替代，零散的劳动时间也可以聚少成多，得到更具生产性的利用，从而有望在经济史上第一次打破"零边际劳动生产率"的传统假设。

从提高产业和行业的竞争力来看。数字经济可以促进那些以往被认为没有比较优势或缺乏竞争力的产业发展，甚至在生产率提高上实现弯道超车。经济学对于技术赶超的通常解释诉诸"后发优势"，认为相对落后的地区无须在所有的领域自主创新，可以用成本更低廉的方式获得所需的技术，因而取得比发达地区更快的发展速度。这个原理在数字经济条件下，可以更明显地应用到产业之间的关系上。数字技术具有更开放的特点，即技术上相对落后的产业可以用更低廉的成本，甚至以无偿的方式获得新技术、采用新的生产手段和商业模式，从而实现对前沿产业的追赶，甚至后来居上。

相对于已经实现农业农村现代化的国家，以及相较于新型工业、信息产业和城市经济，我国农业和农村经济面临加速赶超的繁重任务，亟待填补诸多现代化差距和缺口，这可以被视为一个"静态赶超"的过程。与此同时，科学技术的最新进展，特别是人工智能革命引领的新一轮产业革命，以及其他产业领域的突飞猛进，要求农业和农村产业实现跨越式赶超，即尽快进入"动态赶超"的轨道。借助数字经济优势，乡村振兴的实践可以把这样两个赶超过程有机地结合起来，努力实现毕其功于一役。

从市场机制和调控模式的创新来看。农产品供给和需求的特殊性和相互关系的复杂性，使其市场结清的难度更大、需要花费的时间更长，由此产生市场波动过度以及回归均衡缓慢的现象，特殊表现就是"猪周期"，经济学的"蛛网理论"就是为了破解这个问题而形成的。乡村其他经济活动也具有经营规模小且分散，因而在市场交易中处于不利地位的特点。这些现象的存在并不必然意味市场失灵，创造性应用数字技术可以有效推动制度创新、市场机制设计和市场参与者行为合理化。这包括促进产品市场发育，形成更高的市场形态；加强生产经营者的决策能力建设，使其足以驾驭更高的市场形态，能够根据所有可获得信息，结合损益得失情景的判断，做出理性的市场决策；通过消除技术鸿沟和数字鸿沟，把人工智能最新发展和应用的潜在红利，转化为生产经营者收益和消费者剩余；实现制度安排和机制设计之间相互配套，社会政策与产业政策协同实施。

从发挥超大规模经济优势来看。传统的新型科技往往更加青睐处在金字塔顶层的所谓高端产业、行业和企业，数字技术却可以打破这种嫌贫爱富的传统特性，深度渗透到更多层次的经济活动之中。就农业农村发展来说，这特别表现在能够大规模激发出农村市场主体活力、人力资源和企业家精神。2022年，我国农村常住人口多达4.91亿，有1.77亿劳动力从事第一产业，另有1.24亿农民工在本乡镇非农产业就业。此外，1.84亿农村住户也是从事生产经营活动的基本单位。这些乡村生产、经营单位和劳动群体构成我国经济活动金字塔的庞大底座。借助数字技术及其平台经济之优势，小农户、小微企业和市场主体在规模经济方面的劣势可以得到克服，从而实现与社会化的产业链和市场的有机衔接。

实施乡村振兴战略的一个重要制度保障是依托农户主体。农民在乡村振兴中的主体地位，直接体现为农户和农村劳动者作为产业发展的生力军。紧紧依靠农民在乡村振兴中的主人翁地位，激发蕴藏在他们身上的企业家精神，发挥他们的就业和创业积极性，要求以人力资源的开发和配置为核心，最大限度地激发农业农村发展活力。数字经济以其特有的贯通和连接能力，在挖掘这种大规模和多样化经济动能的过程中，具有至关重要且不可替代的作用。

人工智能技术仍在以前所未有的速度突飞猛进地发展，数字技术驱动的产业革命方兴未艾。对于数字经济如何助力乡村振兴，仍有诸多的问题有待回答。例如，我们亟待更好地了解数字经济助力乡村振兴的机会窗口和潜力空间究竟有多大；为了使数字经济能够完美地渗透到乡村振兴的全过程，以及深入产业和行业的完整链条中，我们还需要克服哪些技术、体制和机制障碍；如何有效消除产业之间、行业之间、市场主体之间仍然存在的技术差距和数字鸿沟；数字技术在宏观经济管理和社会治理层面，以及在超越产业发展的更广领域如何发挥作用；等等。归根结底，对这些问题的完好回答很可能不是来自既有的理论，甚至主要不是对相关问题的技术性答案，而是源自对数字经济助力乡村振兴实践有益经验的总结，包括农业数字化转型的基本场景，乡村数字化供应链建设，以及数字技术在人才、治理、财政和金融等方面的应用。

数字经济领域不存在"涓流效应"

从性质上说，数字经济是载体而非目的，经济的数字化转型是过程而非终点。数字经济的发展作为提高和分享生产率的手段，承担着实现在高质量发展中促进共同富裕的重任。只有确立这样的功能定位，全面体现新发展理念，数字经济才能实现持续且健康的发展。相应地，在构建初次分配、再分配、第三次分配协调配套的基础性制度安排中，数字经济既应该也能够做出应有的贡献。数字经济发展并不自动产生成果共享的"涓流效应"，只有在充分融合、连接的前提下，才能带动各类产业的生产率进步。

理论和实践都表明，初次分配是决定生产率提高和分享的基础领域。生产要素的合理配置和对生产要素所有者的合理激励，都是在初次分配领域产生的。分享生产率成果需要以生产率的提高为前提。生产率本质上是资源的配置效率，生产率提高的基本途径则是生产要素的不断重新配置。数字经济恰可以利用其最突出的特征，即具有良好的连接功能，推动产业链条的不断延伸，以及资源配置空间的不断拓展，推动生产率的持续提高。

初次分配也是分享生产率成果的关键领域，但这一功能的产生并不是自然而然的，不存在市场机制可以自动解决收入分配的涓流经济学，在效率与公平之间也非天然存在对立消长关系的"大取舍"。研究表明，国家之间在收入差距上的不同表现并不仅仅在于再分配力度的大小，而是首先产生于初次分配领域存在的在政策取向和制度安排上的差异。因此，若要使数字经济充分发挥生产率分享，进而实现更多、更高质量的就业岗位创造、劳动者报酬提高以及收入差距缩小等目标，需要规制和政策有意为之。

数字经济的发展也有赖于再分配领域的相关制度安排。数字经济提高生产率的作用最主要来自"熊彼特机制"，其作用的发挥有赖于再分配领域的制度安排。熊彼特认为，创新是企业家在优胜劣汰的创造性破坏过程中重新组合生产要素的过程。在这个过程中，生产率提高的步伐不是齐头并进的，生产率提高的效果更是云泥之别。经济合作与发展组织的研究显示，在采用数字技术或者说数字化转型方面，行业之间及企业之间存在显著的异质性，进而在生产率表现上形成巨大的差异。

诺贝尔经济学奖获得者罗伯特·索洛曾经在一篇短文中指出，人们随处可见计算机时代的来临，唯独在统计中看不到生产率的提高。这句话揭示了人们苦思不得其解的现实问题，这个矛盾现象被称为"索洛悖论"，并引起广泛讨论。显然，这个悖论也适用于数字技术和数字经济，即何以在技术得到广泛应用的情况下，整体生产率的提高仍然受到制约。

在尝试回答"索洛悖论"时，有研究发现，寻租和寻求政策保护都会产生阻碍新创市场主体进入、无效企业退出的竞争障碍，对于创造性破坏机制不能发挥作用难辞其咎。例如，从20世纪80年代至今，美国企业的进入率和退出率整体处于持续降低的态势，使美国经济的营商活力显著降低。生产率提高的停滞意味着做大蛋糕的幅度减弱，分好蛋糕也就成为无米之炊，导致美国社会收入差距扩大。可见，加大再分配力度，建立健全广泛覆盖全民的社会保障体系，可以从社会层面对劳动者进行更好的保护，而无须以此作为借口，妨碍在数字化转型中让创造性破坏机制充分发挥作用。

无论是在初次分配领域、再分配领域，还是在第三次分配领域，数字化技术发展和应用的导向都可以显著影响生产率的分享程度。提高生产率是市场主体应用数字技术的主要动机，必要的政策导向和制度安排有利于促进生产率的分享。与此同时，在经济发展的主动力系统和正式制度安排之外，还存在巨大的空间，可以通过"助推"的方式提高数字经济发展中生产率分享的水平。

这种助推力量作为正式制度安排之外的运行环境，具有非强制性、行为后果副作用小、更加倚重当事人"向善"动机等特征。在助推这种行为中，善意和恶意之间往往只有一步之遥，换言之，两者之间的界限常常就是不清晰的。如果在企业的经营函数中缺乏向善动机，将不可避免地形成恶意助推。

有助于共享生产率成果的助推在三个分配领域皆可以体现，包括慈善事业、志愿者行动、企业和社会组织的社会责任等内涵的第三次分配，尤其适合于借助这种助推方式开辟更多扶贫济困和改善收入分配的贡献渠道。可以说，在数字经济发展过程中，三个分配领域协调配套制度安排的重要内容之一，就是通过法律法规、社会规范、舆论引导及社会诚信体系来营造一个制度环境和社会氛围，让各种市场主体自觉地把社会责任具体体现为科技向善、管理向善和创新向善的行动。

如何让创新成为创新

党的二十大报告指出，创新是第一动力，要深入实施创新驱动发展战略，开辟发展新领域新赛道，不断塑造发展新动能新优势。谈到创新，我们要搞清楚一些基本问题，例如什么是创新、创新是否具有破坏性、经济增长需要哪种创新驱动，以及通过什么机制来更好地促进创新。

正确认识两种创新：技术创新和创造性破坏

创新是当前一个热门话题，许多人都在谈创新，但大家对创新的认识还不统一。有一个问题需要引起重视，那就是"如何让创新成为创新"。第一个"创新"，从来没有人准确界定过，也就是一般意义上所说的创新，包括科技的发明、创造、研究、开发等，大多数技术创新都是指这些内容，这是生产率提高和社会进步的基础。但要想把这种基础变成真实的经济增长，必须转变成第二个"创新"，即经济学意义上的创新，或者说熊彼特意义上的创新。这种创新有一个比较明确的定义，内涵就是指创造性破坏，外延包括新产品的开发、新技术的应用、新组织形式、新原料、新创新因素的引入等，但核心是其机制，也就是创造性破坏。

人口负增长下推动经济增长不能回避创造性破坏

众所周知，我国人口已经进入负增长阶段，这意味着人口红利基本上消失了，这时候必须靠生产率驱动经济增长，必须靠创新，如何让创新成为经济学意义上的创新至关重要。

这里有一个两难：对于创新，政府是否应该介入，虽然有的公开宣示，有的只做不说，但事实上各国政府都介入其中。国家制定有利于创新的技术政策和产业政策已经成为惯例。尽管过去新自由主义经济学不主张这种政府介入，但最终不管经济学是什么主义，在实践层面，各国都在做，而且这也是有意义的。与此同时，我们注意到政府参与的创新通常不能言败，也就是不能承认失败，不愿意宣布失败，归根结底就是不允许失败。这样一来，就没有创造性破坏，不再是经济学意义上的创新，科技发明不能转化成生产率，甚至会出现所谓的"索洛悖论"所指的现象，即到处都是新技术，生产率却没有得到提高。

创新应该允许失败，但要有制度和机制保驾护航

在科技创新过程中，战略目标、基础研究、应用研究、研究开发和技术运用等环节通常适用于不同的机制，政府、企业和市场在其中各司其职，不能越俎代庖。有些可以不言败，即不能任其失败，例如，作为统领的战略目标就不能失败，最终要通过创新促进经济增长，实现可持续发展。但在具体事务和单个项目中，如在科研项目和应用过程中，完全可以也应该允许失败，因为这个失败具有客观必然性，没有失败就没有成功，好比没有母亲就没有孩子。

不要把"不言败"赋予具体的部门和单位，更不能把这一特权赋予市场主体。一个市场主体如果不承认失败，就会形成垄断，造成死而不僵。现实中，"僵尸企业"比比皆是，几乎每个国家都有，就是"不言败"的恶果。因此，对市场主体和创新的具体实施者来说，都应该允许失败，也就是说，"不言败"本身不是产业政策等扶持政策的题中应有之义。

中国有句话叫"要奋斗就会有牺牲"，也就是说要创新就要拥抱创造性破坏。过剩的产能应该被放弃，传统的技术应该被替代，企业应该允许退出和死亡，甚至过时的岗位也可以被淘汰。唯独劳动者要在社会层面得到保护，一旦社会保护到位，就无须在微观层面以保护劳动者做借口而"不言败"。从这个意义上说，建立起覆盖全民、全生命周期的社会福利体系，是拥抱创造性破坏的题中应有之义，也是为创造性破坏保驾护航。

创新不是一件容易的事，市场要在资源配置中起决定性作用，同时要更好地发挥政府作用。这在任何时候都不容易解决，是一个持续的课题，需要不断地探讨，而且在不同的发展阶段要有不同的作为。

绿色经济与绿色金融

把绿色经济与绿色金融两个主题放在一起讨论，涉及"双碳"目标及其实现路径、相关的经济转型，还涉及环境、社会和公司治理投资以及碳市场和金融支持等诸多内容，既有理论意义也有政策含义。本节并不打算对此类主题进行理论思考，但是，从相对超脱的层面提出问题，或许可以对现有的研究发挥一点儿拾遗补阙的作用，也从一个非金融领域研究者的角度，提出一些值得继续深入探讨的问题。

把绿色发展同时作为主线和增长点

力争在 2030 年前二氧化碳排放量达峰，努力争取 2060 年前实现碳中和，这既是中国对世界做出的庄严承诺和积极贡献，也是中国式现代化的重要特征和目标要求。党的二十大报告对 2035 年基本实现现代化的总体目标做出的描述，就包括"广泛形成绿色生产生活方式，碳排放达峰后稳中有降，生态环境根本好转，美丽中国目标基本实现"的要求。从这一重大部署来看，实现绿色发展有两条缺一不可且并行不悖的路径。

一方面，作为新发展理念重要的组成部分，绿色发展应该作为一条主线，贯穿高质量发展和发展方式转变的各个方面。创新、协调、绿色、开放、共享的新发展理念，是一个回答关于发展的目的、动力、方式、路径的系统理论体系。从绿色发展这个总体发展理念出发，要求促进发展模式的转变，推进绿色金融，形成绿色发展方式和生活方式，促进绿色产业比重显著提高，并推动清洁能源替代化石能源、能源利用的电气化替代、碳捕获、碳交易等科技和制度的创新。

另一方面，绿色发展是一个重要的发展领域，在高质量发展的总体要求下，可以成为新的经济增长点。在更高的经济发展阶段，在人口负增长和进入老龄社会的新国情条件下，社会总需求逐渐成为经济增长的常态化制约，需要探寻出口、投资和消费"三驾马车"的新动力。从外需来看，应对气候变化和气候危机的全球努力，必然对绿色产业的供给产生新的需求，给中国探寻新的比较优势和竞争力提供新的机遇。从内需来看，中国式现代化的本质要求之一是促进人与自然和谐共生，要求现代化建设和生态文明建设两个过程融为一体，毕其功于一役。相应地，绿色生产方式和生活方式对绿色产业的产品和服务的需求也越来越大。

例如，绿色转型是发展方式转变的一个重要方面，赋予这个转变以时代内涵和现实内容；与高端化和智能化一道，绿色化也是中国制造业保持竞争优势、稳定其在国民经济中比重的一项关键举措；推进环境污染防治、能源革命和能源转型、提升生态系统碳汇能力等，都在党的二十大报告中得到部署，也将成为新的经济增长点，创造出对相关产业的强劲需求。

应对气候变化要求转换思维范式

把绿色发展同时作为主线和增长点的理念，涉及思维范式转换和认识方法论更新，我将其称为从"取其轻"到"取其重"的转变。人类从最初开始关注资源、环境、生态问题，到如今面对迫在眉睫的气候危机，始终受到传统思维范式的困扰，即把发展的需要与保护自然的需要看作一种"替代取舍"，两者之间似乎是非此即彼或此消彼长的关系。面对这种不得不做的抉择，通常应用的原则便是"两害相权取其轻"。

这种替代取舍的思路归根结底不能解决与当事人利益相关的问题，因此理念上的冲突始终存在，利益相关方的激励不相容更是经常产生"合成悖论"，导致共同行动的失败。中国式现代化是人与自然和谐共生的现代化，认识和谐共生应该超越替代取舍的思维。理论界旷日持久的争论如今也形成了足够多的共识，长期实践也积累了大量的经验和教训，使我们可以反思传统观念，进而实现思维范式的转换。

在实践上，完全可以形成更具双赢性质的"两利相权取其重"的格局。一般认为，减排和除碳方面的技术绝大多数已经存在。此外，以生成式人工智能为代表的数字技术日益成为通用技术中的通用技术，足以成为解决气候危机和实现绿色发展的科技新支点。应用已经成熟的技术，挖掘已经存在的技术潜力，在清洁能源、除碳、碳捕获等诸多领域形成产业乃至经济增长点，推动绿色发展和实现"双碳"目标，可以获得绿色转型的红利。这种"取其重"的思维范式有助于在各利益相关方之间形成激励相容。

在理论上，完全可以将各利益相关方的目标函数归于一统。描述微观主体行为动机的传统经济模型，追求简单、简洁和因果关系的单一性，假设经济行为人只对市场价格做出反应。在解释气候变化相关问题时，这种经济理论往往捉襟见肘。诚然，经济学也在外部性的概念框架内讨论资源环境等问题，但是这类讨论往往外在于理论模型。英格兰银行前行长、联合国气候行动和融资特使的马克·卡尼认为，相比于以往讨论的"公地悲剧"，气候变化问题表现为一个"地平线悲剧"，其外部性的范围超出了商业周期、政治周期和技术官僚体系的视野。[①]而且，气候变化关乎人类的生死存亡。如果把这种外部性剔除在经济模型之外，就不可能在利益相关各方形成共同的目标和激励，把全球气温控制在可接受程度的共同行动也难以落实。

市场并不只是一组供给和需求曲线，而是一个包含更加丰富内容的制度安排。现实中，市场主体的行为不应该仅受价格信号的引导，还需要受到各种必要的外部约束，后者分别以政策、规制、社会责任和其他契约的形式，影响市场主体的经营决策和投资方向。影响发展可持续性的资源、环境和生态问题，关乎人类生存的气候变化问题，乃至涉及人民福祉的收入分配和社会保护等问题，都应该同企业预期利润一样，纳入市场主体的目标函数。这个范式转换将有助于在实践中找到有效的"双碳"目标实现路径，并使其在宏观和微观层面均有内在的动力。

绿色金融是金融本质的与时俱进

无论是贯彻绿色发展的理念，还是落实金融为实体经济服务的要求，大力发展绿色金融都是必由之路，是金融促进高质量发展的题中应有之义。如前所述，在人与自然和谐共生的现代化过程中，市场主体的目标函数应该是企业利润与社会责任的统一。

---

① Mark Carney, Breaking the Tragedy of the Horizon: Climate Change and Financial Stability, 29 September 2015. www.bankofengland.co.uk/publications/Pages/speeckes/default.aspx. 2020年9月25日下载。

与此相对应，在促进绿色发展中，中央银行和金融机构也同样肩负着双重职能：一方面，立足于创造宽松的金融环境，使参与绿色发展的市场主体获得充分的商业金融支持；另一方面，体现鼓励性和支持性的金融政策，使驱使市场主体参与绿色发展的激励力度最大化。

从全球来看，近年来极端气候导致的自然灾害频发，加速上升的全球平均气温使其控制在比工业化前水平升高 1.5 摄氏度之内已无可能。从中国实现"双碳"目标要求来看，逐步淘汰煤炭、交通运输低碳转型、制造业绿色转型、绿色城镇化、重塑人与土地的关系和消费模式的绿色转变等转型任务十分繁重。[①] 因此，绿色金融的发展应该明显地加快步伐，在目标明确和激励合理的前提下，显著增强支持政策的实施力度、金融工具的运用广度，以及扩大服务范围和控制风险的能力建设。

鉴于这一系列转型任务既艰巨又紧迫，相关领域产业发展及投资将不可避免地出现蜂拥而至的现象，绿色金融也必须跟上这个规模和步伐。经济学家卡萝塔·佩蕾丝在回顾技术革命和经济增长历史时发现，生产率的爆炸性增长和金融狂热的迸发是彼此关联和相互依赖的，以往历次重大技术革命都曾先经历金融狂热阶段，随后便进入生产率的黄金时代。[②] 这个历史经验具有两点启示。

---

① 朱民，Nicholas Stern，Joseph E Stiglitz，刘世锦，张永生，李俊峰，Cameron Hepburn. 拥抱绿色发展新范式：中国碳中和政策框架研究 [J]. 世界经济，2023(3)：3-30.
② 卡萝塔·佩蕾丝. 技术革命与金融资本：泡沫与黄金时代的动力学 [M]. 田方萌，胡叶青，刘然，王黎明，译. 北京：中国人民大学出版社，2007.

第一，技术革命及其成果的传播通常以浪潮般的方式发生，作为不可或缺的催化剂，金融呈现出一个蜂拥而至的狂潮，不仅投融资规模大幅度扩大，投融资手段也加快创新。正如以往技术革命时期的金融热潮一样，如今在全球范围内，环境、社会和公司治理领域也产生了类似的现象，以致很多人将其与 2000 年的互联网泡沫相提并论。① 然而，既然这种现象反映了绿色发展的必然性和紧迫性，不应简单地将其视为潜在的金融风险予以遏制。

第二，加强监管力度和创新监管手段，是绿色经济和绿色金融健康发展不可或缺的前提。在我国，绿色经济和绿色金融起步很快，也逐渐成为投资和融资的热点，更需要把握好加快发展与防范风险的平衡。为保持这个平衡，有两个方面值得强调：一是借助金融科技的最新成果提高监管水平，防范和应对超常规绿色经济发展中可能存在的超常规金融风险；二是金融履行的商业性和政策性两种职能在促进绿色发展来看固然是统一的，但是在操作层面应该有明确的界限，避免在市场主体中滋生寻租乃至"洗绿"行为。

变与不变：人工智能的就业影响

在始终存在、反复出现、一次又一次得到解决的经济史现象

---

① John Thornhill. Bubbles Can Also Lead to Golden Ages of Productive Growth[N]. Financial Times, 2021-3-5.

面前，人们习惯于表现出盲目的乐观态度。面对某些事件的积累，例如，金融危机之前的非理性行为和泡沫积累，盲目乐观者会宣称"这次不一样了"；在面对另一些事件时，人们往往以"这在以前发生过"作为盲目乐观的理由，以致不能在认识上和行动中做到与时俱进。人工智能对就业的影响就属于后一种情形。凡事预则立。面对可能的人工智能就业冲击，需要澄清一些认识，确立若干政策原则。

技术进步对于就业的影响，从工业革命开始就是社会的焦点和研究的关注点。具有卢德主义性质的运动和思潮，曾经以各种面貌反复出现。不过，无论是从原因究到结果，还是从本质看到表象，这一次是真的不一样了。

首先，这一次不再是历史上反反复复出现的"技术性失业"幽灵，而是可以替代几乎所有职业的终结者。从懂科学的企业家马斯克到关心人工智能发展的经济学家萨默斯，他们都认为人工智能对岗位的替代将是全面的，一旦不久后通用人工智能出现，简单的、复杂的、体力的、智力的，无论何种岗位，将无一幸免。

其次，人工智能技术进步的速度之快，越来越具有一日千里、一日三秋的感觉。例如，从"土耳其下棋机器人"（1770年的骗局，可将其视作这个想法的起点）到图灵1950年发表论文经过了180年，再到1997年"深蓝"战胜卡斯帕罗夫又经历47年，再到名为"阿尔法狗"的国际象棋机器人于2016年战胜李世石、于2017年战胜柯洁也相隔了约20年。然而从ChatGPT问世到Sora的出炉，仅仅相隔一年。我们无须用复杂的模型来预测，只要看一看这个速度和加速度，即可得出对通用人工智能出现的合理预期。

最后,大模型人工智能的"发展悖论"注定了岗位的大规模丧失几乎是必然的。阵营之间、国家之间、企业之间都认识到占据人工智能技术和产业的制高点关乎生死存亡。这导致围绕着人工智能的发展,形成一种类似冷战时期太空竞赛、军备竞赛、核武器竞赛的竞争,并且人工智能大模型高度耗能、极速耗资(如ChatGPT 4.0花了4亿美元,据说ChatGPT 5.0需要25亿美元)。挖掘模型用途、扩大用户群、提高回报率的必然方向和方式便是提高劳动生产率,从而减少劳动力和人力资本的使用。

哪些东西没变

然而,只要人类劳动还没有彻底由人工智能替代或者决定,或者说"人机一体"普遍实现之前,就仍有一些东西不会发生变化。而且,这些没变的事物或方面愈加珍贵,可以为我们提供一个时间窗口。最重要的是,人仍然是主导方,仍然是"人告诉机器做什么",这是使我们保持信心的根本。这一点既有技术上的含义,也有制度上的含义。也就是说,人类应对岗位替代的两条根本出路迄今尚未发生根本性的变化,虽然也需要与时俱进,不断校正方向。

第一条出路:人力资本依然是抵御人工智能冲击的底气,但是人类需要知道自身的所长和所短,把扬长避短作为人工智能时代人力资本培养的基本策略。迄今为止,人类智能或自然智能相对于人工智能仍然具有优势的方面在于:(1)软技能,而非硬技能;(2)非认知能力,而非认知能力;(3)情商,而非智商;

（4）人文的理解力和同理心，而非数理化的解题能力，甚至不是编码技能；（5）隐性的知识，而不仅是显示性的技能。

第二条出路：社会福利体系仍然是根本性的托底制度，而且履行此类功能的物质条件日益增强。马克思从早期资本主义的发展看到，一旦劳动力成为商品，工人便难以从制度上摆脱受剥削的命运。北欧在建立福利国家之初，在制度设计中便突出"去商品化"，即弱化劳动力作为纯私人要素的属性，强化劳动者及其家庭的社会权利。在人工智能的"岗位破坏"日益大于和快于"岗位创造"的条件下，这个理念和做法越来越重要。

就业对人工智能的反应方式及结果

无论是老办法还是新思路，就业对人工智能替代做出反应的方式不外乎以下几种。在概括这些方式之前，我们先给出一个合理的预设前提，即人工智能的发展终究会以前所未有的幅度提高劳动生产率。在此基础上，劳动者通常有以下五条出路。

第一条是转入更高质量的岗位。这是乐观的经济学家始终坚信的一种结果，"卢德运动"以来也不断被事实所证明。只不过这要求劳动者具有更高的技能与之相适应。换句话说，获得这种新岗位的与失去旧岗位的通常不是同一批人，很大程度上也不是同一队列的人，甚至不是同一代人。今后，失去旧工作和得到新工作的时间缺口只会更大。包括美国前财政部长萨默斯在内的许多经济学家已经从以前对技术进步创造岗位充满信心，转变为如今认为卢德主义自有其道理。鉴于另一位美国前财政部长姆努钦对人工智能的就业影响仍然"乐观"，并且如今已经难得找到持这种态度的人,我们可以称这种似在虚无缥缈之中的岗位为"姆努钦式岗位"。

第二条是转到具有"逆库兹涅茨化"特征的岗位上。这是指那些劳动生产率较低因而报酬也较低的行业。从客观上说,新岗位的正规化程度要低于原来的工作。从主观上说,新岗位的体面程度也要低于原来的工作。总而言之,就业质量被降低。当美国经济学家罗伯特·索洛提出"何以处处可见计算机,生产率却未见提高"的疑问时,就触及这种现象的本质。也就是说,当人工智能必然提高一些领域的生产率时,另一些行业的竞争则日益激烈,以更低的人均产出为代价吸纳转岗人员,故我们可以称之为"逆库兹涅茨岗位"。

第三条是转到具有"鲍莫尔成本病"性质的岗位上。这是指那些人们保持着巨大的需求,却天然具有劳动生产率难以提高这一特性的行业。经济学家威廉·鲍莫尔把表演艺术作为这种行业的典型例子。无论如何,这种类型的行业和岗位能否继续存在,以及能否得以扩大的核心,在于人们对相应产品和服务的需求及其弹性。因此,这类岗位可以被称为"鲍莫尔成本病岗位"。

第四条是转到由新的消费所诱致出来的岗位上。我们今天的消费内容在若干年前可能难以想象,在更早的时期索性就不存在。就业岗位也是如此。未来随着劳动生产率的提高,人们的品味在变化,新事物、新观念不断涌现,因而消费的领域不断拓展,新的职业类型花样翻新。鉴于这类岗位的消费诱因,归根结底由供给侧生产率的提高引起,是一种"供给创造需求"的现象,我们可以称之为"萨伊式的岗位"。

第五条是转到因重新定义而出现的岗位上。以前不符合就业定义的活动，如今在整体劳动生产率的支撑下，可以被社会承认为"就业"，并以转移支付的方式得到补偿，则可以被认为是就业。例如，如果一个人自认为是"作家"却没有作品出版并获得酬劳，按照失业的调查定义，这种"在过去一周内未从事一小时以上有报酬工作"的状态则不被算作就业。然而，如果社会负担得起，也完全可以认为这是一种就业。

与此相类似的情形还包括那些并不宣称自己正在"工作"的人，即不再寻求就业的人群。这包括两种情形：一种是当事人有供养来源，索性采取"啃老"等方式"躺平"；另一种是无须就业却可以得到普惠性的社会福利支撑。例如，如果实施全民基本收入制度，就形成一种环境，使受到就业冲击的一些人选择不再参与传统意义上的工作。鉴于这与凯恩斯1930年发表的著名的《我们孙辈的经济可能性》一文提出的命题有关，我们可以称之为"凯恩斯式岗位"。

在变与不变中寻策

根据经济史上人类长期应对技术替代就业现象的经验，可以提出几个原则性政策建议，即通过制度建设、政策调整、体制改革引导技术发展及市场主体行为，尽量做到几个"同步"。一是保持岗位破坏速度与岗位创造速度的同步性，特别是在数量上最大程度地使转岗具有可行性；二是保持各行业生产率提高速度的同步性，避免"索洛悖论"情形的发生；三是保持人工智能替代劳动力速度与培训劳动者能力速度的同步性，尽可能缩短再就业摩擦期；四是保持生产率提高与生产率分享的同步性，这也是公平与效率统一的要求和体现。从政府职能的角度保障落实以上原则，可以从若干既重要又紧迫的应对之策入手。

首先，加快建设中国式福利国家。对此应该强调几点：第一，以只争朝夕的精神，或者说以摩尔定律的速度加快完善社会福利体系；第二，按照普惠的原则设计和完善福利制度，意味着改变以往严格识别社会福利受益对象的理念，因为在岗位的加速流失时代，已经越来越无法区分一个人是否"躺平"，而且人工智能驱逐劳动者本身具有强烈的外部性；第三，用社会共济、社会保护和权益保障，抵消非正规就业的蔓延趋势及其对劳动者的不利影响。

其次，大幅度延长义务教育或免费教育年限。与人工智能竞争的需要，一方面对人力资本提出越来越高的要求，另一方面需要更偏重非认知能力的培养。哈佛大学儿童发展中心的研究显示，在人生的最初几年，大脑每秒能够建立超过100万个神经元连接，这在此后任何生命阶段都无法重现。非认知能力的最佳培养时间在三四岁，最理想的举措是把义务教育延长到这个学前教育年龄。何况劳动生产率的预期大幅度提高，可以显著扩大教育公共资源，足以支撑更长的儿童在校时间。

最后，消除在儿童发展、教育与培训、流动与就业、社会保障及其他基本公共服务方面存在的制度性障碍。特别是消除流动儿童和留守儿童存在的制度原因。研究表明，对于孩子的人力资本培养，特别是非认知能力的获得，以及他们终生的社会流动机会，父母的养育和照护具有学校和社会均无法替代的作用。因此，在户籍制度改革方面，解决留守儿童和流动儿童面临的此类问题应该置于最高的优先序。

新科技革命与农业技术进步

习近平总书记于 2024 年 11 月 4 日至 6 日在湖北考察时强调，农村天地广阔，农业大有可为。发展现代农业，建设农业强国，必须依靠科技进步，让科技为农业现代化插上腾飞的翅膀。应用最前沿的科学技术成就，提高农业良种化、机械化、科技化、信息化、标准化水平，提高农业的产业素质和竞争力，是习近平总书记关于"三农"（即农村、农业和农民）工作重要论述精神中的重要组成部分，也为农业经济和农村发展研究提出了重要的课题。随着农业农村现代化目标期的日益临近，加强对相关领域问题研究的引领愈显紧迫。本节将从学术话语出发简述在新一轮科技革命，特别是人工智能发展条件下，我国农业如何实现一个技术进步的赶超。

当今世界正在经历新一轮科技革命。无论是用提炼的方式定义这轮科技革命的特点，还是用列举的方式揭示这轮科技革命的关键领域，都必然得出一个结论，那就是这轮科技革命具有不同以往的优越性。相应地，也如同以往的科技革命一样，这轮科技革命必然引发不同寻常的产业格局剧变，特别表现在不断取得新突破的生命科学、新材料、人工智能、移动互联网、大数据、云计算、物联网等技术应用对产业的根本改造。

科学技术进步和在产业中的应用是劳动生产率提高的根本源泉，对新科技革命来说更是如此，对农业来说意义尤其重大。对农业中的技术变迁来说，长期以来颇具解释力的经济学理论是所谓的"诱致性技术变迁"。① 按照这个理论预期，一个国家或地区的农业技术变迁是由反映要素相对稀缺性的要素相对价格所诱导出来的。

从传统的农业要素来看，在土地稀缺而劳动力富余的禀赋下，技术变迁通常朝更节约地使用稀缺土地及更充分地使用丰裕劳动力的方向发展。换句话说，在这种禀赋条件下，农业技术变迁更着重于提高土地生产率。例如，我们熟知的在育种、栽培、合理施用农药化肥等方面发生的农业技术进步，就是着眼于提高土地的单位面积产量。

随着经济发展阶段的变化，要素的相对稀缺性也会发生变化。一旦劳动力变成短缺的要素，提高劳动生产率就成为技术变化的新方向。例如，如果把农业机械按照小型与大中型做一个区分，大体上以小型农业机械的增长作为技术变迁对节约土地需求的反应，以大中型农业机械的增长作为技术变迁对节约劳动力需求的反应，可以想象，我国在2004年迎来刘易斯拐点前后，劳动力与土地的相对稀缺性发生变化，这两类农业机械的相对增长速度必然是不一样的。

实际数据的确表明，大体上以2004年为转折，此前小型农业机械的增长速度较快，之后大中型农业机械则实现了增长的反

---

① Yujiro Hayami, Vernon Ruttan. Agricultural Development: An International Perspective [M]. Baltimore and London: The John Hopkins University Press, 1980.

超。相应地，农业中物质资本的投入增长也表现出比劳动力投入增长更快的速度。一项基于全国农产品成本—收益调查数据的研究表明，2004年后，粮食生产的实际物质与服务费用加快增长，单位面积的用工数量则大幅度下降。与此同时，资本与劳动之间的投入比率加快提高，导致资本的边际生产力显著降低。①

这种趋势也符合经济学的传统预期，即农业发展遭遇报酬递减规律的困扰，成为农业劳动生产率提高的新堵点。然而，新科技革命的崭新特点，特别是具有深度学习能力的人工智能的最新发展、数字技术与包括农业在内的产业深度融合，已经在改变经济学的传统范式，也呈现出有助于我国农业发展摆脱各种困扰的希望。相对于传统的诱致性技术变迁理论，新的农业技术变迁经济学范式预示着若干可能的突破。把这个领域理论范式的转变与关于经济学的新思考结合起来，我们将阐释我国农业技术进步的新方向及其政策含义。

首先，打破技术偏好的传统界限。随着新的科技要素（例如数据要素）进入直接经济增长过程，农业发展的投入要素不再局限于土地、劳动力和资本。相应地，技术变迁也不仅仅由节约这些传统要素的动机所引导，提高各种要素生产率的任务如今可以集于一身。不过在统计上，无论是因何种技术导致的资本、土地和劳动力等传统要素的效率提高，最终仍然可以用产出与投入的劳动力数量之比，或者说广义的劳动生产率指标来衡量。正因如此，我们始终应该把劳动生产率放在中心位置，让其发挥引领和

---

① 蔡昉，王美艳. 从穷人经济到规模经济——发展阶段变化对中国农业提出的挑战[J]. 经济研究，2016(5)：14-26.

激励技术变迁的作用。

其次,打破资源要素边界和报酬递减律。经济学的传统理念认为资源是有限的,要素也总是具有相对和绝对的稀缺性。但是,人工智能引领的数字技术,特别是借助互联网平台被应用到产业中之后,扩大使用者范围所产生的边际成本几近为零,数据要素充分替代其他要素的可能性,也打破了始终困扰经济发展的要素稀缺制约、报酬递减律和比较优势约束等"定律"。不过,新科技潜在具有的这个终极效应并不会自然而然地产生,需要从促进生产要素的充分流动和重新配置入手,根据制度需求不断创造体制条件和市场环境,通过数字技术与产业的高度融合实现。

再次,技术创新具有更广泛的含义。在经济学家熊彼特看来,创新包括生产新产品、采用新方法、开辟新市场、获得新的投入品,以及采取新的组织形式。创新的这几个方面同时也可以被看作创新的几个环节,其中技术创新既是整个过程的起点,也是贯穿始终的红线。对农业技术创新而言,整个过程包括基础研究、应用研究、技术推广和技术应用等过程,分别由不同的主体推动,也受不尽相同的经济规律支配。

例如,基础研究产生结果的主要特点是社会效益,因此这个过程更多地依靠政府投入的推动;应用研究和技术推广则融合社会效益和市场效益,可以由具有一定盈利动机的技术机构来实施;技术应用取决于市场主体,譬如农业生产经营者,按照市场盈利的原则进行选择。在气候变化日益危及人类生存的条件下,政府与市场主体的职能交界点越来越多。因此,技术创新不仅受到要素禀赋的影响，也越来越需要对土地、水资源、生物多样性和生态环境的新要求做出反应。①

最后，技术创新需借助资源配置和再配置机制。从创新的角度来看科技进步和应用对提高生产率的作用，需要认识到劳动生产率归根结底是一种资源配置效率。技术进步从来不是平铺直叙和波澜不惊地发生的，而是通过不断进行的资源要素重新配置才能实现。也就是说，只有让那些创造和应用新技术，从而提高了生产率的市场主体生存和壮大，让那些在创造和应用新技术方面失败，从而生产率停滞不前的市场主体退出和萎缩，宏观经济或产业才能实现创新发展，劳动生产率获得整体提高。这个道理也说明，为什么熊彼特把创新定义为一个创造性破坏的过程。

在市场经济条件下，实质性提高农业劳动生产率的要求，决定了这个产业不能置身于创造性破坏和优胜劣汰机制之外。然而，国家粮食安全的要求、食品供给在民生中的特殊重要性，以及农业劳动者和农户利益的考量，都要求在促进农业发展的过程中，既要抓住阻碍劳动生产率提高的堵点和难度，着力予以破解，也要做出符合该产业特点和特殊国情的制度安排，实现效率与公平、创造与破坏、优胜与劣汰的有机统一。这便是优胜劣汰与先立后破的有机统一。

---

① Stéphane Marcel, Numérique: les promesses de la transformation du monde agricole, Les Echos website, Publié le 27 févr. 2023. https://www.lesechos.fr/idees-debats/cercle/opinion-numerique-les-promesses-de-la-transformation-du-monde-agricole-1910341.

发展新质生产力与深化经济体制改革

二十届三中全会通过的《决定》强调"健全因地制宜发展新质生产力体制机制",同时要求"加快形成同新质生产力更相适应的生产关系"。首先,这一重大部署强调的是发展新质生产力,即从供给侧支撑我国经济以合理速度增长的能力;其次,不是所有领域一哄而上,而是需要注重因地制宜和分类指导;最后,这一部署的落脚点在于更加突出完善有助于激发、产生、承载和应用新质生产力的体制机制,即与新质生产力更相适应的生产关系。形成和完善这个生产关系,要求以新发展理念为引领,深化供给侧结构性改革。《决定》锚定 2035 年基本实现社会主义现代化目标,重点部署了未来五年的重大改革举措。新质生产力和更相适应的生产关系,正是现代化目标与重大改革举措之间关系的一个具体体现。

高质量发展的必然要求

按照党的二十大报告部署,基本实现社会主义现代化总体目标对 2035 年人均国内生产总值的要求是达到中等发达国家水平。这意味着在 2022—2035 年,人均国内生产总值年均增长率不应低于 4.7%。与此同时,我国在进入经济发展新常态 10 余年后,如今也迎来了以老龄化和少子化为特点的人口发展新常态。这种双新常态格局提出的严峻挑战就是要应对经济潜在增长率的降低,尽可能提高供给侧增长能力。例如,我们预测在 2021—2035 年,我国的国内生产总值潜在增长率在年均 4.5%~4.8%。这个从理论上估算的增长速度区间固然与一般发展规律决定的轨迹是相符的，然而这里的下限和上限均不是不可以改变的，完全取决于经济增长动能转换的成效。

与高速增长时期相比，新常态下，我国经济增长速度之所以具有下行的趋势，是由于在更高的经济发展阶段，主要靠有形要素驱动的发展方式难以为继，发展面临传统增长动能减弱的制约。我国经济超越高速增长阶段是一般规律的作用，终究是不可避免的。与此同时，转向高质量发展的成效和成色必然取决于能否有效应对上述挑战。只有成功避免经济增长的能力缺口，才能确保我国经济处于同当前发展阶段相适应的合理增速区间。稳定和提高潜在增长率的政策着眼点和发力点应该集中在以下三个方面：一是要在增长动能中注入新的要素，以便有效抵消传统要素动能的消减；二是要实现发展方式从要素驱动向生产率驱动的根本性转变；三是促进生产率提高的源泉从产业间的资源重新配置转向市场主体之间的资源重新配置。从这些方面形成的新动能、新发展方式，以及新产业、新业态，就是高质量发展所要求的新质生产力。

2023年7月以来，习近平总书记在一些地方调研中，多次深刻阐释了新质生产力这个新概念。在同年的中央经济工作会议上，习近平总书记特别强调了以颠覆性技术和前沿技术催生新产业、新模式、新动能，发展新质生产力。在2024年主持二十届中共中央政治局第十一次集体学习时，习近平总书记进一步强调，发展新质生产力是推动高质量发展的内在要求和重要着力点。在理论发展过程中，作为理论上和政策上的新概念，通常是对更高层次理念的进一步阐释。在有些情况下，新概念也可以是以前使用的概念的升级版。无论属于哪种情形，新概念的形成都来自实践的深化和认识的提升，以及现实产生的新的紧迫性和针对性。新质生产力也具有这样的特点，对应的就是新发展理念引领下的高质量发展。着眼于加强和转换增长动能，用以指导更高发展阶段的新实践。总之，旨在突出高技术、高效能和高质量等特征的新质生产力，是一个因应经济发展长期可持续性而提出的新概念。

新质生产力的特点是创新

面对我国经济发展越来越倚重创新驱动的新情况，创新能力还不适应高质量发展的要求。因此，在看到高质量发展不断取得新成就的同时，也需要从突出的矛盾和问题出发，找到推动高质量发展取得新进展、新突破的关键点和突破口。习近平总书记特别强调了新质生产力的内涵和特点，即"以全要素生产率大幅提升为核心标志，特点是创新，关键在质优，本质是先进生产力"[1]。在经济学中，以熊彼特的表述为代表，讨论的创新概念通常包括五个方面，即新的产品、新的生产方法（技术、工艺）、新的市场、新的原料来源，以及新的组织方式。其实，概括起来就是持续出现新要素及其新组合，从而不断形成新的生产函数。从更广阔的视角来看，我国倡导发展的新质生产力也是新发展理念（特别是创新发展和绿色发展理念）的实践表达和物质依托，更突出表述了技术革命性突破带来的新要素及其组合和应用特点。

---

[1] https://www.gov.cn/yaowen/liebiao/202402/content_6929446.htm.

从新要素来看。《决定》从较广泛的外延上列举了相关生产要素，既包括劳动力、资本、土地等传统有形要素，以及知识、技术、管理等现代无形要素，也包括数据这种伴随着新一轮技术革命出现的、寓有形于无形的新要素。在不同的经济发展阶段，要素之间必然会发生绝对意义上的形态替代和相对意义上的作用消长，这也是经济总量增长和结构演变的题中应有之义。例如，在我国经济高速增长时期，劳动力无限供给的要素供给特征既把劳动要素充足供给和低廉成本转化为比较优势，也确保资本要素不会在积累过程中遭遇报酬递减现象，同时劳动力转移还带来明显的资源重新配置效率，总体上以人口红利支撑了高速增长。然而，随着经济发展进入新的阶段，传统人口红利加速消失，为了启动新的增长动能，挖掘和保持其可持续源泉，要素支撑必然从资本和劳动更多转向人力资本、科技、管理和数据等。

从要素的新配置（组合）来看。无论是既有要素的再配置，还是新要素的新配置，都可以通过畅通要素流动渠道，进行创新性配置和新场景应用，进而形成新产业、新模式、新业态，达到产业转型升级的目标要求。在同一过程中，以劳动生产率、全要素生产率为代表的新增长动能也将得以形成。生产率的提高从根本上来说，来自资源要素的重新配置。在高速增长时期，生产率低的农村劳动力大规模转移到生产率更高的城镇非农产业就业，创造出显著的资源重新配置效率，支撑了劳动生产率和全要素生产率的大幅度提高。随着人口转变阶段和经济发展阶段的变化，这种疾风骤雨式的资源重新配置趋于放慢。在高质量发展阶段，能够带来新动能的资源重新配置，越来越多地发生在微观层次,即资源要素在具有不同生产率水平的市场主体之间重新配置。

在新一轮科技革命的背景下,我国经济高质量发展仍然面临有利的条件,各类市场主体也有着巨大的创新机遇。然而,人们不会自然而然地获得科技革命带来的经济发展契机,需要包括政府、企业和科研机构在内的各类主体站在科技发展的前沿,充分发挥自身优势,把技术革命性突破、生产要素创新性配置、产业深度转型升级转化为新质生产力,形成经济增长新动能。例如,在以人工智能为引领的新科技平台发展中,我国在很多领域已经位居第一梯队,特别是在应用场景方面,我国因自身超大规模的人口、经济体量和国内需求而具有明显的发展优势。把这些优势和机遇转化为新质生产力,用以支撑高质量发展,必然要求推动相应的经济体制机制改革,以更相适应的生产关系释放出和利用好新质生产力。

形成更相适应的生产关系

发展新质生产力必然提出新的制度需求,应该通过改革健全相关的体制机制得到满足。在政治经济学层面,这个改革过程被表述为加快形成同新质生产力更相适应的生产关系;在更具体的操作层面,这被表述为加强新领域、新赛道的制度供给。在科技革命的催生之下,新要素的出现及其新配置表现为两个相辅相成的过程,在经济学和管理学中分别被称为"破坏性创新"和"创造性破坏"。实际上,这两个概念是从不同侧面描述创新过程和结果,讲的都是创新不可避免地导致吐故纳新和优胜劣汰的性质。加快发展新质生产力,既要推动形成这两个过程出现所必要的制度环境，又要推动形成应对两个过程后果的体制机制。

在经济学中广为流传的"索洛悖论"鲜明地指出新技术的应用看似无所不在，却不能从整体上提高全要素生产率这样一种矛盾现象。实际上，这种现象的出现是由于生产率提高在部门之间的不均衡性所致。在创新在行业之间或企业之间出现不均衡的情况下，那些创新力不足从而生产率不能提高或提高缓慢的部门往往不仅得以生存，而且因吸纳了被创新部门排挤出来的劳动者，劳动生产率甚至进一步降低。相应地，国民经济作为整体，生产率未能因应新技术的应用而得到同等程度的提高。这种情形在人工智能革命推动的技术应用过程中不仅可能仍有表现，在最不利的情况下可能变本加厉地发生。因此，为了避免出现技术进步和生产率提高的不均衡现象，需要在体制上进一步推动要素市场的畅通流动，提高资源要素的整体配置效率。因地制宜的要求恰恰有助于解决这个矛盾，一方面，促进先进要素向新质生产力集聚；另一方面，以新发展理念为统领，以新质生产力为标准和动力，推动传统产业优化升级。

健全因地制宜发展新质生产力体制机制，需要特别注重更好地发挥市场机制作用，推动形成创造性破坏的创新环境，促进市场主体能够按照市场法则进入和退出、生存和死亡。换句话说，让生产率高的企业进入、生存和发展，让生产率低的企业退出、结清和被淘汰。《决定》在这方面提出的改革举措和要求包括：废除妨碍全国统一市场公平竞争的规定和做法；防止政府对价格形成的不当干预；破除市场准入壁垒，完善市场准入，优化新业态、新领域准入环境，深化注册资本认缴登记制度改革，完善民营企业融资支持政策，健全各类要素由市场决定贡献、按贡献决定报酬的机制；健全企业破产机制，探索建立个人破产制度，完善企业退出制度；等等。

在经济学中还存在一个关于生产率分享的命题，即"凯恩斯悖论"。凯恩斯早在1930年就预测，劳动生产率将在100年的时间里得到极大的提高，以致整个社会将无须为产出的不足而忧愁；与此同时，社会却产生新的困扰。凯恩斯担心，社会政策和经济体制，乃至人们的心态和行为，都无法适应这种物质丰裕的状况。他对这种成长中的烦恼做出的预言，可以被看作一种生产关系如何与生产力相适应的悖论，因而提出如何分享日益提高的生产率或分好蛋糕的课题。我国即将跨入世界银行定义的高收入国家行列，日益突出地面临如何处理好做大蛋糕和分好蛋糕的关系。从各国现代化的共性特征和中国社会主要矛盾来看，随着人均收入的提高，公共品边界应该得到逐步扩大，人民生活品质越来越大的部分也将由基本公共服务予以满足。对应这些规律性和现实需要，《决定》特别对加强普惠性、基础性、兜底性民生建设做出部署，旨在促进全体人民分享高质量发展成果。

第五章
就业、民生和基本公共服务

提高人民生活品质的三个关键方向

《决定》首次提出"建设生育友好型社会",具有顶层设计、综合配套和激励相容的突出特点,标志着我国人口政策正式转向鼓励生育,并且要覆盖全人群、全生命周期,以更好地发挥应对少子化、老龄化挑战的改革效应、综合效应。我国当前正处于迈向高收入国家的"门槛阶段",保持充分的社会流动非常重要。随着经济增速减缓,作为社会流动第一支柱的市场机会减弱,第二支柱(即社会政策)的作用日益凸显。《决定》提到"加强普惠性、基础性、兜底性民生建设",应重点把握以下方面:一是要按照更加普惠的思路健全社会保障体系;二是要完善劳动力市场的制度建设,通过法律法规保障劳动者的合法权益,建设中国特色福利国家;三是要消除妨碍社会流动的体制机制障碍。

《决定》指出了进一步全面深化改革的总目标,突出"七个聚焦",其中之一就是聚焦提高人民生活品质,把过去关于收入增长、收入分配、社会保障、基本公共服务、人口、医疗等民生相关的论述都包括在此范围内。

建立全生命周期的激励机制

《决定》提出健全人口发展支持和服务体系，部署推动建设生育友好型社会。这是中央文件首次提到"建设生育友好型社会"，回应了社会各界的一致期盼。

二十届中央财经委员会第一次会议将"努力保持适度生育水平和人口规模"作为促进人口高质量发展的任务之一，提出"以人口高质量发展支撑中国式现代化"。关于人口高质量发展的标准，其中之一就是努力保持适度生育水平和人口规模。人口发展新常态的主要特点是老龄化和少子化，二者都需要依靠生育来解决，是需要长期努力才能解决的问题。因此生育问题成为二十届三中全会的重要关注方面。对此，我有以下几方面的解读。

第一，"生育友好型社会"是全新表述，具有顶层设计、综合配套和激励相容的突出特点。对全社会来说，最适合的更替水平生育率是2.1，但在每个国家的不同发展阶段，不同环境中的家庭选择未必与此一致。研究表明，在没有约束的情况下，家庭的理想生育数量也是两个孩子。实际上，家庭总会面临各种条件约束。当前我国生育率水平极低，意味着社会目标和家庭意愿出现了偏离，根源是激励的不一致。建设生育友好型社会突出了激励相容的特点，说明我国人口政策正式转向鼓励生育。过去我国的人口政策是控制生育，以管为主，实行的是限制生育政策，而后逐步取消生育限制，并越来越具有鼓励性，但从未明确我国的人口政策是鼓励生育。《决定》做出了非常明确的宣示，其表述具有前所未有的鼓励性、激励性。

第二，"生育友好型社会"强调政策整合，以更好地发挥应对少子化、老龄化挑战的改革效应、综合效应。《决定》提出，应对少子化、老龄化是完善人口发展战略的重点。"十四五"期间强调的"一老一小"并不是只管老或只管小，而是既要管老也要管小，并且将"一老一小"的中间年龄段都包含在内。《决定》非常明确地强调，人口支持和服务政策要覆盖全人群、全生命周期。也就是说，解决生育意愿问题的关键在养育阶段，但不止于养育阶段；解决养老问题主要在老龄阶段，但也不止于老龄阶段。理解人口学的诀窍，就是要从人口回声看人口转变。因此，预期的未来人口结构需要从早计议、从长计议。所谓"三岁看大，七岁看老"的新解就是，无论是人力资本还是老有所为、延迟退休问题，都应该从娃娃抓起。

从经济学和金融学的角度，永久收入假说、生命周期假说都表明影响人们行为的预期是长期的，甚至是终身的。人们的常规行为看似是对当下刺激的反应，其实包含着终身的预期。研究现行人口格局，也要把人口格局的横截面当作长期时间序列变化的镜像，必然影响人们的终身预期，这样，着眼于全人群的全生命周期，才能抓住生育预期的关键，做出有效力的引导。

从历史上看，最早应对人口危机的制度反应就是建立福利国家。发展经济学代表人物缪尔达尔及其夫人的最大贡献，就是为福利国家建设提供了理论依据。当时，其出发点就是瑞典遭遇了人口危机，生育率下降、人口增长停滞。他们认为，应对人口危机必须建立激励机制，而且不能只激励生育，还要包括养育、教育、就业、医疗、养老等全生命周期的社会保障，最后就演变为"从摇篮到坟墓"的福利国家制度。以此为鉴，当前我国也面临类似的问题，并且发展水平远高于20世纪30年代的瑞典。相较瑞典建设北欧式福利国家，我们将围绕"七有"建设中国特色福利国家。

《决定》的内容既具有很强的理论性和宏观战略性，一些重要部署也非常具体、可操作性强，特别是与人口高质量发展相关的表述，每句话背后都对实际部门有确切的操作含义。

总而言之，围绕人口政策的改革部署，预期对家庭的生育决策具有积极作用，并且随着时间变化，会使全体居民越来越有获得感。因为人口是一个长期变量，既有的人口格局甚至人们的生育行为都不可能通过某项奖励措施而即刻变化，我们应尽早行动，这样未来才会产生效果。

畅通社会流动渠道需完善社会保障体系

《决定》提出要"完善促进机会公平机制，畅通社会流动渠道"。党的十九大报告强调，"破除妨碍劳动力、人才社会性流动的体制机制弊端，使人人都有通过辛勤劳动实现自身发展的机会"。党的二十大报告再次强调，"破除妨碍劳动力、人才流动的体制和政策弊端，消除影响平等就业的不合理限制和就业歧视，使人人都有通过勤奋劳动实现自身发展的机会"。相关问题在社会科学中被表述为"社会流动问题"，社会学称之为"社会流动理论"或"社会分层理论"。在当前我国所处的发展阶段，社会流动问题非常重要，也非常有针对性。但是，正如经济学家往往容易忽略社会发展问题一样，社会流动问题也较少得到经济学界应有的关注；而社会学家的研究视角相对更微观、更静态，与经济学对话较少，因此并未由此引申出关于社会流动与经济增长关系的讨论。

实际上，当前我国发展的主要任务就是跨越高收入门槛。我国早在几年前人均国内生产总值就超过了1.2万美元，但世界银行最近几年不断上调高收入国家门槛标准，目前最新标准为人均国内生产总值1.4万美元，所以当前我国正处于尚未跨越但随时可以跨越的发展阶段。过去大家常讨论"中等收入陷阱"，似乎只要跨越这个门槛就可以解决发展中的很多问题。但我更倾向于使用"门槛阶段分化"这样的概念，因为在跨越门槛的前后阶段，国家之间通常会产生分化，有些国家会继续发展，有些国家则陷入停滞甚至出现倒退。而伴随着经济增长速度的分化，国家之间也会出现社会流动性的分化。比如"拉美现象"本质上就是增长分化及其引致的社会流动性分化。

一般认为，社会流动有两大支柱：一是市场机会，即经济增长带来就业扩大和收入增长，形成绝对社会流动；二是实施再分配类型的社会政策，促进相对社会流动。在居民收入迅速增长的同时，我国居民之间收入差距也较大。在高速增长时期，作为社会流动第一支柱的市场机会非常丰富，帮助实现大规模就业和大规模人口流动，保持着必要的社会流动性。而随着经济增速减缓，社会流动的第二支柱（即社会政策）的作用变得日益不可或缺。

加强普惠性、基础性、兜底性的民生建设

《决定》提到,要"完善基本公共服务制度体系,加强普惠性、基础性、兜底性民生建设"。这一表述的内涵十分深远。随着我国收入水平不断提高,人民生活品质越来越需要基本公共服务来满足。也就是说,在当前发展阶段,人民生活品质不仅源自家庭收入决定的生活消费支出,而且对政府提供的公共品需求越来越强。从各国现代化共性来看,无论是瓦格纳法则还是富裕社会理论,都揭示出随着发展阶段提高,一国公共品边界不断向外拓展的基本规律。

我国经历了社会保障从无到有、从小到大的制度建设历程。在很长一段时间里,社会保障构成了我国基本公共服务的主要部分。当时社会保障体系建设强调"低水平、广覆盖",这是在当时的发展水平,实现公平正义以及遵循尽力而为、量力而为原则的具体体现。如今,我国基本公共服务已拓展到全生命周期的"七有"等方面。《决定》强调"普惠性、基础性、兜底性的民生建设",是实现公平正义和遵循尽力而为、量力而为原则的最新表述。这里,我着重点出需要把握的三个主要方面。

第一,要按照更加普惠的思路健全社会保障体系,在完善基本养老保险全国统筹、建设全国统一社保平台、健全社保筹资和待遇调整机制、提高基础养老金水平、建立和完善覆盖重点人群、就业人群和特殊困难群体的多支柱社会保障体系等方面发力。科技迅速发展必然带来社会流动性环境的变化。例如,就业被机器和人工智能替代不可避免;就业的流动性也会提高,使转岗和跳槽变得更加普遍。并且,在这种情况下,对保障对象的识别难度

大幅度提高，譬如说很难识别谁是懒汉、谁不是懒汉。此时，社会保障和基本公共服务更具普惠性、基础性和兜底性，越发必然和必要。

第二，要完善劳动力市场的制度建设，通过法律、法规及最低工资、劳动合同、集体协商等制度形式保障劳动者的合法权益，形成和谐的劳动关系，提高就业质量。劳动力的特殊性在于它是凝结在人身上的生产要素，因此劳动力市场上的工资和劳动条件等，并非简单地由劳动力供求关系决定，而是受到劳动力市场制度等多方面因素影响。《决定》特别强调要关注灵活就业人员、农民工、新就业形态人员的权益保障和社会保护问题。

劳动力市场制度建设应该成为中国特色福利国家建设的重要组成部分。马克思在《资本论》中论证，劳动力成为商品后，剩余价值就会形成，就出现了剥削，从而产生了资本主义生产关系。因此，北欧的福利国家建设从一开始就尝试劳动力的去商品化。我国的劳动力市场制度建设、社会保障制度完善化和普惠化，也可视为一种适合新阶段的劳动力"去商品化"做法。

第三，要消除妨碍社会流动的体制机制障碍，这方面的改革也是中国独特的制度潜力所在。高质量充分就业是保持社会流动的根基，劳动力有效配置是充分就业的前提，因此《决定》特别强调"着力解决结构性就业矛盾"。人口区域增减分化现象是人口发展新常态的表现之一。《决定》强调要把握人口流动的客观规律，推动相关公共服务"随人走"，促进城乡区域人口合理集聚、有序流动。实际上，人口合理流动制度和"普惠性、基础性、兜底性的民生建设"也是高度一致的。

人口发展新常态下加快破除城乡二元结构

党的二十大报告强调着力推进城乡融合和区域协调发展，同时要求在 2035 年，基本公共服务实现均等化，农村基本具备现代生活条件。二十届中央财经委员会第一次会议提出要求：认识、适应、引领我国人口发展新常态，以人口高质量发展支撑中国式现代化。遵循党中央的决策部署，推动乡村振兴和实现中国式农业农村现代化，需要特别关注人口发展新常态对"三农"工作带来的挑战，以及通过破除城乡二元结构应对这些挑战。本节着眼于就几个方面的问题进行分析，在此基础上提出政策建议。

我国人口发展新常态的主要表现

在过去几年里，我国人口的发展发生了一些关键的转折，进入一个新常态。人口发展的新趋势和新常态在给整体经济社会发展带来挑战的同时，也给推进乡村振兴、实现农业农村现代化等"三农"工作任务目标带来严峻挑战。具体来说，我们可以从三个方面的变化及三重挑战来认识。

第一个变化是我国的人口负增长时代已经来临。作为长期低生育率的必然结果，2021 年我国人口数量达到峰值，2022 年起首次负增长，并且从此不可逆转。这个人口趋势变动意味着我国进入一个新常态，对包括"三农"工作在内的经济社会发展产生深远的影响。

与此同时，未富先老的特征进一步凸显，其中城乡之间的人口特征差异就属于这一特征之一。例如，由于劳动力外出务工和人口向城镇迁移，农村人口老龄化程度更高，养老矛盾更突出。这种未富先老的现象既放大了人口挑战的严峻性，也孕育着一些特有的机会窗口。

第二个变化是我国已进入老龄社会。根据国际上公认的划分标准，老龄化率超过14%，一般被称为老龄社会或中度老龄化阶段。2021年，我国的老龄化率达到14.2%，并且随着人口开始负增长，预计我国将在2030年前后进入高度老龄社会。

第三个变化是劳动年龄人口的负增长进一步加速。这个人口组的峰值出现在2011年，随后进入负增长阶段，造成劳动力短缺、人力资本和生产率改善速度放慢、资本回报率下降等问题，综合结果便是国内生产总值的潜在增长率降低，并且实际增长减速。随着人口负增长时代的来临，劳动年龄人口将加速减少。2011—2022年，我国15~59岁劳动年龄人口每年减少的速度为0.14%，2022—2035年，这个速度预计将大幅度提高到0.83%。

我们再来看由此产生的对于我国经济社会的三重挑战。

首先，从供给侧看，我国经济的潜在增长能力进一步降低。这是经济发展到达一定阶段必然发生的，主要原因是人口红利式微。用更新后的人口数据，我们重新估算了2021—2035年国内生产总值的潜在增长率，从估算结果可以看到，我国经济的潜在增长率从原来预测的4.84%降低到4.53%。[①]

其次，从需求侧看，在净出口、资本形成和最终消费这"三驾马车"中，国内需求部分，特别是居民消费需求因素，越来

---

① 蔡昉，李雪松，陆旸. 中国经济将回归怎样的常态[J]. 中共中央党校（国家行政学院）学报，2023(1).

成为经济增长的常态制约。这是以往从未发生的情况。也就是说,如果不能稳定和扩大居民消费,进而打破瓶颈制约,潜在增长率的实现也会受阻。

最后,老年人口抚养比将加速提高。直到2035年,我国老年人口抚养比一直会快速提高。根据联合国的预测,60岁及以上人口与20~59岁人口之间的比率,将从2022年的0.32提高到0.57,提高幅度高达80%。这将使现收现付养老保障制度难以为继,可能导致公共养老金的支付危机,同时加大照料高龄老年人的难度。

人口发展新常态对"三农"的影响

通过人口在总量和结构上的变化,人口发展新常态在农村有特殊的表现,也对农业农村发展提出新挑战。因为在现代化过程中,城镇化率提高,以及农业产值比重和就业比重下降,是各国都遵循的共同发展特征,所以与城镇相比,农村总人口和劳动年龄人口的减少速度更快,因而老龄化程度更高,这构成了区域人口增长分化的一个突出表现。利用第七次全国人口普查数据,我们出绘制城乡对比的人口金字塔图(见图5-1)。农村人口未富先老的特征导致"三农"工作面临更突出、更严峻的挑战,解决起来难度也更大。

第一,剩余劳动力转移的迫切性,同大量劳动力转移难度加大之间形成突出的矛盾。2011年以来,劳动年龄人口负增长导致的劳动力短缺,已经成为我国经济减速的一个关键因素,未来这个问题仍然突出。然而,在农业和农村仍然存在大量尚未充分利用的劳动力。例如,根据世界银行数据库的数据,高收入国家的农业就业比重平均在3%这一水平,而2022年我国的这一比重高达24.1%。

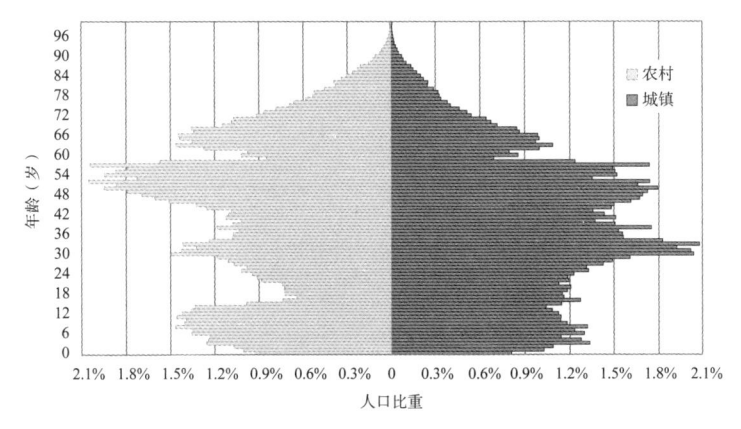

图 5-1 人口老龄化程度的城乡差异

资料来源:国务院第七次全国人口普查领导小组办公室编,《中国人口普查年鉴(2020)》,https://www.stats.gov.cn/sj/pcsj/rkpc/7rp/indexch.htm。

对保持我国经济在合理区间增长来说,劳动力供给以保持人口红利潜力十分重要,因而农业劳动力转移是必要且急需的。与此同时,农业劳动力已经具有明显的大龄化特征,转移到城镇非农产业面临越来越大的难度。例如,根据第七次全国人口普查数据[1],在16~64岁劳动年龄人口中,年龄在45~64岁的大龄劳动者占比,全国平均为43.2%,城镇为39.2%,农村则高达51.0%。潜在需要转移的劳动力趋于大龄化,在劳动力整体短缺的情况下,却同时降低了劳动力的供给和需求。

第二,农村居民收入提高的难度加大。农村老龄化率高达17.7%,比城镇的11.1%高6.6个百分点。农村中位年龄已经达到44岁,比城镇的36岁大8岁。由此导致三个方面的问题值得

---

[1] 国务院第七次全国人口普查领导小组办公室编,《中国人口普查年鉴(2020)》,https://www.stats.gov.cn/sj/pcsj/rkpc/7rp/indexch.htm。

关注：一是农村劳动力的大龄化使这个人群显现出在人力资本上的短板，外出务工的困难日益加大，不利于实现更充分、更高质量的就业；二是农村居民的社会保障需求明显提高，而制度供给仍然不充分，基本公共服务供给在城乡之间仍然存在较大的差距；三是随着与农村人口老龄化相关的致贫风险提高，家庭消费和储蓄双双孱弱，抵御风险的能力相应下降，农村有可能产生新的贫困现象。

第三，村镇空心化和空巢家庭的现象严重，人口支撑农业农村现代化的能力不强，农村更高的老年人口抚养比加重养老负担。从人口数据可以看到，流行的"三八六一九九"①说法是成立的，即农业劳动力和农村人口具有女性、老年人和儿童占比偏高的特点。一是在农村就业人口中，从事农林牧渔业和非农产业的性别比（女性=1）分别为1.14和1.85，也就是说男性劳动力更多地从事非农产业；二是城乡少年儿童抚养比（0~14岁人口与15~64岁人口的比率）分别为0.24和0.31，农村少年儿童比重偏高；三是城乡老年人口抚养比分别为0.16和0.28，即农村面对更大的养老保障需求。这意味着农村日益缺乏经济社会发展所需的人气，而如果不能做到人丁兴旺，则很难实现产业兴旺。

第四，因应人口结构变化产生的基本公共服务需求，亟待提高农村社会保障水平和覆盖率。更深度的老龄化和更高的老年人口抚养比，要求从经济方面提高农村社会养老保险水平和覆盖率，从健康方面对留守老年人进行更好的照料和看护，从精神方面给

---

① 在"三八六一九九"中，"三八"指三八妇女节，代指妇女；"六一"指六一儿童节，代指儿童；"九九"指农历九月初九，即重阳节，代指老人。

予空巢老年人更多的慰藉。然而，在整体上来说，农村社会保障体系尚不完善，可以调动的社会养老资源仍显不足，因而社会保障仍然不充分。

例如，2021年城乡居民社会养老保险的平均给付金额为0.23万元，仅仅是城镇职工社会养老保险给付金额的5.34%。第七次全国人口普查数据显示，在农村60岁及以上老年人中，处于不健康状态的人口比例为16.1%，显著地高于城镇9.9%的比例。在农村60岁及以上老年人中，进入养老机构的比例仅为0.55%，处于不健康状态的老人只有1.72%住在养老机构，处于不健康状态且生活不能自理的老年人也只有3.79%住在养老机构。农村60岁及以上老年人同子女共同居住的比例仅为36.1%，甚至大大低于城镇42.8%的水平。

通过破除城乡二元结构应对挑战

实施积极应对人口老龄化的国家战略，应该以城乡统筹的方式予以推动。这一战略在农村的政策部署和实际实施，与推进农业农村现代化及乡村振兴的战略安排是一致的，内涵和内容是相同的，作用效果也必然是兼容的。因此，与"三农"工作相关的各项战略部署、制度建设和政策推动，应该彼此衔接且协同推进。一个总体的建议是，"三农"政策要更加突出人口视角，以破除城乡二元结构为突破口，着力推动形成人口高质量发展的格局。具体来说，我们将更有针对性地强调以下三个方面。

第一个方面，以更大的力度推进土地经营规模的扩大，以更强的紧迫感推动以农民工落户为核心的户籍制度改革。在研究中，我们可以看到一个所谓的"比较劳动生产率之谜",就是说为什么改革开放这么多年,在各种因素推动农业劳动生产率显著提高的同时,农业的比较劳动生产率仍然很低。比较劳动生产率这个指标是一个产业的产值比重与就业比重的比率。根据国家统计局的数据计算,1978—2021年,第一产业的比较劳动生产率始终小于1——0.3~0.5,第二产业和第三产业的比较劳动生产率一直显著大于1。因此,第一产业的比较劳动生产率相当于第二产业和第三产业的比例,1980年分别为13.1%和19.5%,2000年分别为6.7%和17.8%,2021年分别为7.2%和23.8%。

根据比较劳动生产率的定义和计算方法可知,决定该指标水平的关键在于一个产业的产值比重与就业比重之间的相对关系。所以,农业的比较劳动生产率始终难以提高的原因,归根结底是农业就业比重(2022年占全部就业的24.1%)与农业增加值比重(2022年为国内生产总值的7.3%)不匹配。因此,把农业中存在的剩余劳动力转移出去,不仅有助于提高农业劳动生产率,还将增加非农产业的劳动力供给,促进资源在产业之间和区域之间的重新配置,从而支撑我国经济的长期持续增长。

第二个方面,通过农村金融体制和土地制度改革,大幅度增加农村居民的财产性收入。在农村人口老龄化程度不断加深,并且比城镇更加严重的条件下,农村居民所得工资性收入的增长及其贡献趋于减弱,因此,增加居民财产性收入的政策力度应该加大,促进农村居民可支配收入的多样化和可持续性。在农村居民的收入及其增长中,财产性收入始终是一个明显的短板。在2022年农村居民可支配平均收入20 133元中,财产性净收入只占 2.5%；2012—2022 年，财产性净收入对农村居民可支配收入的增长贡献仅为 2.9%。

这方面的关键改革和政策调整应该立足于在制度上保障和推动，让农村居民获得更多的财产权益。一方面，通过金融和银行业的城乡一体化发展，借助普惠金融和金融科技成果，特别是合理运用以人工智能为核心的数字技术，促进农业农村产业及农民生活的数字化，打破农业与非农产业之间及城乡居民之间的数字鸿沟，让农村居民从金融发展中获得财产性收益；另一方面，积极推进土地征收合理补偿、集体经营性建设用地同地同权公平入市、农业承包地三权分置、赋予宅基地充分的用益物权等一系列土地制度改革，从土地资源的优化配置中获得更充分的财产收益。

第三个方面，加大政策调整和制度建设力度，提高农村社会保障水平，推进基本公共服务在城乡之间的均等化程度。面对人口发展新常态，有诸多政策思路亟待反思和改变。农村的新常态将是人口更快减少、老龄化程度进一步加深、居民收入增长趋于放缓。并且，虽然户籍制度改革可使部分老年人随子女在城镇落户，进入城镇养老体系，但是终究还会有大批老年人留在农村。针对这种情况，我们突出强调以下三个方面的政策调整。

其一，城乡居民养老保险这个制度板块要转向更加普惠，尽快做到应保尽保。对收入水平较低的农村居民来说，基于财政补贴和个人缴费的城乡居民养老保险制度，终究难以满足养老的需要。因此，城乡居民养老保险应该率先转变为普惠型，根据国家财力和基本需要确定保障标准，成为一种覆盖全民的托底性保障，与是否参加了保险项目或者是否缴费脱钩，进而在此基础上逐渐提高给付水平。按照这个思路进行的养老资源均衡配置，可以达到公平和效率的有机统一。

其二，通过促进城乡一体化改善农村养老的硬件环境。一是弱化乃至消除城与乡的边界，在县域和市域范围内，在地理距离相近的城镇与农村之间，实现养老相关的基础设施共享，以及养老事业运行形式的融合。二是在乡村振兴中提升村庄的集聚水平，合理布局生活空间，以提高居住和生活密度，聚集农村的人气。三是在农村生活圈的构建中，把适老化作为宜居性的重要内容，按照有利于养老、助老和惠老的标准推进设施环境的建设和改造。

其三，农村依靠家庭进行养老、照料和护理的模式已不再可行，应该加快转变到机构养老和社区照护的轨道上。针对农村人口密度小、居住分散、聚集效应弱造成的养老规模不经济现象，可以通过促进农村经济和社会的数字化，借助数字技术（特别是人工智能）的最新发展予以解决。例如，以互联网和移动互联网为核心的数字经济具有零边际成本的特征，可以对冲规模不经济。以生成式人工智能为核心的最新发展可以以微不足道的成本，让农村充分分享城市的优质医疗资源和养老助老事业模式，最终消除城乡基本公共服务资源配置的差异性。

促进人口合理集聚、有序流动

《决定》指出：把握人口流动客观规律，推动相关公共服务随人走，促进城乡、区域人口合理集聚、有序流动。二十届中央财经委员会第一次会议也从少子化、老龄化、区域人口增减分化等趋势性特征方面,揭示我国人口发展面临的新常态。从经济增长和社会发展意义上认识人口流动的一般规律、中国特色及发展阶段性特征,既看到人口流动和集聚带来的多重积极效应,也认识到由此带来的相应挑战,有助于我们把握方向、找准问题、对症施策,更加完整、有效力地贯彻落实《决定》的重要部署。

认识和把握人口流动规律

人口通常以两种主体身份流动,两种流动相互之间既存在差异,通常也不能截然分开。

一是作为劳动力和人力资本的载体进行流动,从这个意义来说,人口流动也是一个生产要素重新配置的过程。生产率提高的源泉归根结底在于资源要素的重新配置。在我国经济高速增长期间,劳动力等要素在城乡之间和区域之间的流动及重新配置,既保证了要素供给的充足性,也产生了明显的资源重新配置效应。在更高的经济发展阶段,资源重新配置的空间虽然有所缩小,生产率提高的速度也有所放缓,但资源重新配置的潜力并未消失,要求通过深化改革进一步挖掘。例如,2003—2023年,我国第一产业和第二产业的劳均增加值(通常用于衡量劳动生产率)差距虽然缩小了一半,第一产业劳动生产率仍然较低,仅相当于第二产业的23.7%。另据第四次全国经济普查数据,2018年规模以上工业企业劳动生产率(对于平均用工数的营业收入额),全国为126.5万元,我国大陆22个省、5个自治区和4个直辖市之间的标准差为34.9万元,其中最低的是河南,最高的是北京,前者仅为后者的33.0%。既然城乡之间、地区之间具有较大的产业结构差异，地区经济之间的生产率差距仍然突出，意味着仍有资源配置的潜力空间。

二是作为居民在城乡之间和地域之间迁徙，这种横向流动在宏观意义上是一个趋势性规律，在个体层面也有各不相同的动机。一般来说，趋势性和较大规模的人口迁移及流动主要来自两种驱动力。一方面，城镇化是各国现代化过程中表现的一般规律，以较低的城镇化水平实现成色十足的现代化，这在全球经济发展史上几乎看不到任何先例。根据世界银行的数据，人均国民总收入在14 005美元以上的高收入国家，2023年的平均城镇化率为81.4%。同年我国常住人口的城镇化率为66.2%，而户籍人口的城镇化率仍为48.3%。另一方面，居民个体也会出于追求更多发展机会、更高生活质量等动机，进行地域上的迁移和流动。随着很多地区人口的自然增长率已经为零或转负，人口的流动状况（即机械增长率）日益成为地区人口增长、停滞或衰退的决定性因素。根据第七次全国人口普查数据，2020年我国大陆22个省、5个自治区和4个直辖市中，已有15个处于人口负增长，总体上处于人口零增长的有7个，人口仍然增长的有9个。

资源要素的重新配置也好，生活空间的重新定位也好，都是一个生机勃勃的社会的正常运作和自然状态，由经济社会发展规律所支配。然而，如果由于要素流动和配置受到不合理的体制机制阻碍，或者发生逆生产率提高方向的劳动力倒流现象，或者由于发展机会和生活品质差异过大，造成人口在区域间流动失序，导致区域间人口增减的不正常分化，则会产生不利的经济社会后果。劳动力流动背离生产率提高的方向，必然导致经济整体的生产率提高速度放缓，对潜在增长率提高造成不利的影响。对遭遇人口大规模外流的地区来说，一旦形成劳动力和人力资本供给不足的供给侧困难，以及居民消费不足的需求侧困难，经济社会发展会受到负面影响，区域发展的均衡性相应被削弱，区域振兴也会受阻，甚至可能发生部分地区居民生活品质下降的情形。这使得人口合理集聚、有序流动具有十分的必要性和紧迫性。

公共服务均等化和"钱随人走"

劳动力要素的特点是以人为载体，作为经济活动中的创业者和劳动者，人口、劳动力具有与其他生产要素不同的特点，因此也要求以不尽相同的方式对待，体现在配置、使用和付酬中，市场供求并非唯一的决定机制，还必须结合社会约定和制度安排。随着经济社会发展水平的提高，劳动力趋于"去商品化"，即劳动力作为纯私人要素的属性进一步弱化，劳动者及其家庭的社会权利，通过两个层次的制度建设不断增强：一方面，工资和工作待遇等通常由劳动力供求关系和劳动力市场制度（如集体协商、最低工资、劳动合同等制度）共同决定；另一方面，民生福祉越来越不只是体现在工资和收入上，更体现在包含健康、教育、性别平等等一系列内容的人类发展水平提高上。此外，在那些经济发展遭遇困难的地区，在最终实现振兴之前，居民整体收入水平变化可能会处于相对不利的地位，但是基本公共服务保障水平不应该有所降低。作为上述趋势提出的客观要求，以及产生的连带结果，以人口为对象的社会保障和社会福利供给，不仅要求全人群、全生命周期的充分覆盖,还必然要求显著增强普惠性。

《决定》提出"推动相关公共服务随人走",是对"钱随人走"内涵做出的更高层次、更全面、更精准的阐释及提升。2015年11月,国务院发布的《国务院关于进一步完善城乡义务教育经费保障机制的通知》,确定建立城乡统一的义务教育经费保障机制,统一城乡义务教育学校生均公用经费基准定额,推动实现相关教育经费可携带。这是基本公共服务内容的"钱随人走"思路和方向的第一次明确表达。2021年,财政部对十三届全国人大四次会议第8876号建议(即戴运龙代表关于建立"钱随人走"转移支付制度的建议)做出答复,承诺完善转移支付分配办法的过程中,合理体现外来人口基本公共服务增支影响,更好地发挥转移支付资金均衡区域间财力差异的作用,推进基本公共服务均等化。2022年,浙江省财政厅印发《关于推进"钱随人走"转移支付制度改革的实施意见》,意在将符合"钱随人走"改革要求的基本公共服务领域转移支付制度,逐步升级为以人为核心的新型转移支付体系,实现基本公共服务水平更加均等。这些改革实践的思路和举措,在《决定》中体现为"相关公共服务随人走"的顶层设计。

按照新发展理念,"钱随人走"或"公共服务随人走"的实现形式应该包括以下方面。首先,公共品边界显著拓展。按照一般规律,随着人均收入水平的提高,政府提供的公共品内涵和外延趋于扩大,因而政府也必然承担更多的支出责任。一个由早期经济学家提出、至今仍然有效的统计事实是:随着人均国内生产总值的提高,政府支出占国内生产总值的比重也趋于提高。这个特征事实即"瓦格纳法则"。这个现象发生最显著,即政府支出提高最快的时期,是人均国内生产总值从 10 000 美元到 23 000 美元的增长区间,这个"瓦格纳加速期"恰为我国未来 10 余年所经历的发展时期。其次,公共财政更集中用于社会保障等福利项目,而用于直接产业投资的比重应大幅下降。这符合老龄化时代对社会福利的更高需要,以及相比投资而言,消费成为更突出需求制约的新形势。再次,社会保障等共济性、保护性的基本公共服务越来越具有普惠的性质,应该分别通过提高统筹层次和增强可携带性得到体现。最后,对以上内容做出的综合分析进而得出的政策含义是,中央政府应该提供更多的基本公共服务,承担更大的财政支出责任,因而在国家财政收支中的比重应该适度提高。

消除阻碍人口流动的体制障碍

习近平总书记在 2020 年中央农村工作会议上强调:"今后 15 年是破除城乡二元结构、健全城乡融合发展体制机制的窗口期。"[①] 2024 年 6 月,习近平总书记在宁夏考察时指出:"顺应人口流动趋势,推动城乡融合发展,促进城乡产业发展、基础设施、公共服务一体化。"[②] 这鲜明揭示了拆除利益固化藩篱的紧迫性,以及破除城乡二元结构应在其中发挥的重要作用,阐明了人口合理集聚和有序流动在推动城乡融合发展中发挥的关键功能。按照现代化的一般规律,我国城镇化水平必须进一步提高,人口

---

① http://www.moa.gov.cn/xw/qg/202403/t20240312_6451185.htm.

② https://www.gov.cn/zhengce/202407/content_6961835.htm.

迁移和劳动力流动也将继续进行。根据我国特殊的国情和面临的挑战，新型工业化、新型城镇化与乡村振兴是同一个过程的不同侧面，必须在战略层面整体协调、同步推进，构建产业升级、人口集聚、城镇发展的良性互动机制，才能实现城乡间和区域间的均衡发展，以及社会流动渠道畅通的目标。目前仍然存在一些体制机制因素，妨碍人口流动和劳动力重新配置，从而不利于上述战略的顺利实施，必须按照《决定》做出的重要部署，作为优先、重点领域深化改革。

首先，加快推进户籍制度改革，消除常住人口在获得公共服务上的户籍身份差别。根据第七次全国人口普查数据，2020年在城镇常住人口中，即使撇除市辖区内人户分离的情形，户籍登记地在外乡镇街道的人口比重仍然高达37.6%。其中，年轻劳动年龄人口的该比重更高，如15~40岁这个年龄区间，没有本地户口的人口比重超过平均水平。这个年龄段恰好包括了处在最活跃时期的生育人群和就业群体，在户籍身份仍然充当基本公共服务权益标识的情况下，难免成为导致部分受影响群体生育意愿低、就业困难大的体制性原因。因此，推进户籍制度改革仍要坚持两条战线相得益彰地推进：一方面，促进常住人口市民化，消除常住人口城镇化率与户籍人口城镇化率之间的差别；另一方面，尽快实现基本公共服务与户籍身份脱钩，消除群体之间获得基本公共服务方面的差别。此外，还要加快完善重点群体的就业支持体系、改革用人和招工制度，以及改进档案和就业信息服务等有机结合。

其次，消除不利于培育新人口红利的体制机制障碍。在改革开放时期，我国经历了疾风骤雨式的教育大发展，其中普及九年制义务教育和高等学校扩大招生如同两级火箭，以大幅度增加人口受教育年限的成果培育和释放了人口红利，为高速经济增长提供了强劲的动力。保持经济在合理速度区间增长，必须挖掘传统人口红利潜力和开启人才红利，合并形成新人口红利。在通过扩大免费教育范围，以及健全学前教育保障机制等方式提高平均受教育年限的同时，以义务教育为重点优化城乡之间、区域之间的教育资源配置，建立与人口变化相协调的基本公共教育服务供给机制，是促进人口高质量发展，加速培育新人口红利，保障经济增长持续动能，促进人的全面发展的关键之举。

再次，解除流动人口消费的后顾之忧，大规模释放内需能量。由于一些现行的社会保障项目和其他基本公共服务的供给水平仍然与户籍身份有关，很多没有常住地户口的人尚不能得到均等的保障和服务，严重抑制了这一群体的消费意愿，进而不利于社会总需求的扩大。例如，学术界的研究表明，仅仅由于户籍身份这一个原因，进城农民工的消费需求即被压低约30%。因此，在老龄化和人口负增长使得我国经济遇到越来越严峻的需求侧挑战的情况下，通过改革把社会保障和其他基本公共服务覆盖到全人群、全生命周期，可以使更广泛的人口获得抵御生活中不测风险的基本能力，由此释放出规模巨大的消费势能，使我国经济获得实实在在的需求侧改革红利。

最后，健全覆盖全人群、全生命周期的基本公共服务体系，促进社会横向和纵向流动。虽然迁移和流动的主体是相对年轻的人口群体，但是在人口发展新常态下，人口流动和集聚的方式、效果和前景既涉及流入群体与原住群体的关系，也与新老居民的全生命周期预期相关。在公共品边界不断拓展或基本公共服务范围逐步扩大的条件下，"有恒产者有恒心"这句话不再仅指家庭积累的有形财富，更在于政府和社会提供的公共服务。覆盖全人群、全生命周期的基本公共服务，意味着社会保险和基本公共服务的供给更加普惠、一体化和无条件。有这个坚实的社会福利体系作为基础，人口的合理集聚和有序流动才能转化为新质生产力驱动的经济增长、民生福祉的不断增进，以及勤劳致富、人人向上的社会流动。

育苗经济学——儿童早期发展的事实与建议

改革开放以来，我国经济高速增长，其中前30年发展速度更快一些，尤其是1990—2010年，这20年是经济发展最快的时期，国内生产总值年均增长率达到9%甚至更高，相当大的程度上得益于人口红利。这一时期的人口红利以劳动年龄人口的数量增长和比重提高为主要表征。伴随人口转变，特别是人口结构的变化，劳动年龄人口的比重趋于下降。那么未来的经济增长源泉是什么？我们仍然可以说人口红利，但将是一种新的人口红利，我们可以称之为人力资本的培养带来的人口质量红利或人才红利。

提升人口质量红利或人才红利主要有三条路径，这是政府在推动经济发展中应该关注的。一是提高人均受教育年限，如果学龄阶段向前延伸至学前教育阶段，人均受教育年限就相应得到提高。二是提高教学质量，包括增强人口或下一代劳动者与人工智能竞争的能力，最好的培育年龄是儿童发展早期。三是提高资源的配置效率，公平性可以改进效率，可以提高教育资源的生产率，因此促进公平是当务之急。在教育方面，公平和效率之间不需要进行权衡取舍，因为它们的方向是一致的。

挖掘人力资本源泉从娃娃抓起

根据第七次全国人口普查数据，农村常住人口和城镇常住人口的受教育程度存在较大差别。由于这是按照常住人口口径进行的教育水平比较，所以夸大了城乡人口的实际教育差距。因为农村受教育程度高的人口大都离乡进城了，成为城镇常住人口。可见，这里涉及巨大的多重外部性。第一，教育本身具有外部性，即社会效益。第二，儿童的早期发展具有显著的社会效益和总的投资回报率。第三，随着劳动力流动，农村的人力资本会外溢到城镇。因为未来的常住人口城镇化水平会从现在的66.16%进一步提高，在这个过程中农村的人力资本是向城市外溢的，成为支撑我国经济增长的重要力量。第四，社会流动主要表现为代际流动，因此，通过干预的方式提高今天的教育公平程度，必然对社会流动产生正面影响，相应地产生跨代效应。所以说，培育人力资本具有多重外部性，这一点值得研究者和决策者特别关注。

挖掘人力资本的源泉应该从娃娃抓起。前文曾提到哈佛大学儿童发展中心的研究，研究认为在生命较早阶段，人力资本的培养更集中于非认知技能。詹姆斯·赫克曼提出的"赫克曼曲线"显示，在越早的年龄阶段进行人力资本投资，越是具有更高的回报率，全回报率是最高的，并且其中更多由社会回报率构成。哪些事业的社会回报率更高，就意味着那项事业应该由政府"埋单"，应该以公共财政支出对其进行倾斜投资。对儿童早期发展投资的社会收益率最高，政府就应承担儿童早期发展的支出责任、主导各种发展项目。目前，中国发展研究基金会开展的项目，无论是"慧育中国"，还是"阳光起点"，其实都是遵循这个规律的实践，只是它所要面对的是中国的特殊问题。

有利于公共品供给扩大的"三期叠加"

改善人力资本为什么要致力于从娃娃抓起？很多儿童发展项目现在主要由民间发起，随着社会认知度的提高，各界都来支持这些项目，包括地方政府，试验成功以后通常能够上升为国家政策。这样它带来的效益就更广泛，它的收益就是面向全国范围和全体国民的，对冲了前述的多重外部性。而现在就是我们做好这件事的最佳时机，因为我们正处于一个机会窗口期，我把它称为公共产品供给扩大的"三期叠加"。

其一为"瓦格纳加速期"。经济学家瓦格纳认为，随着人均收入水平的提高，政府支出占国内生产总值的比重（特别是政府的社会性支出占国内生产总值的比重）是逐渐提高的，即"瓦格纳法则"。如图5-2所示，把跨国和时间序列数据结合起来可以看到，瓦格纳法则在当今世界仍然是成立的，并且该趋势作用最显著的时间段是人均国内生产总值在10 000~23 000美元。这个收入水平区间恰好对应着从现在到2035年中国的发展阶段。因此，瓦格纳法则的中国版被称为"瓦格纳加速期"，就是我们基本实现现代化之前所经历的阶段。既然与国际一般水平相比，我国的政府支出占国内生产总值的比重仍然偏低，尤其是我国政府支出更多地花在投资而不是社会福利，那就意味着正好可以利用这个时期实现赶超。

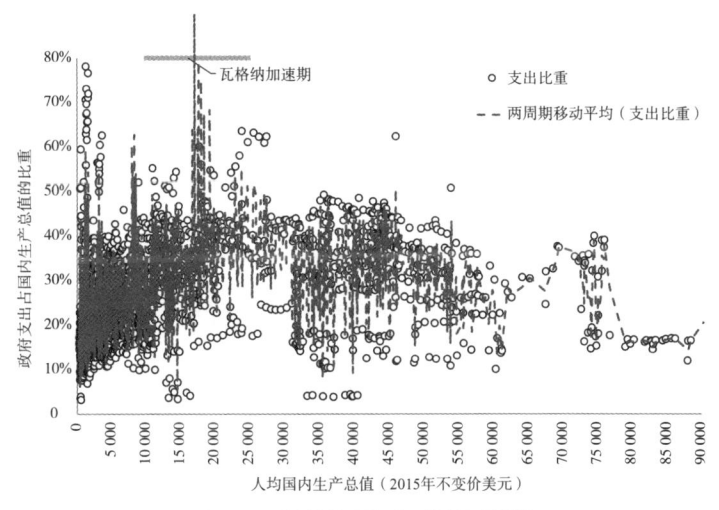

图 5-2　瓦格纳法则和"瓦格纳加速期"

"三期叠加"的第二个机会窗口是0~6岁儿童人口占比的加快减少期（每年大概减少3%），在这个阶段，国家的抚养压力相对减小，进入负担相对减轻期，同时也是资源相对丰富期。在从现在到2035年这个阶段，公共教育支出大概每年以4.7%的速度增长，构成第三个机会窗口。那么这个数字是如何计算的呢？经济学家都在预测未来我国经济增长能有多快，都认为最好的办法是估算我国经济的潜在增长率。我们的估算是，到2035年我国能够实现人均国内生产总值超过23 000美元，按照预期成为中等发达国家，与之对应的人均国内生产总值增长速度就是4.7%左右。同时，一项具有法律效应的承诺就是政府的公共教育支出占国内生产总值的4%。既然这个比例是相对固定的，只要未来我国经济继续增长，公共教育投资就能保持同步增长（见图5-3）。

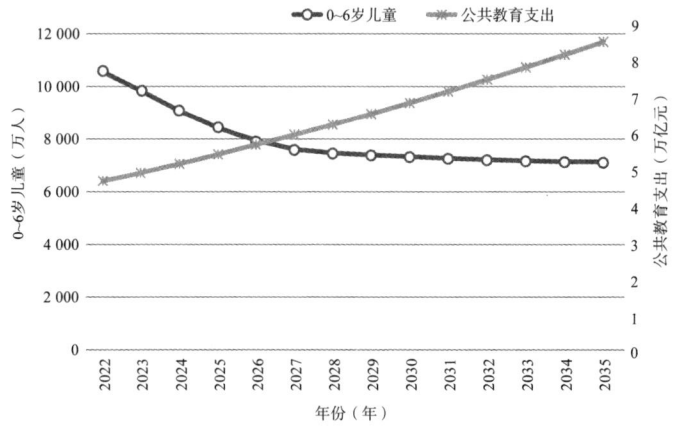

图5-3　儿童人口规模缩小趋势下的公共教育投资增长

在儿童人口规模缩小的同时，在学人口数量总体上也有所减少，教育领域的人员和资产存量均表现出富余的趋势，这是少子化和城镇化的必然结果。这些年存在一个典型的现象，就是学校数量在不断减少，幼儿园数量也在减少，并且主要是由农村的幼儿园和学校的减少导致的。在全国毛入园率达到89.7%的条件下，在园幼儿的数量到达了转折点，农村的在园幼儿峰值出现在2020年，县镇和城市的在园幼儿峰值出现在2022年。在幼儿园数量减少的同时，每个职工和专职教师对应的儿童数也减少了，说明学校的教学条件仍在改善（见图5-4）。儿童人口规模缩小的趋势是符合人口变动规律的现象，是自然而然发生的。但是，要让这种现象符合经济发展规律的要求，就需要从现在做起，从儿童抓起，使他们的发展更加符合规律。这要求尽早开始从制度上延长义务教育阶段，达到提高受教育年限的目标，培育人力资本红利。

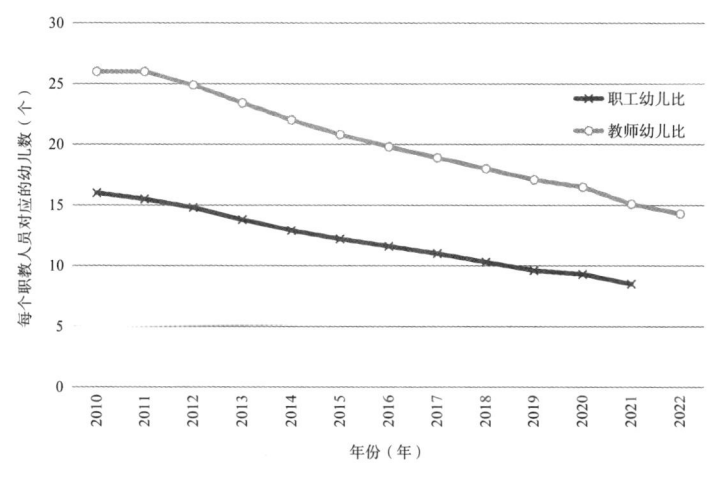

图 5-4　我国职工幼儿比和教师幼儿比的变动趋势

户籍制度改革——"新一石三鸟"

对于从供给侧和需求侧保持我国经济的合理增长速度，户籍制度改革可以从三个方面产生显著的效应。一是通过使城镇常住农民工落户，稳定并增加劳动力供给。二是通过消除劳动力流动的制度性障碍，保持资源重新配置持续进行，提高全要素生产率和劳动生产率。这两个方面都可产生提高国内生产总值潜在增长率的效果。三是提高新市民的收入和基本公共服务获得水平，消费能力和意愿得以显著提升，从需求侧支撑经济增长。对此，我称之为户籍制度改革效应"一石三鸟"。对于从娃娃抓起的人力资本培养，户籍制度改革具有新的"一石三鸟"效应。

一是消除留守儿童、流动儿童现象的制度根源。国家颁布了一系列促进儿童发展的政策，但正是由于户籍制度导致流动儿童没有城镇户口，以及留守儿童不能跟父母生活在一起，很多政策都不能抵达这些儿童的身上，所以需要从流动和留守的制度原因去解决问题，户籍制度改革正是抓住不利于儿童发展和教育资源均等配置的根源，让阳光能够普照到每个孩子的身上。第七次全国人口普查数据显示，全国流动儿童 7 109 万（其中 808 万婴幼儿），农村留守儿童 4 177 万（其中 713 万婴幼儿）。一旦这些儿童随父母落户，可获得更好的养育、照护和教育。

二是帮助父母更好地承担养育照护的责任。詹姆斯·赫克曼根据丹麦的数据发现了一个新的情况，在 20 世纪 90 年代，学术界开始认识到贫困孩子的教育要政府来额外投资，于是他曾向美国财政部长萨默斯呼吁财政拨款，强调政府向 3~4 岁的贫困孩子投资，所花出去的每一分钱都会分厘不差甚至加倍地获得收益。后来，赫克曼发现仅仅花钱还不够，有社会福利触及孩子还不够，父母必须承担起养育责任，陪伴孩子成长。就此而言，我国的流动人口在这些方面仍然存在制度缺口。

我们可以借助图 5-5 来举例说明这一点在我国的独特表现，图中左边这些年龄组人群代表的是流动人口，即留守儿童和流动儿童的父母，图中右边年龄组人群是留守儿童和流动儿童的祖父母和外祖父母，两代人的平均受教育程度具有极大的差异。人均受教育年限是人力资本的综合表达，背后还掩盖着健康、生活习惯、行为举止、认知能力、非认知能力等方面的差别。这也意味着祖父母辈教育和抚养孙辈，终究不如父母直接养育子女效果好。因此，如果缺少核心家庭的抚养，缺少父母的身体和精神陪伴，就不能为孩子营造一个完整的养育环境，最终会阻碍社会流动。因此，户籍制度改革也是消除这一问题的重要制度改革。

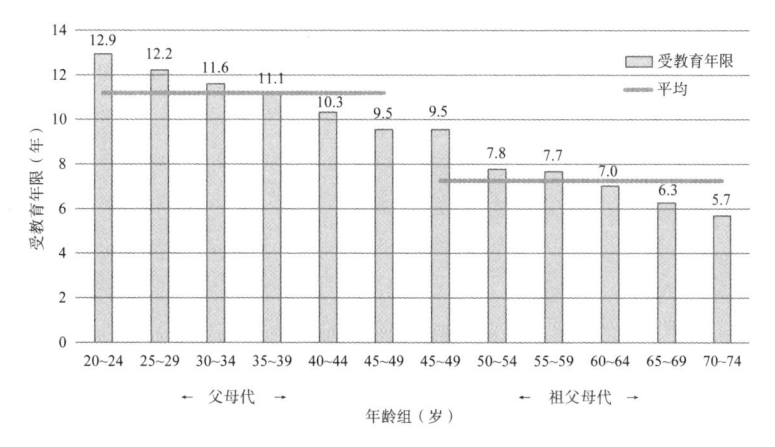

图5-5 留守儿童和流动儿童的父母和祖父母受教育状况

三是可以破解城镇过程中学校的撤并悖论。当前我们看到大规模的学校撤并，通过分析现有年份的数据可以推算出，小学的关闭主要还是发生在农村，但是城镇地区很快也将见到越来越多的小学关闭。为什么？没那么多孩子了，也就不需要那么多学校，这也算符合逻辑。其中有城镇化的原因，即包括儿童在内的农村人口减少，也有人口变化中少子化的原因。与小学数量减少相同的是幼儿园数量的减少。很多城市的幼儿园、小学都显现出过剩，也明显减少，与此同时却没有利用这个机会把农民工的子女充分地纳入公立学校和公立幼儿园，这就是悖论所在。只有靠户籍制度改革，让农民工和他们的孩子稳定落户，目前这种拥有资源却没有覆盖到所有儿童的现象才能被根本性地消除。

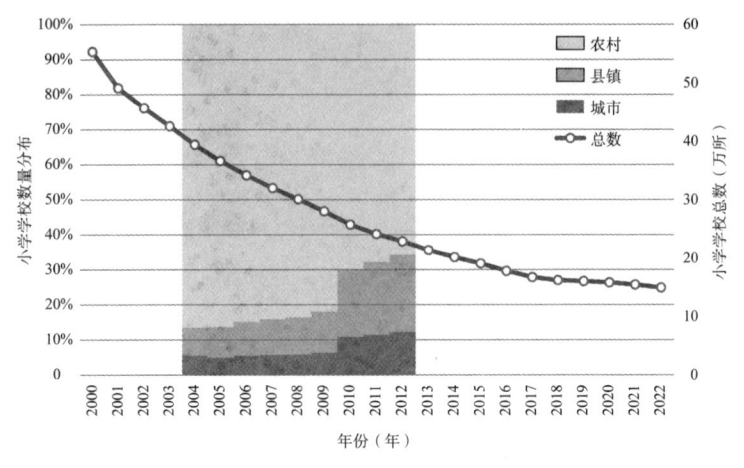

图 5-6　我国小学学校数量和分布

抓住户籍制度改革的机会窗口

党的二十大报告强调，推进以人为核心的新型城镇化，加快农业转移人口市民化。同时还要求，把实现基本公共服务均等化纳入 2035 年基本实现现代化的总体目标。2023 年 4 月 28 日，中共中央政治局召开会议指出，恢复和扩大需求是当前经济持续回升向好的关键所在。以户籍制度改革为突破口，加快破除城乡二元结构，是把促进经济持续回升向好，同在高质量发展中促进共同富裕，实现中国式现代化目标要求有机结合的重要举措。

破除城乡二元结构的窗口期

中国式现代化面临的一个任务是，如何通过中国特色道路实现各国现代化普遍追求的目标。共同特征在特殊国情下的实现方式，要求我国加快消除长期存在的城乡二元结构。二元经济发展是发展中国家利用劳动力丰富这一资源比较优势，兑现潜在的人口红利，取得快速经济增长，从而实现对发达国家赶超的一个重要发展阶段。在改革开放时期，随着剩余劳动力转移、非农产业就业扩大，以及城镇化带来更均等的基本公共服务，城乡收入差距相应缩小，城乡二元结构已趋于弱化。

旨在缩小城乡二元结构的发展，既遵循现代化的一般规律，也有实现过程的中国特色。作为二元经济发展的综合性结果，经济社会结构的二元性特征，即城乡之间发展水平和生活质量之间的强烈反差，也在这个过程中得以减弱。然而，体现现代化特征的一些关键发展指标，虽然随人均收入水平提高得到改善，却并非自然而然的结果。缩小在这些关键指标上的城乡差距，应该成为新发展时期的政策着眼点和措施着力点。我国经济发展阶段和现代化进程已经到了这样的阶段，要求在2035年基本实现现代化之前的这个短暂窗口期，在城乡均衡发展的重要领域实现突破，显著缩小在关键经济社会指标上的差距。

从现在起到2035年基本实现现代化，我国将经历从中等偏上收入国家到高收入国家的实质性跨越，即从发展中国家到发达国家的跨越。这个重要的窗口期又可以分成两个区段，相应面临两方面的挑战：一是稳定跨越中等收入阶段，避免很多国家遭遇过的中等收入陷阱；二是巩固和提升作为高收入国家的地位，着力在关键经济社会发展指标上，缩小乃至消除与发达国家平均水平的差距。完好地应对这两个关键挑战，特别是实现第二个区段的目标，关乎基本实现现代化的成色。

根据世界银行的数据，我国人均国内生产总值在2022年达到12 663美元。如果对高收入国家进行三等分组，根据2022年标准，我们可以把人均国内生产总值处于13 205~23 000美元区间的国家看作第一组，超越这个组即意味着成为中等发达国家，这正是我国在2035年要实现的远景目标。以处于这个区间的其他国家作为参照，我们来看看除了人均国内生产总值，还有哪些关键指标既体现现代化的内涵，又反映消除城乡二元结构的进程。通过这些关键指标的比较，可以从城乡二元结构的角度，看到我国已经达到的现代化水平，以及预期达到的目标；缩小在这些指标上与更高发展阶段国家之间的差距，为我们提示了实现目标需要采取的行动。

根据世界银行的数据，中国相当于参照系国家平均水平的比例，在整体劳动生产率上为48%，在农业劳动生产率上为29%，在农业就业比重上为368%，在城镇化率上为87%。作为现代化的一个决定性标志，劳动生产率既反映经济体的产出能力，也是经济增长成果的综合体现，还是发展成果能够获得共享的基础。因此，把提高劳动生产率作为现代化任务，可以实现目标与手段的有机结合。缩小劳动生产率差距的重要途径是深化资源配置过程，加快农业剩余劳动力转移，提高农业劳动生产率和推动城镇化水平提高。这相应要求通过户籍制度改革，大幅度增加政府社会性支出，显著提高基本公共服务水平和城乡之间的均等化程度。

户籍制度改革的本质与内容

改革开放以来，户籍制度阻止人口和劳动力从农村向城市迁移的功能已经被打破，城乡居民可以自由迁徙、居住和就业。然而，享受基本公共服务的权益在很大程度上仍然以户籍身份来确认，不仅造成城乡之间的差别，也使进城农民工及其随迁家庭成员仍不能在城市均等地获得社会保障、义务教育、补贴性住房等待遇。这成为民生保障未能实现全民均等覆盖的一个难点和堵点。因此，户籍制度改革的核心便是破除在基本公共服务供给方面的这种差别对待。

户籍制度已发生的改革和未完成的改革，在统计上表现为常住人口城镇化率和户籍人口城镇化率的提高，以及两者之间仍然存在的差别。2021年，这两个城镇化率分别为64.7%和46.7%，也就是说，按照常住口径统计的城镇人口为9.14亿，而按照户籍口径统计的城镇人口只有6.60亿。两者之间的差额即2.54亿，为常住城镇却没有城镇户口的居民，其中外出农民工显然占比最大。

2022年，我国有1.72亿外出农民工，其中年末在城镇居住的为1.3亿人。这里的"外出农民工"指户籍在农村、年内外出从业6个月及以上的劳动者。鉴于城镇常住人口的统计定义，同样指在城镇居住6个月及以上的人口。所以，外出农民工中绝大部分是没有城镇户口的城镇常住人口，数量应该在1.3亿~1.7亿。在中国的语境中，这种规模庞大的人口居住和工作在城镇却没有获得城镇户籍身份的情形，代表着城镇化过程不完整或未完成。

说到常住人口和户籍人口两个城镇化的脱节，既是针对微观层面的农民工处境而言，也是针对宏观层面的城镇化功能而言。户籍制度改革便是针对现实状况，不仅推动城镇人口比重的提高，而且着眼于基本公共服务的均等化，从制度层面破除城乡二元结构。除了着眼于使新市民的就业、社保和其他基本公共服务权益得到制度性保障，户籍制度改革还需要达到以下目标。

一方面，应该保障家庭成员共同生活的权益，使儿童获得平等的教育机会和质量，使老年人得到更好的赡养、照料和精神慰藉。伴随着农村劳动力普遍性的外出打工，形成了特殊的流动儿童和留守儿童现象。2020年，全国城乡这两类儿童占全部17岁及以下儿童人口的46.4%，其中农村儿童处于流动和留守状态的比例更大。① 这个庞大的儿童群体在受教育机会和教育质量方面往往遇到较大困难，在父母照料和学习辅导方面存在缺失，在学习起跑线、身体和心理健康、发展机会等方面处于不利的地位。

另一方面，应该使居民在生命周期的每个阶段均能享受到城市提供的生活和发展机会，具有稳定的人生目标和生活预期。由于大部分农民工没有获得城镇户口，进城务工同在城市落户相脱节，这个群体不能完整和充分地参与城镇化，就业期间不能充分享受均等的基本公共服务，他们的子女不能充分利用城市良好的教育资源，工作到一定年龄还要回到农村。这不仅降低了农村人

---

① 联合国儿童基金会、国家统计局、联合国人口基金，《2020年中国儿童人口状况：事实与数据》，https://www.stats.gov.cn/zs/tjwh/tjkw/tjzl/202304/P020230419425666818737.pdf。

口和劳动力的社会流动性，还会由于劳动力供给不充分、消费能力孱弱、消费意愿不强、个人创造力和创业精神难以充分施展等，给宏观经济和长期增长带来不利的影响。

在理念上，完整的城镇化同以人为核心的新型城镇化是完全吻合的。在内涵上，城镇化是否做到以人为核心，归根结底要以基本公共服务均等化为推进目标和检验标准。从实践上看，户籍制度是城乡二元结构的制度反映。因此，破除城乡二元结构必然要求加快推进户籍制度改革，着眼于使在城镇稳定就业的农民工成为户籍居民。从逻辑上看，当常住人口城镇化率和户籍人口城镇化率的差别被消除，户籍制度的初始动机不复存在，传统功能就不再需要，也就达到了制度建设的目标。

创造激励相容的改革环境

推进户籍制度改革需要在各参与方之间，创造出激励相容的内生动力。户籍制度改革这项任务，在学术界和政策研究领域一直具有高度的共识，党中央和国务院也很早便将其置于改革日程之中，多次做出相应的部署，也取得了可见的成效。然而，城镇常住人口与户籍人口还是相互脱节的两个人口群体这一事实，意味着改革任务尚未完成。改革进度不如预期的原因之一是，在地方政府同中央政府之间存在推进改革的激励不相容现象。

户籍制度改革可以产生真金白银的改革红利。从供给侧来看，农民工市民化可以扩大和稳定城镇非农产业的劳动力供给。更好的非农就业预期可以产生对农业剩余劳动力转移的拉动效应，从而推动产业之间的资源重新配置，为扩大农业经营规模创造条件，达到提高劳动生产率的显著效果。研究表明，户籍制度改革的两种效应，即提高非农产业劳动力供给和提高经济整体的生产率，分别能够以相同的幅度提高国内生产总值的潜在增长率。① 从需求侧来看，农民工的市民化不仅有利于提高工资水平和收入增长预期，从而提高这个人口群体的消费能力，还可以通过更完善的基本公共服务供给解除其消费的后顾之忧，创造扩大消费从而稳定社会总需求的显著效应。

问题在于户籍制度改革的收益大都表现在宏观经济层面，而推动改革的主体通常是地方政府。虽然从数量上说改革红利显著大于改革成本，但是地方政府不能获得全部改革红利，却要为城镇户籍人口的增加"埋单"，是扩大财政的社会性支出的承担者。这种在整体收益与局部成本之间的不对称性，以及在中央政府与地方政府之间的激励不相容现象，构成改革未能取得更大进展的堵点。

户籍制度改革是一项系统工程，需要体制机制的整体配套和各参与方的协同推动。通过制度安排和政策调整形成有效激励，使地方政府能够有内在动力放开城市户籍，使基本公共服务成为普照之光，本身也是户籍制度改革的内容。打通激励不相容这一堵点的关键是中央政府进行顶层设计和承担更多支出责任，并与地方政府之间形成合理分担改革成本、合理分享改革收益的稳定预期。

---

① Fang Cai, Yang Lu. The End of China's Demographic Dividend: the Perspective of Potential GDP Growth. in Ross Garnaut, Fang Cai, Ligang Song (eds.). China: A New Model for Growth and Development[M]. Canberra: ANU E Press, 2013: 55-74.

创造户籍制度改革的激励相容性，应以下几个方面着力。首先，把城乡一体化均衡发展，特别是基本公共服务均等化、城乡收入差距缩小等要求，纳入对地方政府履行推进中国式现代化职责的考核，加强地方政府推动户籍制度改革的紧迫感。其次，政府履行更大的再分配职能，建设覆盖全民、全生命周期的社会福利体系。特别是在老年人口抚养比不断提高的情况下，基本养老保险模式不可避免地要进行调整，要求更高层次的基金统筹和更加普惠的支付。最后，把城镇户籍人口的增长同土地供给、基础设施建设、城建等调控指标挂钩，可以提高户籍制度改革激励的精准性。

应对人口挑战的根本举措是加快福利国家建设

人口因素可能对基本实现现代化目标造成干扰

迟滞或中断中华民族伟大复兴进程的风险是最大的风险和国家安全隐患，防范和化解这个风险挑战是伟大复兴途中一个绕不开的门槛。人口问题关系中华民族的生存与发展，人口负增长和更深度的老龄化就是这样一个必须跨越的门槛。

近年来，国际上出现一些关于我国经济增长的中长期展望，撇开那些恶意唱衰的非专业性怪论，在看似严肃和专业的研究中，很多都以人口增长停滞和快速老龄化为依据，预计我国难以如期实现成为世界第一大经济体的目标。这方面的研究来自国际智库、咨询机构、投资银行甚至一些国家的央行。

2022年3月，澳大利亚智库罗伊研究所发布的报告《向下修正的中国崛起》（Revising down the rise of China）具有代表性。该报告认为人口趋势的逆转、投资驱动增长的局限性以及生产率减速将显著降低中国经济增长率，并预测中国在2020—2050年只有2%~3%的增长率。这个报告的结论是：中国或许能够成为最大经济体，但永远不可能对美国有实质性超越，富裕程度和生产率远达不到原来的预期。

诸如此类的研究存在方法论上的缺陷，有些甚至受偏见的影响。我的研究有针对性地回应了许多这样的问题。关于人口负增长和更深度老龄化对我国经济的影响，以及有效应对的原则及举措，总体上可以概括为：增量的挑战、结构的潜力、总量的机遇。

人口负增长如何影响经济增长

总体而言，我国基本实现现代化所要求的经济增长速度应该为4.8%，才能在2035年成为中等发达国家，人均国内生产总值达到23 000美元。在人口发生最新变化的情况下，能否实现这个合意的增长速度，取决于如何应对人口负增长给经济社会发展带来的三重挑战。

首先，经济增长遇到的供给侧挑战进一步增大。人口负增长以后，始于2011年的15~59岁劳动年龄人口减少将进一步加速，从2011—2022年每年减少0.14%加快到2022—2035年每年减少0.83%。这将导致劳动力短缺、人力资本改善速度放慢、投资回报率下降和生产率增长减速，并因此进一步降低国内生产总值的潜在增长率。

基于此前的人口数据，我们预测2021—2035年潜在增长率为年均4.84%，而基于更新的人口数据预测，潜在增长率降低到4.53%。因此，要成色十足地实现预定的目标，需进一步加大改革力度，增加劳动力供给的数量和质量，提高劳动生产率，以持续增大的改革红利抵消加速消失的人口红利，争取实现4.8%的潜在增长率。

其次，需求侧因素（特别是居民消费）成为经济增长的常态制约。在发展方式加快转变的情况下，出口、投资和消费三大需求的构成已经发生明显的变化，在"三驾马车"中，居民消费发挥着越来越重要的作用。然而，无论是人口总量效应，即人口负增长导致消费者总量减少，还是年龄结构效应，即老年人缺乏消费能力和消费意愿，都将产生抑制居民消费增长的效果。因此，改革领域的选择也好，宏观经济政策的取向也罢，都要求转向关注打破人口因素带来的消费制约，以充分释放经济增长的潜在能力。

最后，经济上和生活中的养老负担将加重，给社会发展领域带来挑战。较低的老年人口抚养比是我国现行基本社会保险体系，如基本社会养老保险和基本医疗保险，得以按照现收现付制运行的可持续性保障。人口负增长和更深度老龄化必然大幅度提高老年人口抚养比。例如，60岁及以上人口与16~59岁劳动年龄人口之间的比率，预计从2021年的0.29显著提高到2035年的0.52，突显人口结构"生之者寡，食之者众"的特征。

面对老年人口抚养比大幅提高的现实，确保基本社会保险体系得以持续运行，避免出现较大的收支缺口以致酿成支付危机,也防止消费对经济增长产生实质性的制约,需要制度建设未雨绸缪,对养老保险制度进行顶层设计,提高基本保险的普惠性和全覆盖水平,与构建相互补充的多支柱养老保障体系有机结合起来。

加快建设中国式福利国家是根本举措

任何国家在现代化途中都会遇到一些大门槛,经济史也表明,突破与人口相关的发展瓶颈、顺利跨过这些关键门槛,往往依靠巨大的再分配政策举措。从思维范式和政策理念来说,把人口众多和过度增长视为不利因素的传统观点,在政策上往往同社会保障不充分、减贫措施不力、再分配缺失的政策倾向相联系。最典型的是马尔萨斯为了反对英国《济贫法》而写作出版的《人口论》。

与之相反,缪尔达尔、凯恩斯和汉森分别对瑞典、英国和美国人口增长停滞的担心,以及由此提出的政策主张,最后都直接或间接地成为福利国家建设的理论依据和主要内容。在这三个国家,建成福利国家不仅促进了战后经济繁荣,也都催生了一波婴儿潮。至今,人类发展水平最高且社会福利水平最高的国家,其生育率仍然保持较高水平,更接近生育意愿及生育率的更替水平。

如图5-7所示,联合国汇集了多个国家或地区的总和生育率,从高到低差异极大,然而生育意愿高度一致,大体上均为两个孩子(相当于2.1这个更替水平)。政策含义便是,如果所有养育孩子的制约因素都不存在,人们还是愿意有两个孩子。打破这些制约因素,就是包括能够降低生育、养育和教育成本的一系列社会福利供给。

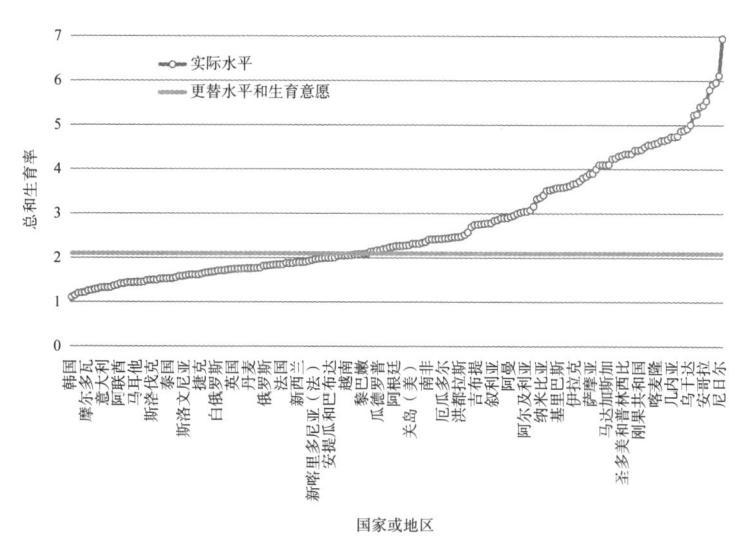

图 5-7　多个国家或地区的总和生育率及生育意愿

资料来源:世界银行公开数据库,https://data.worldbank.org/indicator/SP.DYN.TFRT.IN。

从瑞典的经验来看,福利国家建设就是从实施鼓励生育政策开始的。一旦进入这种政策模式,就不再仅仅是针对儿童,而演变为"从摇篮到坟墓"的完整福利体系构建。因为生育意愿不仅与养育孩子的直接支出能力相关,而且取决于全生命周期的福利预期。

我们所讲的"七有"及"十四五"规划中以"一老一小"为重点,都是指覆盖全民、全生命周期的社会福利体系。反过来说,所有的再分配措施,如提高社会福利保障、改善民生举措、收入分配制度改革,都是生育和人口友好型的社会政策。

最根本的要求是遵循尽力而为、量力而行的原则,加大再分配力度，显著提升社会福利支出水平和比重。这既符合一般规律，应该作为制度建设目标，也可以解决紧迫问题，同时具有现实可行性。随着发展水平的提高，政府社会性支出占国内生产总值的比重持续提高，提高速度最快、幅度最大的期间是人均国内生产总值处于 12 000~30 000 美元这个阶段。这也是我国从现在到 2035 年要跨越的阶段。

与人均国内生产总值在 12 000~30 000 美元之间的其他国家相比，我国的政府社会性支出占比显著偏低，经济增长速度更快。例如，过去 10 年，这些参照国的人均国内生产总值平均增速只有 1.21%，但是我国人均国内生产总值在 2021—2035 年的潜在增长率预计可达 4.53%~4.80%，这意味着我国有需要也有潜力加快赶超。同时，我国今后的经济增长速度不仅支撑这个赶超，而且足以支撑用较短的时间实现赶超。

通过提高劳动参与率延迟法定退休年龄

党的二十大报告指出：实施渐进式延迟法定退休年龄。实施这一重大部署具有客观必然性和现实紧迫性，2025 年即开始实施渐进式延迟法定退休年龄政策。本节揭示我国人口国情的最新变化，以及未富先老特征下推进渐进式延迟法定退休年龄面临的难点和机遇，简析提高劳动参与率这一改革的关键点，建议结合实施积极应对人口老龄化国家战略，有针对性地选择恰当的路径，蹄疾步稳地推进延迟法定退休年龄政策的实施。

为延迟法定退休年龄创造条件

前文提到，最新的人口变化给我国的经济社会发展带来三重挑战：一是经济增长遇到的供给侧挑战进一步增大，二是需求侧因素（特别是居民消费）成为经济增长的常态制约，三是经济上和生活中的养老负担将加重。这三重挑战凸显，揭示了延迟法定退休年龄的必要性和必然性。与此相关的应对办法就是通过延长人口的就业生命周期，增加社会劳动力总供给、增加个人劳动收入从而增强消费能力和消费意愿，以及缓解养老金支付危机和照护难题。延迟法定退休年龄已经成为世界各国的普遍做法。例如，经济合作与发展组织成员国的正常退休年龄在已经有显著提高的情况下，预期从 2020 年的平均 64.2 岁进一步提高到 2060 年的平均 66.1 岁，其中丹麦的正常退休年龄届时将高达 74 岁。

不过，鉴于我国的特殊国情，特别是由于未富先老特征在劳动力市场上的表现，延迟法定退休年龄的实际推动必须遵循循序渐进的原则。这里所说的渐进性，可以从三个意义上理解：第一，鉴于老龄化程度的加深，延迟法定退休年龄已经时不我待，需要尽快出台和实施；第二，这项政策的推进需要步伐稳妥，在不断创造和完善必要条件的基础上，以渐进、协调和同步的方式推进；第三，提高法定退休年龄不应毕其功于一役，而是应该分解成较小的时间单位，采取长远设计、分步实施、小步快走的策略。

一些临近现行法定退休年龄的就业者，特别是体力劳动者，对于延迟退休有所顾虑。这并不是因为他们不愿意延长就业年限，而是担心退休前的就业没有保障。这种担忧既来自微观层面的个人经历，也有宏观层面的统计依据。在技术快速变化和产业急剧调整的情况下，随着行业、部门和业态的消长，职业的存亡、岗位的更替和就业的创造与破坏随时随地都在发生。对劳动者来说，保持住就业岗位的本钱在于技能，而技能及其更新取决于他们具有的人力资本禀赋。

通常，人力资本禀赋可以用受教育年限来衡量。在接近退休的年龄段，我国城镇劳动者的受教育程度显著偏低，这使得其中很大一部分人对继续保持稳定的就业缺乏良好预期，对自身技能与劳动力市场的匹配程度也显得底气不足。如果我们设定"未上过学"的受教育年限为0年、"学前教育"的受教育年限为2年、"小学"的受教育年限为6年、"初中"的受教育年限为9年、"高中"的受教育年限为12年、"大学专科"的受教育年限为15年、"大学本科"的受教育年限为16年、"硕士研究生"的受教育年限为19年、"博士研究生"的受教育年限为22年，根据第七次全国人口普查数据计算，城镇劳动年龄人口的平均受教育年限在20~24岁这个年龄段达到最高水平，为13.5年，随后便随着年龄的提高而逐年下降，到50~59岁这个年龄段降低到9.6年，到60~64岁这个年龄段则进一步降低到9.1年。

如果以劳动者终身接受教育的年限作为其工作技能和就业适应能力的代理指标，年龄偏大的劳动者在城镇劳动力市场上的确具有一定的脆弱性，是失业、下岗、退出劳动力市场或提前退休的易感人群。同样根据人口普查数据可见，分年龄的城镇就业率（即就业人员占同一年龄组人口的比例），在20~24岁为49.8%，在30~44岁达到最高水平，其中在35~39岁高达82.3%。

然而，就业率从 45 岁起就开始逐年降低，例如，在 50~54 岁降低到 64.4%，其中女性降低到 45.7%。而在 60~64 岁只有 20.5%，女性更低至 13.3%。

实际上，老龄化的一个重要原因源自一个积极的变化，即人口预期寿命的大幅度提高。2021 年，我国人均预期寿命已达 78.2 岁，健康预期寿命也显著提高。根据世界卫生组织的数据，2019 年中国 60 岁人口的预期寿命为 21.1 年，60 岁人口的健康预期寿命也达 15.9 年。可见，劳动者工作更长时间的健康条件已经具备，延迟法定退休年龄既可以增加劳动收入、扩大家庭消费，也可以增加劳动力供给、扩大社会总需求。万事俱备，只欠东风。真正延迟法定退休年龄并达到上述目标，提高大龄劳动者的劳动参与率是前提条件，延迟法定退休年龄则是结果。创造前提条件才能得到预期的结果。

延迟法定退休年龄的渐进式路径

延迟法定退休年龄是必由之路。与此同时，也要考虑直接当事人（即大龄劳动者）面临的困难，保障他们的利益。打破这个两难的关键是把提高实际劳动参与率作为直接目标，并依据这方面的进展程度，制定和更新渐进式延迟法定退休年龄的推进时间表。具体来说，从兼顾提高大龄劳动者的就业能力、增强就业保障和提升养老金体系的可持续性三个目标出发，在整个推进过程中保持激励相容，需要各方面政策的综合配套，体现对大龄劳动者的社会保护、公共扶助和物质激励，解除他们延长就业年限的后顾之忧。

首先，完善和严格执行相应的劳动法规，杜绝在劳动力雇用和使用中的年龄歧视行为。建议修改"就业促进法"，把保障大龄劳动者的平等就业权利、消除就业中的年龄歧视，以及公共就业服务向大龄劳动者倾斜、建立更加年龄友好型公共就业服务体系的内容，更明确地变成法律条文。同时通过严格执法，真正消除劳动力市场的年龄歧视，保护大龄劳动者的合法权益。

其次，把大龄劳动者群体作为公共就业服务的帮扶重点，有针对性地进行职业培训，提高他们继续就业的技能，以及面对就业结构变化的劳动力市场适应能力。在技术结构和产业结构瞬息万变的高质量发展中，职业类型和就业岗位也处于不断变化之中。针对大龄劳动者，一方面，对这个群体的职业培训要特别加强，使其技能尽可能跟上这种变化；另一方面，用人单位应该根据大龄就业者的特点，酌情调整岗位类型，使其从事相对稳定的工作，尽其所长。

再次，失业保险和最低生活保障等社会保障体系托底，确保延迟退休人员在面对就业冲击时，基本生活得到有效保障。实际中运行的此类社会保护制度仍有提高保障水平的潜力。例如，失业保险应该遵循现收现付制，不必要且不应该形成显著数量的结余。然而，失业保险累计结余与支出的比率 2018 年高达 6.4，即使在就业受到严重冲击的 2021 年仍然为 2.2。形成大额累计结余的原因显然是未能做到应保尽保。2018 年与 2022 年相比，与是否领取失业保险无关的城镇调查失业率的全年平均水平从 4.9%提高到 5.6%，然而与领取失业保险直接相关的城镇登记失业率仅仅从 3.8%提高到 4.0%。充分利用现行社会保护制度做到应保尽保，自然可以显著消除大龄劳动者的就业不安全感。

最后，养老金设计要让大龄劳动者既有压力——自觉自愿延长工作年限，又有激励——使其能够从延迟退休的选择中获得更高的收入。既然延迟法定退休年龄是一项利国利民的公共政策改革，对改革收益进行分享既在情理之中，它不是零和博弈。从制度设计上，要求以预期的改革红利为物质基础，做到让延迟退休者从劳动参与率的提高中获益，形成一个工作年限越长，不仅获得更多的劳动收入，也获得更多的养老保险给付的预期。这样，改革的推进就可以实现激励相容。

抓住健全社会保障体系的窗口期

党的十八大以来，中国建成了世界上规模最大的社会保障体系，保障水平和覆盖率都有很大的提升。党的二十大进一步强调：健全覆盖全民、统筹城乡、公平统一、安全规范、可持续的多层次社会保障体系，特别提出了到2035年基本公共服务实现均等化的要求。从现在开始到基本实现现代化的目标年——2035年，是健全社会保障体系的关键窗口期，也就是说，推进这项任务目标的完成，对于今后十来年具有突出的必要性、紧迫性和可行性。

增进民生福祉和提高人民生活品质

作为基本实现现代化的目标要求，增进民生福祉和提高人民生活品质的根本出发点是以人民为中心的发展思想，体现在物质文明和精神文明两个方面。我国发展的总体目标是在 2035 年人均国内生产总值达到中等发达国家水平，也就是说进入高收入国家中间组的行列。根据我们的估算，这个目标相当于按照不变价和不变汇率计算的人均国内生产总值达到 23 000 美元。要达到这个目标，需要在这期间确保人均国内生产总值年均增长率保持在合理区间，譬如 4.5%~4.8%。

党的二十大报告还要求，居民收入增长和经济增长基本同步，这意味着人均可支配收入的增长也要达到与人均国内生产总值大体相当的速度。与此同时，还需要改善收入分配，缩小现存的各种收入差距，着力于提高基本公共服务均等化水平，完善社会保障体系。通过这些努力，力争在 2035 年之前把人均可支配收入的基尼系数降低到 0.4 的水平，甚至更低。

上述任务需要通过初次分配和再分配两个领域共同推动。在初次分配领域，相应的目标是通过提高居民收入在国民收入分配中的比重，以及劳动报酬在初次分配中的比重，扩大中等收入群体的规模和比重，整体提高居民收入从而增强购买能力，改善生活品质。同时，人民生活品质改善的很大一部分，越来越依靠包括社会保障在内的各种基本公共服务供给水平和均等化水平，这是再分配领域的任务。可以说，基本实现现代化、成为中等发达国家的一个重要标志，就是在坚持尽力而为、量力而行原则的前提下，社会保障体系的完善程度。所以，这个方面的进展也应该成为基本实现现代化的一项评估标准，同时作为共同富裕水平的重要展示。

激发居民消费的经济增长效应

随着经济发展阶段的变化，实现高质量发展和转变发展方式的要求，促使我国需求组成部分对增长的效应也发生了变化。新冠大流行前，在"三驾马车"中，净出口对增长的贡献已经大幅降低，而居民消费对国内生产总值增长的贡献率已经超过投资。2015—2019 年，国内生产总值年均增长率为 6.6%，其中居民消费和投资的各年份贡献率的算术平均值分别为 3.0 个百分点和 2.4 个百分点。随着人口转入负增长，我国也进入了老龄社会。在对社会保障及照护等社会化服务提出更高需求的同时，经济保持合理增速也面临新的挑战，即居民消费对经济增长的制约越来越突出。

具体来说，在人口发展新常态下，有以下四个抑制消费的因素。第一，疫情冲击效应。一般而言，宏观经济学称之为"磁滞效应"，即新冠大流行期间，高失业率导致家庭收入减少、消费疲弱，进而影响经济复苏效果。第二，收入效应及分配效应。经济增长长期下行导致就业扩大幅度缩小，居民收入增长减速不利于人均消费增长。由于不同收入组人口的消费倾向不尽相同，较大收入差距会进一步抑制消费。第三，人口负增长效应。消费增长取决于人口增长和人均消费水平提高，一旦消费者人数出现了绝对的减少，在收入增长减慢的情况下，人均消费难以保持原来的增速，对消费增长也显独木难支。第四，老龄化效应。不仅老年人消费能力和意愿均低，就业人口也面临"现收现付悖论"，即肩负养老保险缴费、家中老人赡养及预防性储蓄三重负担，消费相应受到约束。

可见，健全完善覆盖全民、全生命周期的社会保障体系，不仅是增进人民福祉的标志性目标，同时也通过消除经济增长的需求制约，成为中国式现代化的必要推进手段。居民消费水平及其增长受到消费能力和消费意愿的影响，两者既面临初次分配领域的改革任务，也对再分配领域的制度建设提出日益紧迫的需求。

完善社会保障的方向和路径

完善社会保障体系的方向是实现全民、全生命周期的充分覆盖，从广义来说，体现在"七有"等基本公共服务供给上面。这要求加大再分配力度、提高政府社会性支出的比重。跨国数据表明，在人均国内生产总值从 10 000 美元向 23 000 美元迈进的区间，是政府社会性支出占国内生产总值的比重提高最快的时期，是一个社会保障体系建设的加速期。这样一个人均收入跨越幅度，也恰好是我国到 2035 年成为中等发达国家的阶段性任务。这期间，我国经济将实现 4.8% 左右的增长，高于大多数处在这个阶段的国家，因此，显著提高政府社会性支出比重完全符合尽力而为与量力而行相统一的原则。

完善社会保障体系的路径，应该从实现基本公共服务的均等化切入。一方面，这个路径具有显著的现实针对性。目前，社会保障水平在城乡之间、地区之间、部门乃至人群之间仍然存在较大的差别。例如，城镇职工养老保险与城乡居民养老保险在给付水平上差距巨大。另一方面，推进社会保障的均等化既符合共同富裕的公平正义要求，也符合财政资金边际效用最大化的效率原则。因此，从均等化入手逐步提高保障水平、完善保障体系，既有必要性也具可行性。

推进这个过程的突破口在于关键领域的体制改革、政策调整和制度建设。例如，与完善社会保障体系的方向和路径相统一，户籍制度改革就是一个重要的突破口，预期可以取得明显的纲举目张之效，以及微观收益和宏观收益相统一的效果。一方面，户籍制度改革的目的之一是促进社会保障的均等化；另一方面，更加均等的社会保障和基本公共服务供给，也是户籍制度改革推进的一个有利条件。可见，两个目标可以有效实现相互衔接、相互支撑和同步推进。

社会保障的与时俱进：理念、范式和政策工具

经济发展要做到公平与效率的有机统一，需要通过初次分配和再分配两个领域的制度安排才能达到。在初次分配领域，劳动者和其他要素所有者以个体方式从事经济活动，获得各自的要素报酬，实现要素的再生产和生活水平的提高。在再分配领域，为了弥补初次分配的不足，政府主导基本公共产品供给，增进人民福祉和幸福感。相应的公共政策、服务项目和制度体系构成一个幅度相当大的系统，包括社会救助、社会保障、社会福利等公共服务体系。即便在形成体系的基础上，制度变迁仍然需要持续不断地进行。受到意识形态、发展阶段、全球和本地挑战的影响，这个变化既可能是前行的，也常常是逆转性的，因而既可能开花结果，也可能尽显枯枝败叶。从世界范围来看，两种截然不同的

现象不乏其例，相应的经验和教训也层出不穷。

在改革开放时期，我国经济增长、产业变革和社会流动过程中，再分配领域的各种转移支付项目从无到有、由小变大、由局部到全面，对保障和改善民生做出了重要贡献。这个历程表现为因应改革开放发展的内在要求，保障水平不断提高，保障范围不断扩大。按照先后次序来看，包括：在企业改革中逐步实现了职工内部福利的社会化；在实施积极就业政策的同时，建立健全各项社会保障制度；推进社会保障的城乡统筹和城乡、区域均等化；以"七有"的范围，全面界定基本公共服务要求和标准，迄今已经形成世界上规模最大的基本公共服务供给体系。可以说，我国之所以创造出经济快速发展和社会长期稳定两大奇迹，初次分配和再分配的贡献缺一不可。

我国已经进入全面建成社会主义现代化强国的新征程，党的二十大报告提出，到2035年中国发展的目标是人均国内生产总值达到中等发达国家水平，人的全面发展、全体人民共同富裕取得更明显的实质性进展。[①] 这意味着延续经济发展和社会稳定的两个奇迹，需要同时得到经济领域高质量发展和社会领域民生改善的支撑。本节从社会保障理念、范式和政策工具如何与时俱进这一命题出发，阐释来自全球范围和中国本土的各种新问题及其背后的理论挑战、相应理论问题的政策含义，以及如何把理念和范式变化转变为政策与实践。具体来说，本节的分析将围绕以下方

---

① 习近平. 高举中国特色社会主义伟大旗帜　为全面建设社会主义现代化国家而团结奋斗——在中国共产党第二十次全国代表大会上的报告[M]. 北京：人民出版社，2022.

面展开：其一，一系列新情况的出现如何对社会保障的识别机制及其必要性提出挑战；其二，尽力而为和量力而行的统一性和动态性呈现怎样的新特征；其三，如何顺应公共品边界的变化规律，推进福利国家建设。最后，我们将归纳政策含义，提出政策建议。

我们还能够精准识别社会保障的对象吗

对于社会保障这种拥有悠久历史的制度安排，始终存在实践中的难点，以及由此产生的理论难题。概括而言，这方面存在一个旷日持久的悖论，我称其为"穆勒难题"。① 英国经济学家约翰·穆勒认为实施公共性救济政策产生的效应具有双重性，一方面是救济本身产生的有益效果，另一方面是对这种救济政策产生依赖性的不利效果。就对这两种效果的观察而言，穆勒发现往往出现弊大于利的情形。② 学者和决策者面临的这种问题微妙且重要，以致在要不要救助及在何种程度上进行救助的问题上，始终处于两难困境并延续至今。

社会救助乃至社会保障既必要又可能产生依赖，这种性质表明副作用的存在常常导致对真正疗效的质疑，似乎构成一种决策者永远无法摆脱的"分寸抉择"。与之相伴的一种现象是，在早期实行救助制度的国家，对救助对象采取了"污名化"的态度，并且这种态度也反映在救助的具体做法上。例如，在17—19世

---

① 蔡昉. 成长的烦恼：中国迈向现代化进程中的挑战及应对 [M]. 北京：中国社会科学出版社，2021.
② 约翰·穆勒. 政治经济学原理及其在社会哲学上的若干应用 [M]. 北京：商务印书馆，1991.

纪逐步成形的英国《济贫法》，以及19世纪的德国"铁血首相"俾斯麦统治时代建立的社会保障制度，都把救济对象视为"不正常的社会群体"，实施的是惩戒式的救助。从这个意义上说，那些法律和制度都算不上现代福利国家的起源。20世纪30年代，瑞典为了应对人口增长停滞的危机，在社会福利问题上进行了理念和范式的革命：在目标上，实现了从医治社会弊端向防止这些弊端发生的转变；在职能上，从事后治疗型向事前预防型转变；在体系构造上，从出于公平正义和慈善的应对手段，转向对全民进行全面保障的制度构建。① 自此现代福利国家才诞生。

"穆勒难题"在后来的实践中进一步演变为"识别难题"，即一个人或一个家庭究竟是不是需要保障和救助的对象，常常成为难以识别和判断的事情。诚然，并非所有的"识别"都是那么不可行或者困难重重，例如，对年龄的识别通常不成问题，因此，养老保障通常只需确定一个法定退休年龄即可掌握。只是那些与状况调查相关的社会保障项目，比如最低生活保障、各种救助性的补贴项目乃至失业保险，变得越来越难以执行，也越来越让有些人感到这种识别机制不再必要。可以说，在当今的世界，"穆勒难题"愈演愈烈，以致物极必反，传统社会保障的范式与模式受到挑战。

换句话说，当人工智能技术最终能够在所有岗位上替代人类时，社会保障模式便会出现这种情况：越来越无法识别一个人是不是"懒汉"。技术进步对于就业的影响，从工业革命开始就是

---

① 蔡昉. 缪尔达尔的人口学与马寅初的财政学 [J]. 经济思想史学刊, 2023(4).

社会的焦点和研究的关注点。不过，无论是从原因到结果，还是从本质到表象，这次是真的不一样了。有足够的证据表明，人工智能的突飞猛进不再是历史上反复出现的"技术性失业"幽灵，而是几乎可以从事所有职业的终结者。

至于在机器和人工智能大规模替代劳动者的情况下，被替代劳动者的出路问题，最可能的情形可以用以下两种特征事实予以概括。一是被"逆库兹涅茨化"。经济学家西蒙·库兹涅茨认为，经济结构变革是一个劳动力从低生产率部门向高生产率部门重新配置的过程，由此全社会劳动生产率得以提高。① 很自然地，如果劳动力按照相反的顺序重新配置，即劳动者失去以前的工作后，不得已进入暂时未被替代的行业和市场主体，即可称之为"逆库兹涅茨过程"。② 鉴于这些承接被替代劳动者的部门有共同的特点，即劳动生产率和工资报酬都低于此前的岗位，所以一旦这种情况普遍化，则意味着越来越多的家庭收入无法以此前的速度增长，生活质量也相对降低。二是遭遇"鲍莫尔成本病"。这可以被视为前一情形的特例。经济学家威廉·鲍莫尔以表演艺术为例，指出一些行业和岗位的劳动生产率提高缓慢，然而消费的收入弹性却较大，因此，这些行业的较高成本可以为消费者所接受，从

---

① 西蒙·库兹涅茨. 各国的经济增长：总产值和生产结构 [M]. 常勋，等译. 北京：商务印书馆，1999.
② "逆库兹涅茨过程"和"逆库兹涅茨化"等概念或表述均是已故经济学家青木昌彦提出的。Aoki Masahiko. The Five Phases of Economic Development and Institutional Evolution in China, Japan, and Korea. in Aoki Masahiko, Timur Kuran, Gérard Roland (eds.). Institutions and Comparative Economic Development[M]. Basingstoke: Palgrave Macmillan, 2012: 13-47.

而也可以提供一些劳动报酬不低于社会平均水平的岗位。[①]一则并没有那么多的此类行业，二则失业者难得具备所需的技能，所以具有"鲍莫尔成本病"性质的部门并不能吸纳很多被新技术替代的劳动者。

一般而言，具有"逆库兹涅茨化"和"鲍莫尔成本病"特征的部门都是以容忍较低生产率为代价吸纳劳动力的领域，显然都不符合技术进步的初衷，所以这两类出路既不充分也不必要。伴随着技术进步和产业结构升级，我国城镇就业也发生了一些新的变化，既与一般发展经验相互印证，因而也同上述理论路径有一定程度的吻合。我们可以用图5-8来展示这个趋势：一方面，以净增岗位数与毛增岗位数之差表达的不完全统计就业损失数量[②]近年来呈现扩大的趋势；另一方面，在全部城镇就业中，符合正规就业特征的单位就业所占比重趋于降低。这可以十分近似地反映劳动力向较低生产率部门配置的趋势。在技术发生革命性跃迁的时刻，在一定时期内，我们仍然需要这些生产率较低的部门及其岗位。高质量就业虽然通常伴随着更高的劳动生产率，但是低生产率部门的岗位并不必然是低质量的。确保所有类型岗位的质量不断提高，可以通过加强劳动力市场制度建设、扩大基本公共服务供给范围，以及托底保障的制度安排（即更加普惠的社会保障体系）予以实现。

---

① James Heilbrun. Baumol's Cost Disease. in Towse, Ruth (ed.). Handbook of Cultural Economics (2nd edition) [M]. Cheltenham: Edward Elgar Publishing Limited, 2011: 67-75.
② 净增岗位数表现为官方统计中"城镇就业人员"的年度增量，毛增岗位数则表现为官方报告的年度"新增城镇就业数"。蔡昉. 解析中国城镇就业的结构性矛盾 [J]. 比较，2024(4).

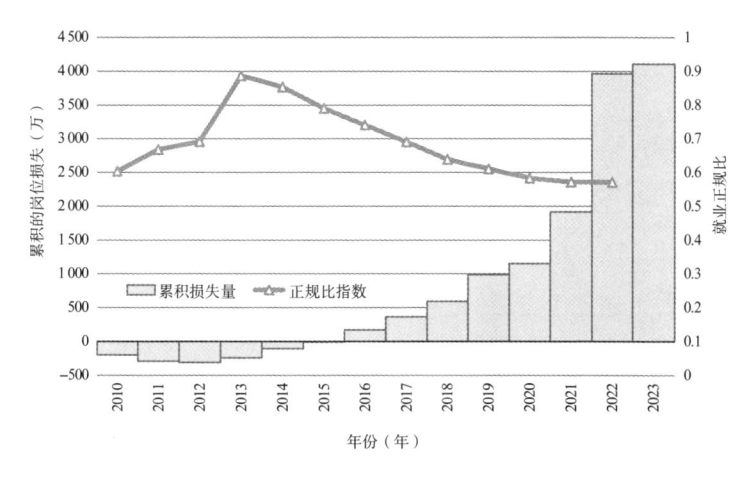

图 5-8 城镇就业的累积损失和正规化指数

资料来源：净增岗位数、单位就业数和非单位就业数均来自国家统计局"国家数据"，https://data.stats.gov.cn/easyquery.htm?cn=C01；毛增岗位数来自历年《政府工作报告》或统计公报。

注：累积损失量以 2010 年为初始年份，是岗位损失数（即净增岗位数与毛增岗位数之差）的年度累计值；正规比是单位就业数与非单位就业数之比。

由此，一个相关的问题浮出水面：社会保障水平的提高是否降低就业意愿？劳动经济学的传统观念是，过于慷慨的社会保障倾向于降低人们的就业意愿，导致劳动参与率下降，进而社会整体的生产性降低。为了避免这种情形，以往的思路是在微观上以宁严勿宽的原则确定受益人资格，在宏观上以宁低勿高的原则确定保障水平。在我国经济社会发展水平显著提高，同时遇到人工智能技术创造性破坏严峻挑战的情况下，如果不能超越"穆勒难题"的框架，则会遭遇更大的甚至更难破解的难题。为此，关于社会保障与工作激励的关系，在理念、范式和政策工具上需要做出如下改变：首先，鉴于最新技术进步使得准确识别就业意愿越来越难，应该放弃以"资格识别"的形式规范人们行为的企图；其次，鉴于社会保障本来就应该用来保障基本的和（越来越）体面的生活，符合社会必要生活品质的标准，所以必然越来越与"从严""从低"的把握原则不相适应；最后，彻底消除社会保障受益人确定过程中的惩罚性，强化社会保障的预防性和赋权职能，按照福利国家的思路强化零次分配或预分配，可以填补一次分配、再分配和三次分配留下的制度空缺。

随着上述几个方面的需要越来越迫切，以实践效果修正主流理念的条件，以及从理论向政策转换的条件均日臻成熟，一个值得预期的实践结果就应该是社会保障向普惠型和普世性演变。总体来说，保障水平日益提高和受益覆盖日益广泛的社会保障制度并不降低人们的就业意愿，反而能够为体面就业和高质量就业保驾护航。例如，在存在完善的失业保险制度的条件下，劳动者一旦失业，更可能面临两种或相继或并存的选择：领取失业保险和体面地再就业。如果没有充分的社会保障，失业者的出路可能是以下几种：一是长期失业，同时社会保障不足以使其享有社会必要的生活品质；二是从事非正规（再）就业或从事退而求其"次"的岗位，劳动报酬、就业稳定性和社会保障等都会降低；三是不得已退出劳动力市场，成为劳动经济学中所谓的"沮丧的劳动者"，或处于中国社会所谓的"躺平"状态。所有这些选择都意味着人力资源的浪费，还会导致社会流动性的弱化，既损失效率也未能完好体现公平。

尽力而为和量力而行的统一性和动态性

在高质量发展中保障和改善民生，既是当务之急又是长期愿景，需要遵循发展和分享的辩证法，坚持尽力而为与量力而行相统一的原则。从理论、经验和教训等角度理解，尽力而为与量力而行相统一，应该着眼于两者的对立统一辩证关系，而不应将其理解为机械的公式。在坚持以人民为中心发展思想的前提下，不断增进人民福祉和提高生活品质与充分考虑发展阶段特征之间具有一种动态平衡的关系，应该创造性地把握这种关系的统一性和动态性。

从统一性来看，这个原则可以理解为一种尽力和量力（或努力和能力）之间的恒等关系：一方面，任何一方都不可长期地超前或滞后；另一方面，两者始终具有相同的运动方向，即随着经济发展水平的提高而具有共同的加强趋势。随着人均收入（如人均国内生产总值）的提高，人们对社会保障和公共福利等政府公共事务的需求不断扩大，因此，政府支出（特别是社会性支出）占国内生产总值的比重显现提高的趋势。[①] 从这个意义上说，尽力而为和量力而行具有共同向上的运动方向，因而也具有互相促进的关系，而不是非此即彼或此消彼长的零和博弈。不过，这个趋势还只是长期过程中表现出来的"发展效应"。统一性的另一面表现在更为普惠的社会保障，通过人力资本的培养从而创造性地增强，可以从产出的角度形成"分母效应"。这样的话，关于社会保障可持续性的讨论，从根本上可以随着此类制度安排的生产性日益增强而逐渐得到解决。

从经济学的角度，这种辩证关系始终反映在如何在生产率的提高与分享之间取得合理平衡的命题之中。凯恩斯在 1930 年发表的《我们孙辈的经济可能性》一文中，预测生产率将经历一个

---

① Magnus Henrekson. Wagner's Law—A Spurious Relationship? [J]. Public Finance/Finances Publiques, 1993, 48(2): 406-415.

极大的提高，以致困扰人类的经济问题将在一百年后得到解决。①最新的研究表明，凯恩斯对生产率提高幅度的预测同迄今为止的现实可以说相差无几。②他也预见到，在生产率提高的过程中，社会将始终伴随着成长中的烦恼和调整中的痛楚，能否找到出路的核心是如何分享生产率提高的成果。《我们孙辈的经济可能性》的直接启示在于，我们已经到了更加注重生产率分享的时刻。

还要看到，尽力而为和量力而行的关系是持续变化的，而不是匀质、静态或一成不变的。一方面，在社会保障的不同领域间也好，在作为受益人的不同人口群体间也好，保障水平和覆盖水平的不平衡性已经成为一种常态和现状，如果一味锱铢必较地维护既有的静态平衡，不均衡便永远无法打破。因此，着力解决不平衡问题，把握社会保障不断完善的节奏和力度，应该以问题的严重性和紧迫性为依据，而不应该受静态的财政能力约束。另一方面，反映这种相对关系的事物变化并不是匀速的。例如，在瓦格纳法则发挥作用的前提下，随着人均收入增长，政府支出占国内生产总值的比重的提高速度在不同时期不尽相同。研究表明，预计中国在从现在到 2035 年成为中等发达国家的过程中，恰好处于"瓦格纳加速期"；按照规律，政府再分配力度和社会保障支出将显著加大。也有研究以中国经验对此现象做出描述，即随着刘易斯拐点的到来，劳动力无限供给特征趋于消失，就业的总

---

① John Maynard Keynes. Economic Possibilities for Our Grandchildren. in John Maynard Keynes. Essays in Persuasion[M]. London: Palgrave Macmillan, 2010: 321-332.

② Kristalina Georgieva, The Economic Possibilities For My Grandchildren, International Monetary Fund. https://www.imf.org/en/News/Articles/2024/03/08/sp031424-kings-college-cambridge-kristalina-georgieva.

量性矛盾逐步让位于结构性矛盾,内在地要求政府主导的再分配力度明显加大,也确实表现为社会领域支出的更快增长,进而取得收入分配格局改善、社会保障水平提高和其他基本公共服务供给增强的效果。① 这种变化规律的政策含义是,鉴于社会保障领域的多样性和异质性,应对性质不同的挑战需要运用不同的政策工具,也需要具有差异性的政策举措和力度。

首先,社会保障是一个包括诸多项目和领域的体系,不同的社会保障项目具有独特的性质,形成的基础和发育的程度也不尽相同,因此,现状也表现得千差万别,有的已经相对完善,有的距离完善还有较长的路要走。既然现实往往处在不均衡的状态,从堵点入手打破瓶颈的努力也可以具有不平衡的特点。从现实需要来看,只要存在妨碍人民福祉改善的阻塞点,旨在补短板的超常规举措就不能同超越发展阶段的做法相提并论。从制度建设来看,只要存在现实的制度缺口,因应制度需求做出的努力和实施的手段均应视为实事求是的做法。不仅如此,以不平衡的手段恢复平衡的过程还会创造出资源重新配置效率,因而可以产生公平与效率相一致的双赢结果。

其次,不同的社会群体具有不同的人口特征和社会状况,提出差异性的社会保障要求。例如,儿童和老年人天然地比劳动年龄人口更脆弱,在城镇就业但尚未落户的农民工也处于比城镇户

---

① Fang Cai. The Hukou Reform and Unification of Rural-Urban Social Welfare. in Law and Economics with Chinese Characteristics: Institutions for Promoting Development in the Twenty-First Century[M]. edited by David Kennedy and Joseph Stiglitz. Oxford, United Kingdom: Oxford University Press, 2013: 441-454.

籍劳动者相对不利的劳动力市场地位。此外，社会保障的内容本身也有不尽相同的基准和优先序，有些更接近于锦上添花，有些属于雪中送炭，有些则是生死攸关，因此需要以非均衡的方式分别对待和娴熟把握。一般而言，经济社会事业的进步都是通过针对不均衡现状的调整，在走向均衡的过程中实现的。社会保障的日臻完善，无疑也是这样一个既与时俱进又蹄疾步稳的过程。

在创造性地应对这些非均衡事务及情形时，应该把三个重要原理结合起来并形成应用准则。第一，按照阿马蒂亚·森的行为能力方法，社会保障项目应该像发展本身一样，着眼于拓展人们获得行为能力从而享有真实自由的机会。[①] 鉴于这种行为能力既是建构性的又是实证性的，借助包括社会保障在内的制度安排增强行为能力和扩大自由，既是应有的社会承诺，也是对个人责任的认同。第二，按照约翰·罗尔斯从哲学层面提出的社会公正原则，社会保障水平和覆盖面的设定应该以社会中最脆弱群体的基本需求为基准。[②] 从人口结构的角度来看，儿童和老年人的保护和福祉无疑应该成为社会保障制度福利水平的确立基准。第三，根据詹姆斯·赫克曼实证得出的不同阶段教育回报率曲线，或人力资本投资回报率排序，着眼于教育和健康的儿童发展项目并不是一种非生产性的投资，而是给社会带来巨大收益的投资。例如，实证研究表明，人力资本投资的回报率从高到低的排列顺序分别为孕期的产前项目、0~3岁早期儿童发展项目、4~5岁学前教育、小学教

---

① 阿马蒂亚·森. 以自由看待发展[M]. 任赜, 于真, 译. 北京: 中国人民大学出版社, 2002.

② Elizabeth A Stanton. The Human Development Index: A History[R]. PERI Working Paper Series, No. 127, 2007.

育、中学教育、大学教育，以及毕业后的职业培训。①并且，越是早期的教育和健康发展项目，社会收益在投资回报中的比重越高。

我国在世界人口中的数量显著性也体现在儿童和老年人的规模上。例如，根据世界银行的数据，2022年，我国65岁及以上人口在全球占比高达24.9%，远远高于其他国家。虽然已经出现少子化倾向，我国儿童总量仍然是巨大的，2022年，我国14岁及以下儿童的全球占比为12.1%，仅排在印度之后。鉴于人口年龄分布与就业年龄结构不尽对称（见图5-9），在我国已经进入老龄社会的情况下，无论是从挖掘人口红利潜力、积极开发人才红利的目标出发，还是从保护好弱势群体的要求出发，各种社会保障项目、公共就业扶助、基本养老服务，以及促进儿童（早期）发展方面的一系列制度安排都需要加强，同时更加注重向"一老一小"人群倾斜。

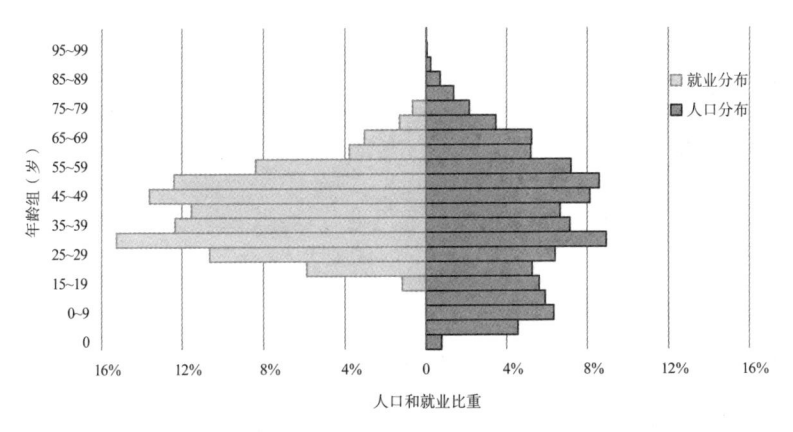

图 5-9　人口和就业的年龄分布（2020 年）

资料来源：国务院第七次全国人口普查领导小组办公室编，《中国人口普查年鉴（2020）》，https://www.stats.gov.cn/sj/pcsj/rkpc/7rp/indexch.htm。
注：在75~79岁年龄组上显示的就业比重数字是75岁及以上全部就业人口的比重。

---

① 参见詹姆斯·赫克曼的项目网站 www.heckmanequation.org。

对于实施积极应对人口老龄化的国家战略，上述基准具有突出的政策含义和实践启示。在人口年龄结构有利于经济增长的时期，老年人口抚养比低是人口红利存在的一个重要标志，因而老年人口抚养比的大幅度提高是人口红利消失的典型标志。2022年，老年人口抚养比高达21.8%，比1990年、2000年和2010年分别提高了162.7%、120.2%和83.2%。这意味着人口红利明显弱化，现实中的表现是劳动力短缺和人口赡养负担加重。既然人口转变趋势不会在短期内发生逆转，那么延续人口红利的期望目标显然不会通过老年人口抚养比的下降达到。通过推进社会保障制度向更加广义和普惠的方向转型，为老年人提供更好、更充分的公共服务，我们可以重新定义人口红利。换句话说，通过促进老年人身体健康和大龄劳动者竞争力，以及消除老年人消费的后顾之忧，老龄社会与合理经济增长速度可以实现相容。

政策工具的使用：避免画地为牢和喧宾夺主

随着人们对宏观经济政策及其他各类政策实施成败得失的认识加深，社会保障手段出现了逐渐被纳入宏观经济政策工具箱的趋势。受凯恩斯经济思想影响形成的宏观经济学，以及以此为理论基础形成的宏观经济政策工具，主要表现为借助货币政策和财政政策进行需求管理，即通过刺激或抑制社会总需求熨平经济周期，促使经济回归到不存在通货膨胀的充分就业水平。一般来说，失业由周期性因素和结构性因素造成。[①] 在经济增长遭遇需求侧

---

① 为简洁起见，我们暂且把第三种因素，即导致摩擦性失业的原因，近似地看作与导致结构性失业的原因相同。

冲击，因而周期性因素推动失业率上升的情况下，通过货币政策工具创造宽松的货币供给环境，以及通过财政政策刺激投资和消费，预期可以把失业率降低到仅有结构性失业的水平，于是宏观经济回归充分就业状态。这里的宏观经济政策都属于需求管理类型的政策，其中不乏通过各类社会保障项目进行的转移支付。

然而，在就业的结构性矛盾比较突出的情况下，治理失业并不应限于周期性失业部分，也应该着力降低结构性失业率。相应地，宏观经济政策工具箱则要在需求管理手段之外，添加那些针对自然失业现象的结构性手段。早在1986年，诺贝尔经济学奖获得者詹姆斯·托宾就针对美国"就业法"的实施历程表达过这样的意思，即以就业为目标之一的宏观经济政策会因不同的理念引领而具有大相径庭的偏向。例如，在20世纪80年代以后，在如今所称的新自由主义经济学理念影响下，经济政策就产生了忽略结构性失业问题的倾向。由于对结构性失业来说，宏观经济的需求管理手段通常是无能为力的，所以旨在从公共就业服务、劳动力市场制度及相关规制等领域着眼，解决劳动力市场运行障碍的手段应该成为宏观经济政策的常备工具。[①] 换句话说，宏观经济政策的制定既要以"菲利普斯曲线"（即失业率与通货膨胀率之间的权衡取舍关系）为依据，动用工具箱中影响宏观经济景气的手段，实施反周期政策，也要以贝弗里奇曲线（即岗位空缺率与失业率之间的权衡取舍关系）为依据，动用工具箱中影响劳动力市场效率的手段，解决结构性矛盾。两类政策手段的综合运用，

---

① 詹姆斯·托宾. 通向繁荣的政策——凯恩斯主义论文集[M]. 何宝玉，译. 北京：经济科学出版社，1997：29-47.

可以使我们在不付出通货膨胀代价的前提下，看到宏观经济回归更理想的充分就业状态。①

传统观念通常来自并维系于传统的思维方式。在经济学及经济政策的讨论中，这表现为一种偏简单的思维定式，即用二分法来概括理论出发点和政策取向上的分歧。这导致无穷无尽的权衡取舍，如近期目标与长期可持续性、行动意愿与现实可能性、积极进取与底线思维等。对于治理失业的宏观经济政策理念和实践，类似的二分法表现在以"积极的劳动力市场政策"为主，还是以"消极的劳动力市场政策"为主，这两种政策主张间的对峙。在这里，"积极"政策更注重通过提高劳动者的就业能力和扩大宏观经济的就业需求，增加就业数量和提高就业质量；"消极"政策则更注重通过社会保障的方式，对失业者和就业不足的群体予以托底保障，确保他们的基本生活。② 实际上，在促进就业和提供保障之间并不存在根本矛盾，当然也不应该形成任何程度显著的对立关系。

从社会保障事业的角度来看，破解这种传统二分法对政策思路的束缚，根本上要确立一切从人民福祉出发的目的论，并且在此基础上形成认识论和方法论。也就是说，一旦确立这个根本的目标，就不能再以任何似是而非的说辞，使手段与目标之间发生本末倒置的现象。就本节讨论的主题而言，既然促进就业和提供保障归根结底都是为了增进人民福祉，那么无论从政策目标的一

---

① 蔡昉. 解析中国城镇就业的结构性矛盾 [J]. 比较，2024(4).
② Gordon Betcherman, Amit Dar, Amy Luinstra, Makoto Ogawa. Active Labor Market Programs: Policy Issues for East Asia[R]. World Bank Social Protection Discussion Paper, No. 5, 2000.

致性来看，还是从政策手段的互补性来看，两者的关系都不是此消彼长的，而是缺一不可的。而且，这种不可或缺性并不仅仅表现为两者之间的互补和交叉，还表现为两者"你中有我、我中有你"的相互覆盖。

更进一步，随着时代的发展，为了以动态的方式把握就业与社会保障之间的平衡关系，也有必要把积极的劳动力市场政策中"积极"这一特征赋予社会保障制度。也就是说，伴随着保障对象、保障内容和受益资格趋于无条件化和无义务化，社会保障制度不再形成与就业之间的权衡取舍关系，反而可以达到积极劳动力市场政策本身求而不得的效果。[①] 例如，社会保障更加普惠化和普世化，可以减少不得已的低质量就业或劳动力市场退出，消除持续存在的人力资本缺口，从而增强失业者的再就业激励，并帮助劳动者在接受教育（培训）、参与劳动力市场、从事养育和照护等活动之间自主抉择和自由转换，从而不断趋向于行为能力的增强和自由的扩大。

不过，认识论中这种二分法的长期存在也产生了一项有用的副产品，从而具有积极的意义，即这种对峙促使各执一端的双方分别从某些方面细化了对问题的研究，甚至概括出一些有益的特征事实，有助于加深我们对相关问题的认识。结果是，一旦我们能够把对峙双方的政策结合运用，便可以最大化地发挥政策效力。我们可以把上述理念的讨论放到中国语境中，通过政策实施中的

---

① "全民基本收入"的倡导者提出"积极福利国家"的理念，并指出这种制度模式的优越性。其中很多政策讨论与我们这里的讨论不无相似之处，颇有借鉴意义。菲利普·范·帕里斯，杨尼克·范德波特. 全民基本收入：实现自由社会与健全经济的方案 [M]. 成福蕊，译. 桂林：广西师范大学出版社，2021：34-40.

实例进一步理解。

首先，以促进就业的政策思路治理失业本身，以及通过社会保障托底避免失业的后果，是达到保障和改善民生要求的两个不可或缺的方面。每个政策方面在分别履行自身职能的同时，也对另一方具有拾遗补阙的作用，只有两者之间实现了无缝衔接，民生才能得到充分的保障。例如，通过培训提高劳动者的就业能力，通过改善公共就业服务提高劳动力市场匹配程度，以及通过更好的兜底保障避免消费水平明显下降，都是保持社会总需求以恢复劳动力市场需求的政策作为，也是保障和改善民生目标的必要条件。2022 年，我国城镇登记失业人口为 1 203 万，按照当年城镇单位就业人员平均工资 11.4 万元计算，城镇失业造成全年损失的工资收入总额为 1.37 万亿元。这一年失业保险基金收入为 1 596 亿元，假设全部发放到登记失业者手中，每人可以获得 1.33 万元，相当于平均工资水平的 11.7%。这种情形虽然从补偿水平来看不尽充足，但是从覆盖水平看，可谓就业与保障之间做到了无缝衔接。

其次，就业政策和社会保障也应该是相辅相成的，通过消除现存的制度性障碍，两者能够共同构造一个完好社会的良性经济循环。例如，离开户籍所在乡镇的外出农民工数量 2023 年已经达到 1.77 亿，年末在城镇居住的进城农民工为 1.28 亿，我们可以取两个数字的平均值（即 1.53 亿）作为实际常住城镇的农民工人数。这个人口群体的收入水平已经接近城镇居民五等份中间组的平均水平，如果不存在特殊障碍的话，他们的消费水平应该接近于城镇平均水平。根据已有的研究，由于没有获得城镇户籍身份，享受到的社会保障水平显著低于城镇户籍居民，因而他们的消费意愿受到显著的抑制。[1] 因此，一旦这个群体成为城镇户籍人口，仅消费意愿的提高即可增加万亿元的消费总支出。[2] 这说明农民工市民化改革从而大幅扩大社会保障的覆盖面，不仅在供给侧产生增加劳动力供给的效果，还可以产生具有扩张性质的财政政策效果，同时把提高社会保障水平的制度建设向前推进一步。

再次，宏观经济政策的各组成部分不应该画地为牢和老死不相往来，政策工具箱越丰富越好，并且在运用上要善于在相互之间协同贯穿。例如，应对周期性失业的货币政策和财政政策，就其性质而言是数量调控，即通过扩大投资带动就业复苏。但是在很多情况下，譬如在经历新冠大流行冲击期间及此后，因失业、就业不充分或退出劳动力市场，有较大部分家庭的收入受损，消费能力和消费信心变得十分孱弱。正如托宾所指出的，结构性失业不对称地使一些脆弱群体陷入困境[3]，比如初入就业市场的年轻人通常遭遇更高的失业率。这要求形成一个完整的政策组合：一方面，以托底基本生活为目的实施最普惠的社会保障，稳定居民收入和消费；另一方面，实施一系列结构性改革，提高劳动力市场匹配水平和资源配置效率，降低对青年劳动者威胁最大的结构性失业率。

最后，不能忘记制度设计的初衷和政策配合的意图，也就是

---

[1] Margit Molnar, Thomas Chalaux, Qiang Ren. Urbanisation and Household Consumption in China[R]. OECD Economics Department Working Papers No.1434, 2017. 王美艳. 农民工消费潜力估计——以城市居民为参照系[J]. 宏观经济研究，2016(2)：3-18.

[2] 蔡昉. 户籍制度改革的效应、方向和路径[J]. 经济研究，2023(10).

[3] 詹姆斯·托宾. 通向繁荣的政策——凯恩斯主义论文集[M]. 何宝玉，译. 北京：经济科学出版社，1997：33.

说政策工具固然可以一器多能、心有旁骛，但是不应该走得过远以致越俎代庖。任何政策（特别是社会保障项目）归根结底是通过社会共济实施社会保护，不可违背的根本理念是不计代价地使保障措施最直接地施加于受益人。例如，失业保险金用于稳企援岗是对结余保险基金的创新性使用，也产生了一定的效果。但是，在劳动力市场受到严重冲击时，大笔的基金支出到了企业和培训机构手里，却没有更多地发放到失业者手里，这意味着政策目标的喧宾夺主。具体来看，与新冠大流行发生前的2019年相比，2022年失业保险基金收入增长了24.3%，基金支出更大幅度增长了51.4%，累计结余额相应减少了37.5%。然而，失业保险领取人数占城镇登记失业人数的比例仅仅提高了0.49个百分点（见图5-10），可谓微不足道。疫情期间，这种失业率高企，失业保险受益人数和比例却没显著提高的现象，使失业保险基金的稳企援岗功能犹如买椟还珠。

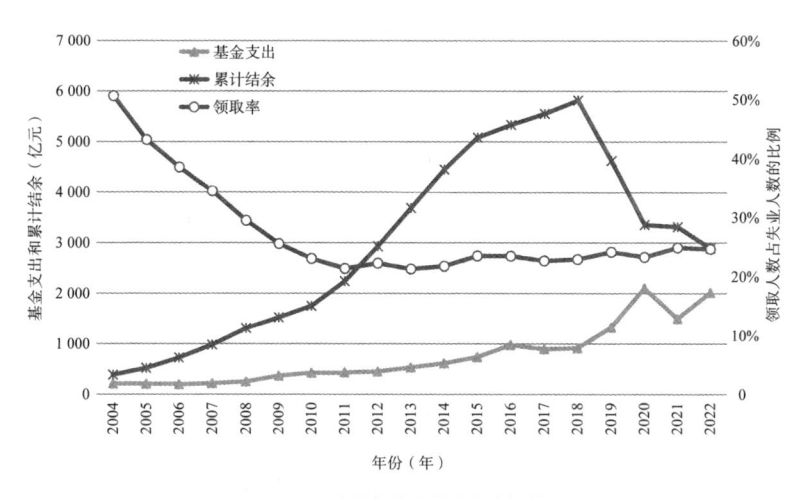

图5-10　失业保险金收支和发放情况

资料来源：国家统计局"国家数据"，https://data.stats.gov.cn/easyquery.htm?cn=C01。

顺应公共品边界变化规律进行制度建设

在经济学理论对国际发展经验的提炼过程中,研究者逐渐形成这样一个共识:私人产品与公共产品的边界通常随着时间的变化而改变,公共产品的相对份额及相对分量也随着经济发展水平的提高而提高。前述瓦格纳法则既是对这个发展现象进行的统计描述和一般性概括,也是将其作为一个特征事实做出的经验验证。以下分析将论证三个结论:(1)公共品边界的变化是发展的结果或历史的产物;(2)这种变化发生的时点和程度均受到意识形态和决策者理念的影响;(3)把健全基本公共服务体系纳入14亿多人口现代化的目标,是各国现代化的共同特征与中国国情相结合产生的必然要求。

美国经济学家肯尼思·加尔布雷思以对美国的分析为例,提出了一个作为发展阶段的概念——"富裕社会",并借此阐述了公共产品内涵和范围扩大的趋势性规律。[1] 他认为一个国家在摆脱长期贫困状态进入富裕社会后,在丰盈的社会财富和私人产出与匮乏的公共服务供给之间往往产生一个巨大的社会落差。特别是公共支出与私人投资之间的巨大不平衡,进而在生活质量的公共保障部分与私人保障部分之间存在明显的社会满足度差异。具体表现为就业不充分、收入增长缺乏保障、收入差距扩大、公共服务匮乏、环境恶化等社会失衡现象。加尔布雷思将其称为富裕社会的社会性贫困问题,认为需要政府以强有力的再分配手段,提供更多的公共产品和公共服务,才能很好地解决该问题。既然

---

[1] 约翰·肯尼思·加尔布雷思. 富裕社会[M]. 赵勇,周定瑛,舒小昀,译. 南京:江苏人民出版社,2009.

富裕社会的特征之一就是社会对公共品的需求不断扩大，那么校正在私人产品与公共产品之间的失衡，是一个国家为迈入富裕社会必须做好的准备。正如加尔布雷思所警告的，这种在富裕社会遭遇的公共品供给不足问题，以及可能导致的后果，在美国、英国、欧洲一些国家，乃至在一些发展中国家和新兴经济体都有所表现，可以说，这个论断得到了经济史的检验。

早在20世纪20年代末、30年代初，发达国家出现的人口增长停滞现象便引起凯恩斯等经济学家的高度警惕，并成为凯恩斯经济理论和需求管理政策最核心的依据。[①]可见，公共品边界外延或社会福利覆盖内涵的扩大，自然蕴含在凯恩斯主义的政策主张之中。在直接或间接影响下，瑞典以缪尔达尔夫妇推动的"母婴立法"为起点，英国以实施《贝弗里奇报告》这一福利计划为标志，美国以推动"罗斯福新政"为载体，欧美诸国在先后完成福利国家建设的过程中，大幅度地把公共品边界向外扩展。第二次世界大战后，许多工业化国家出现经济繁荣、社会流动性提高乃至婴儿潮，与此有着密切的因果关系。然而，从20世纪70年代开始逐渐成为主流的新自由主义经济学，推动了一个与此前相反的政策方向，缩减了公共品的边界和社会福利水平，在美英等国造成了严重的收入分配不平等，并由此导致社会分化和政治分裂。[②]此外，这种思潮还通过布雷顿森林体系国际组织，以"华盛顿共识"、结构性调整、财

---

① John Maynard Keynes. Some Economic Consequences of a Declining Population[J]. Population and Development Review, 1978, 4(3): 517-523.

② Henry Mance. Trump is What Neoliberalism Produces[N]. Financial Times, 2024-4-29.

政紧缩、私有化改革的形式，被输送到遭遇经济困境的转型国家、新兴经济体，甚至欧洲一些国家，伤害了这些国家的转型、发展和民生。①

党的二十大要求在发展中保障和改善民生，特别强调健全基本公共服务体系，提高公共服务水平，增强均衡性和可及性，扎实推进共同富裕。②这一部署与我国当前面临的相关挑战具有直接的对应性。也就是说，当我们谈到发展不平衡和不充分问题的时候，针对的典型现象之一常常是城乡居民享受的基本公共服务的内容、水平和均等化程度仍然不足。借鉴各国现代化的共同特征，基于自身实际需要补上这方面的短板，政策上应该积极推动公私产品边界的改变，显著提高现有就业、社会保障及更广泛的基本公共服务的整合度，总体方向则是基本公共服务供给领域的疆域不断向外拓展，与此同时，公共服务的深度和质量也相应提高。

按照这样的方向和原则，一项势在必行且具有可操作的任务，就是进一步整合已有社会福利的组成部分，把社会保障、社会共济、社会保护等职能更有效地统一起来，建成中国特色福利国家。迄今为止，中国社会福利体系的形成和完善，正是遵循了各个组成部分发展与逐渐一体化相结合的基本路径。如表 5-1 所示，我

---

① Joseph E Stiglitz. Globalization and Its Discontents[M]. New York and London: W. W. Norton & Company, 2003. Joseph E Stiglitz, Globalisation and Its New Discontents, http://www.straitstimes.com/opinion/globalisation-and-its-new-discontents, 2016.
② 习近平. 高举中国特色社会主义伟大旗帜　为全面建设社会主义现代化国家而团结奋斗——在中国共产党第二十次全国代表大会上的报告[M]. 北京：人民出版社，2022.

们一般所指的社会保障体系是由相应的社会保险和社会救助项目合并而成。进一步，按照"民有所呼，我有所应"的理念，以及尽力而为与量力而行相统一的原则，主要由"七有"所代表的更全面的基本公共服务保障的内容得到正式确定，构成了社会福利体系的范畴。此外，基本公共服务边界进一步拓展，旨在维护劳动者权益的各项制度，以及具有准公共品性质的社区和社会服务也被纳入，意味着所有相应的基本公共服务尽皆统一于中国特色福利国家整体框架之中。

表 5-1 中国特色福利国家的内涵和边界

社会福利体系			
社会保障体系			
社会保险项目	社会救助项目	全面的基本公共服务	劳动力市场制度等
基本养老保险、基本医疗保险、工伤保险、失业保险、生育保险，养老保险第二、三支柱	最低生活保障、特困人员供养、受灾人员救助、医疗救助、教育救助、住房救助、就业救助、临时救助	幼有所育、学有所教、劳有所得、病有所医、老有所养、住有所居、弱有所扶，优军服务保障、文体服务保障	劳动法规、劳动合同制度、最低工资制度、工资集体协商制度、劳动关系和纠纷仲裁制度，社区服务

关于社会保障体系向福利国家过渡的必要性，我们还可以结合我国的情况做进一步的阐释。无论是来自临近高收入门槛发展阶段的要求，还是作为人口老龄化、应对气候变化的绿色转型，以及生成式人工智能发展的后果，我国的经济社会发展及民生保障均面临十分严峻的挑战。任何旨在突破瓶颈的进一步发展都必须以充分托底的保障为前提。英国历史学家艾瑞克·霍布斯鲍姆很早就预言道，社会主义理念有助于为全球两大难题——生态危

机和收入分配恶化，提供有效的解决方案。① 从人民日益增长的社会保护和基本公共服务需求来说，社会保障体系需要升级到社会福利体系或福利国家的层面。虽然两个层次的体系都利用社会共济的方式，意欲达到社会保护和基本公共服务的目标，但是两者之间仍然存在覆盖范围、程度和方式的显著差异。

首先，两者的理论依据不尽相同，因而覆盖范围也不一样，社会福利范围必然大于社会保障范围。例如，在社会保障体系下，医疗保障主要涉及城镇职工医疗保险和城乡居民医疗保险，而在社会福利体系的范围内，满足"病有所医"的要求不仅靠医疗保险项目，还要靠医药体制和公共卫生政策予以保障，因此，以公益性为导向的公立医院改革、健全公共卫生体系，以及重大疫情防控救治体系等，也就成为题中应有之义。又如，具有普惠性质的保障性住房供给，整体上并不是社会保障的常规项目，而在"住有所居"的基本要求下，以公租房保障、城镇棚户区住房改造和农村危房改造等名目②，住房保障被纳入国家基本公共服务标准，成为社会福利体系的重要组成部分。

其次，两者的实施方式不尽相同，覆盖对象及范围也有很大的差异，社会福利体系具有更明显的普惠性、普世性。社会保障以保障内容为核心，以特定人群为对象，强调的是保障基本生活。与之相应，总体来说难以避免项目设置上的碎片化、服务

---

① Eric Hobsbawm. Lost Horizons[J]. New Statesman and Society, 1990, September 14: 16-18.
② 国家发展和改革委员会等，《国家基本公共服务标准（2021年版）》，参见国家发展和改革委员会网站：https://www.ndrc.gov.cn/xwdt/tzgg/202104/t20210420_1276842.html?code=&state=123，2024年6月15日浏览。

对象的排他性，以及管理体制上"铁路警察各管一段"的割裂特点。因此，社会保障项目往往要以职业、单位、户籍等身份特征及人口特征来界定对象，有时还要强调参保人的贡献水平（多缴多得），借助状况调查的方式识别受益者，等等。社会福利则以提高人民生活品质或社会福祉水平为核心，认为人的基本权利和社会必要水平的福利是无须论证的，因而更强调面向全民的全生命周期服务。社会福利体系的普惠化和普世化理念，既有助于最终规避"穆勒难题"，也易于克服社会保障体制机制的内在缺陷。

最后，两者具有大相径庭的财政理念，社会保障更热衷于执行中的增收节支，谨守节约每一个铜板的原则，社会福利则天然认为到对象手中的福利多多益善。早期福利国家的形成，即与财政理念的转变密切相关。从福利国家形成之初，财政理念便与传统理财理念分道扬镳。[①] 由于从全民的全生命周期着眼，既实施社会保护又进行人力资本培养，所以社会福利毋庸置疑地属于长期的生产性支出。这就决定了在摒弃短期或当期平衡的财政守则，以及由此衍生出来的"紧缩性"的财政纪律基础上，从更长期的经济社会发展过程考虑财政收支平衡，社会福利可以达到比直接目标更高的目的。从供给侧，提升人力资本、扩大就业和提高生产率。从需求侧，稳定和扩大居民的消费能力及意愿，支撑经济合理增速。供需两侧合力，又可以通过做大蛋糕形成有利于加大再分配力度的"分母效应"。

---

① 蔡昉. 缪尔达尔的人口学与马寅初的财政学 [J]. 经济思想史学刊，2023(4).

改革建议

我国的经济社会发展已经进入更高的阶段，也面对着变化了的环境和由此产生的严峻挑战。因应各国现代化的共性要求和我国的现实需要，我国的社会保障制度面临理念、范式和政策工具的与时俱进。由于以人工智能为核心的新技术对就业岗位的冲击越来越具有不同于以往的特点，以识别受益人为特点的社会保障理念和范式不仅执行难度明显提高，其合理性和必要性也日益降低，制度变迁的趋势便是转向更加普惠化，更具有普世性。与此同时，社会保障尽力而为和量力而行统一原则的动态性也与日俱增地增强。在 2035 年之前，我国将处于政府社会性支出更快速、更大幅度增长的"瓦格纳加速期"，公共品边界的显著拓展兼具必要性和可行性。相应地，通过对现有社会保护、社会共济和社会福利各项制度的整合，以全民为对象、以全生命周期为疆域的基本公共服务供给体系更趋完善，并成为中国式福利国家建设的契机。

这个过程的进展程度如何，归根结底取决于体制改革、政策调整和制度建设的方向、力度和成效。从必要性和紧迫性出发，以创造必要的制度条件为目标，关键领域改革的确定和推进应该遵循以下要点。首先，按照福利国家建设的整体要求，把现有的社会保障项目同基本公共服务保障的其他部分进行整合，实现制度建设的一体化推进。其次，作为推进基本公共服务均等化的一项基础性改革，户籍制度改革的核心是削弱其识别基本公共服务供给对象的功能。因此，以此作为这项改革的优先步骤，预期可以取得立竿见影的效果。再次，从填充制度缺口入手，确保所有人口群体在生命周期的任何阶段，均能够获得社会必要水平的基本公共服务，特别注重满足"一老一小"对基本公共服务的特殊需求。最后，以补短板、扶弱项和破堵点为重点，以提高制度和体系的一体化水平为目标，对公共资源和政府社会性支出进行制度性重新配置，确保公平与效率的动态统一。

第六章
释放新人口态势下的消费潜力

从刺激消费入手消除周期性失业

新冠大流行和防控措施使经济活动在一定时期、一定程度上停摆，造成周期性失业。如果以 5.1% 作为自然失业率，自 2020 年 1 月至 2023 年 2 月的 38 个月中，只有 9 个月没有明显的周期性失业。因此，我们预期在防疫政策调整之后，随着经济复苏，失业率将下降，回归到自然失业水平。然而，在 2023 年以来制造业和非制造业的采购经理指数都显著回升的同时，失业率仍然居高不下（见图 6-1）。

这种与预期不符的劳动力市场表现在以往的宏观经济经验中发生过，例如在美国被称为"无就业复苏"，在经济学文献中也有讨论。针对我国当前这种状况，可以认为这是一种劳动力市场供给与需求的不对称复苏。

我们知道，在劳动力市场上，供给和需求分别对信号做出反应，供求关系得以实现均衡。充分就业尽快恢复的条件是：劳动

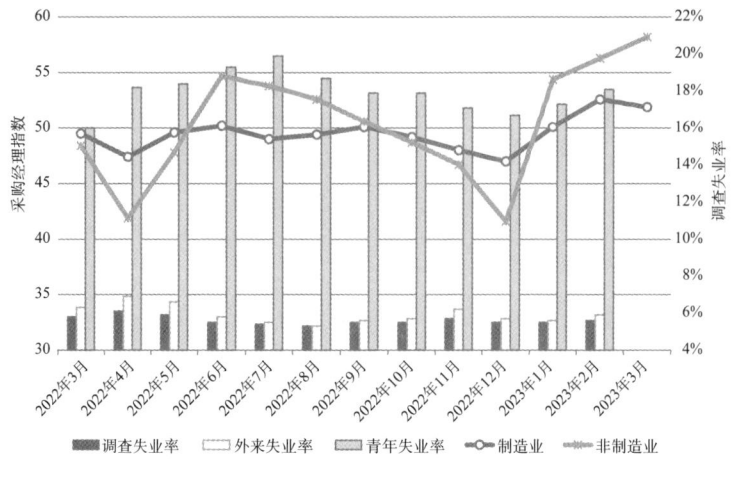

图 6-1　经济活动复苏与失业率下降不相称

力的供给（求职）与需求（招聘）一致复苏。目前宏观经济状况不具备这种条件，使劳动力需求难以在短期内得到有效恢复。

第一，经济活动经过三年严重抑制后，市场主体不可避免地显著减少，恢复到原有数量需要一段时间。即便是创造性破坏留下的市场主体更具韧性，也并不必然意味着对普通劳动者的需求可以在短期内恢复。如图 6-2 所示，在过去这些年劳动年龄人口和总就业人口已经下降的情况下，城镇就业增长主要靠市场主体的大量创造，农民工进城和横向流动形成就业的大规模毛增长（即新增城镇就业）。疫情以来，新增城镇就业显著减少，如 2019 年为 1 352 万人，2022 年为 1 206 万人。2022 年净增就业也首次减少。

我国人口进入负增长阶段和更深度的老龄化使需求因素成为经济增长的常态制约。制造业外迁、供应链脱钩和全球经济可能的衰退使得出口不振，没有足够的拉动力；改变不确定和不稳定的预期，消除其对投资的抑制效应，需要一定的时间才能见效；由于就业复苏不够强劲，消费也显乏力。这些因素都可能产生磁滞效应，把短期复苏不力转化为长期的制约。

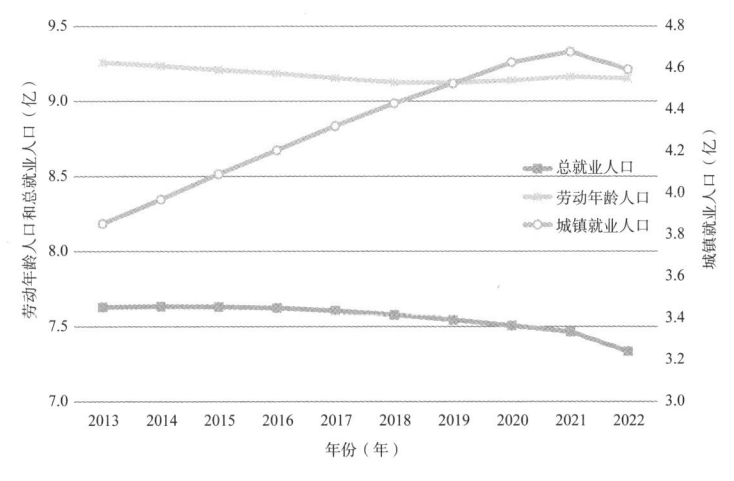

图 6-2　劳动年龄人口和就业的变化

与此同时，包括农民工、各类毕业生和疫情期间失业者在内，规模庞大的劳动者群体"嗷嗷待哺"，亟待回到就业岗位上。特别是在经历长达三年冲击的情况下，社会保障不充分的普通劳动者不得不以尽快就业的方式恢复到正常消费水平。

如果失业率仍然高企，这部分消费需求就难以启动。不仅如此，疫情和防治措施造成居民可支配收入损失了数万亿元，同时据市场估计，额外储蓄也高达数万亿元。失去的收入造成当期消费缺口，不得到恢复和补偿则抑制消费。收入损失和风险型投资的转移导致的超额储蓄，以及我国居民储蓄的分布高度不均等，少数高收入群体实际拥有比例异常庞大的储蓄额，这些都使我们无法期望这些储蓄转化为补偿性消费或报复性消费。消费不振又抑制市场主体的活力，就业需求也不足。

在一定程度上，我国宏观经济面临一个恶性循环，与欧美的恶性循环恰恰相反。拉加德担心的是企业追逐利润提高和劳动者追求工资提高这种螺旋式推动通胀的压力，并称之为"一报还一报"恶性循环。对中国来说，从恢复居民消费能力入手，让市场主体有钱赚、恢复信心、稳定预期，反过来创造出劳动力市场需求，恰恰可以你帮我衬，形成良性循环。

所以，出路是加大民生保障的政策力度，而不是撤销对消费的刺激。在货币政策保持流动性宽松，为市场主体创造良好环境的同时，还要加大财政政策力度，其目标是从恢复和扩大消费需求入手，推动宏观经济进入良性循环。或者说，通过创造需求激活市场主体，提高劳动力需求。

具体扶助对象和扶助手段要兼容，从提供公共就业服务和创造企业劳动力需求两方面着力，防止居民以缩减消费来修复资产负债表，出台数量堪比当年"四万亿"投资的消费刺激对应物（即数量级上应该接近于超额储蓄），政策才是对症的，才能取得实效。这个时刻正是出台真金白银的补贴政策及推进改革的大好时机。

首先，巩固脱贫成果，延续措施，并把扶助对象扩大到原来建档立卡的人群之外，在防止规模性返贫的同时，也要防止并非原来视野中的低收入者收入跌破脱贫标准，形成新的贫困群体。

其次，低保和失业保险足额乃至扩大范围发放；应该把农民工包括进来，努力把结余的失业保险金发出去，发给人，而不是企业。

再次，提高城乡居民基本养老保险和医疗保险的补贴和发放水平。

最后，出台酝酿已久、立竿见影的改革，并与加快中国式福利国家建设衔接起来。例如，旨在推动农民工落户的户籍制度改革，延长义务教育年限，降低生育、养育和教育成本，提高生育率的各种举措，旨在增强普惠性的基本社会保障制度等，都是每一分钱的支出都能带来丰厚社会收益的改革举措。

人口增长态势及对经济发展的影响

人口继续减少，生育率仍在下降

第七次全国人口普查揭示我国的总和生育率已经降低到1.3之后，2021年世界银行的数据显示该指标进一步降到1.2；2022年中国人口首现负增长后，2023年总人口继续减少，人口自然增长率从-0.60‰进一步下降为-1.48‰。国际研究表明，总和生育率低于1.5便可以被认为进入"低生育率陷阱"，低于1.3则被认为是"极低生育率"。

生育率降到这个极低水平以后，回升的难度极大，成功案例可谓寥寥。北欧一些国家有生育率回弹的经验，但其大多没有经历过长期处于这么低的生育率水平。日本、韩国和希腊等生育率长期低于1.5的国家，反弹可谓回天乏力。所谓"低生育率陷阱"，其实也正是指回升的难度大，一是育龄妇女的数量和比例已经不足以逆转生育率，二是人口迁移可以达到的规模已经不足以达到弥补缺口的水平。然而，也存在一个可供回归的"普世生育率"，大体上是 2.1 这个更替生育率，或每个家庭两个孩子，因此，从长期趋势来看，并不是不可能出现生育率回归的情形。这里，我们仅着眼看经济影响。

先从供给侧来看，人口负增长意味着劳动年龄人口的减少将加速，对劳动力供给、人力资本改善、资本报酬率、生产率提高等方面产生不利影响，进一步降低潜在增长率。从需求侧来看，情况更为严峻，人口负增长和老龄化都产生削弱居民消费能力和消费意愿的效应。

当长期变化的转折点（人口负增长）与短期经济冲击（新冠疫情影响）相遇，则加大经济复苏的难度，使经济增长恢复的实际效果低于预期。在受疫情影响的三年中，绝大多数月份的城镇失业率都高于自然失业率（约为 5.1%），意味着存在明显的周期性失业。这减慢了城乡居民收入增长速度，导致消费能力下降。加上人口因素造成的不利预期，消费意愿也同时弱化。因此，经济复苏不如预期的根本堵点，一是决定消费能力的居民实际就业和收入受影响，二是决定消费意愿的就业、收入和保障预期减弱。

从供需两侧培育增长新动能

从供给侧来看。首先，加快把经济增长驱动力从要素投入转向生产率提高。从传统增长动能上看，劳动力数量一直是负增长，劳动者质量改善已经减速，投资回报率多年降低，劳动力转移带来的资源重新配置空间也缩小了。因此，必须使生产率提高的幅度足以抵消上述因素，才能达到合理、合意的增长速度。其次，生产率提高要依靠三个来源：一是拓展资源重新配置的空间，挖掘传统的生产率潜力；二是加快培育新质生产力，拥抱新科技并将其转化为生产率源泉；三是创造优胜劣汰的环境，通过吐故纳新或者创造性破坏机制，提高整体经济的全要素生产率。

从需求侧来看。一方面，加快形成新发展格局、促进国内国际双循环、建设国内统一大市场，以全面扩大社会总需求，必然成为宏观经济政策、产业政策、区域政策的优先目标；另一方面，在这些目标中，需要更加注重培育和提升居民消费需求，通过扩大就业数量和提高就业质量，增加居民收入以提升他们的消费能力，通过提高社会保障水平和覆盖率，解除居民消费后顾之忧，从而提高他们的消费意愿。

宏观经济政策的工具箱需要与时俱进地调整和充实。传统货币政策和财政政策主要着眼于扩大投资需求，在经济发展和人口发展双新常态下，效果不再显著，也不能成为长期实施的手段。与此同时，推进体制改革则可以收获真金白银的改革红利，取得立竿见影的效果，对于稳定和提高长期增长速度，以及促进宏观经济复苏，作用十分显著。

旨在促进农民工和大学生落户的户籍制度改革就是一个典型的例子。一方面，户籍制度改革可以稳定和增加非农劳动力供给，进一步促进农业剩余劳动力转移，提高跨产业和跨地区的要素配置效率，从而提高潜在增长率。据研究，通过改革获得的非农产业劳动力供给增加幅度，以及全要素生产率提高幅度，几乎可以等比例完全转化为国内生产总值的潜在增长率。另一方面，户籍制度改革有助于扩大中等收入群体，稳定居民就业、收入和社保预期，提高消费能力和意愿。2022年，我国人均国内生产总值已经比中等偏上收入国家平均水平高24.7%，居民消费率却比中等偏上收入国家平均水平低19.6%，这意味着我们的消费潜力尚未被充分挖掘。从正面理解就是说，我国消费水平的提高可以不遵循老龄化率与消费率之间的倒U形轨迹。

区域协调发展战略体系的新特征

党的二十大报告提出促进区域协调发展的要求，并相应部署了一系列重大区域性战略，包括区域协调发展战略、区域重大战略、主体功能区战略、新型城镇化战略等。这种部署着眼于以更完整的战略体系来优化重大生产力布局，构建优势互补、高质量发展的区域经济布局和国土空间体系，体现了党中央根据中国经济发展阶段变化特征，把新发展理念融化在各项战略部署之中，在关于促进区域协调发展认识上的重大飞跃。

地区发展格局和模式的变化要求我们以更加整体、综合和动态的视野看待区域经济发展，在全面贯彻新发展理念的基础上，因地制宜、与时俱进地做出新的战略思考。为了准确理解党的二十大报告对区域协调发展的最新战略部署，可以从以下几个方面的转变上，认识区域协调发展战略思路的内在逻辑，把握国土空间体系的顶层设计和全面布局。

从以补要素短板为取向的倾斜性扶助战略，转向实施综合提升发展能力的全面战略。在早期发展经济学文献中，无论是被称作平衡发展战略，还是被称作不平衡发展战略，本质上都是意图以不平衡的政策，推动形成平衡发展的格局。地区差距通常需要经历一个从二分式整体区域不平衡，到多元化区域局部不平衡的稀释过程，最终达到动态、相对平衡的目的。这时，战略的制定和实施就要转向直接以相对平衡为取向。在我国经济发展的新阶段，这种战略理念和实施举措的转变，也体现在区域协调发展战略的具体目标之中，总体上越来越全面地体现新发展理念的要求。

从旨在填平要素禀赋缺口的政府主导性支持政策，转向政府着眼于营造良好的营商环境，构建要素充分流动和有效配置的体制机制，促进全国统一市场的形成。在地区差距具有二分式特征的情况下，相对落后的地区迫切需要获得稀缺资源，政府通常采用倾斜式投资等优惠政策予以满足。一旦这种资源或要素的持续性稀缺特征消失，则更需要以激励机制为核心的制度建设，立足于在激励相容的前提下，推动相对落后地区进入经济发展的良性循环。

从实施基于宏观层面大板块划分的区域均衡发展战略，转向进行更加精细的区位界定，更多地面向地方特殊难点和比较优势，部署更具体有效的政策举措。随着区域协调发展战略的整体性、多元化、丰富性、立体感的增强，我国解决地区差距的新战略已经处在这样的演进过程中。例如，在实施针对东、中、西、东北地区的区域均衡战略基础上，国家还部署和实施了主体功能区、京津冀、粤港澳、长三角、海南、成渝等区域，以及长江和黄河两大流域等区域重大战略；"两横三纵"城镇化战略布局和多核多层的城市群战略；促进内外联通、对外开放和国内区域均衡相衔接的"一带一路"倡议；针对特殊目标和功能的地区设立的开发区、试验区、示范区、引领区、新区等；支持欠发达地区、革命老区、边境地区、生态退化地区、资源型地区和老工业城市等特殊类型地区的政策。

促消费回归应为最紧迫的政策目标

从疫情之前的几年时间来看，我国已经在逐渐转变经济发展方式，也就是说逐渐转向了以消费需求为主要拉动力的模式，居民消费占最终消费的 70%，对国内生产总值增长的贡献率平均已达 62%。相应地，三年的疫情冲击也就意味着在一定程度上使经济发展方式转变遭遇阻碍，在正在改变着的路径上产生一些颠簸。更大比例的劳动力在较长时间内处于周期性失业状况，影响居民收入正常增长，居民收入受损必然对消费产生负面影响，家庭预算曲线得不到修复必然构成对经济复苏的需求制约。

为什么要分析家庭预算曲线

我们知道家庭是通过就业得到收入，随后则要在消费和储蓄之间做选择；在消费的情形下，还要在不同的消费品和服务项目之间进行选择。这是一个最常规的微观经济分析。当前，我们为什么要关注家庭预算曲线呢？因为在新冠大流行期间，这方面受到的冲击最大。这些年，居民收入增长受阻，支出也就相应地随着收入而起起伏伏，因此不可避免地产生一定的超额储蓄（见图6-3）。针对这种情形，最近人们非常热衷于居民资产负债表分析。我觉得这里可能还用不到那么复杂的框架。

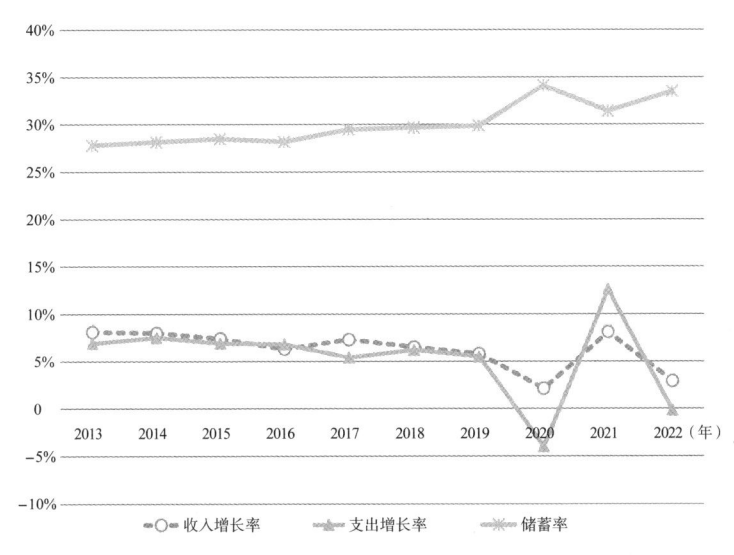

图 6-3　居民收入、消费支出和储蓄率的变化

首先，我们并不十分熟悉这个分析框架。野村综合研究所首席经济学家辜朝明最先提出这一分析框架，他借助资产负债表衰退这种现象，解释美国和日本经历的经济危机和金融风暴，以及随后的长期经济衰退。由于辜朝明基本上没有用数学推导他的理论，也没做什么计量模型检验他的假说，所以易于理解和获得共鸣，决策者和智库都很关注。[①]

事实上，宏观经济学关于磁滞效应的研究在很大程度上可以包容资产负债表衰退的主要理念。例如，国际货币基金组织前

---

① 辜朝明. 大衰退——如何在金融风暴中幸存和发展 [M]. 北京：东方出版社，2008.

首席经济学家奥利维尔·布兰查德等人分析了23个高收入国家在1960—2010年出现的166次衰退现象，发现的确存在衰退之后的增长率低于潜在增长率的现象，即受供给侧因素和需求侧因素影响产生的磁滞效应。①辜朝明的分析可以作为磁滞效应的一个微观分析基础，只不过其分析重点是企业修复资产负债表行为，并未过多涉及我们目前面对的疫情冲击后家庭收入、储蓄和消费行为变化。

其次，虽然在长期行为中，人们可能会调整自己家庭的资产负债表，这也会改变长期的家庭理财行为，但是现实中老百姓的家庭预算曲线没那么复杂，也就是收入和支出，只需要决定消费还是不消费。或者说，普通居民短期里并不面对复杂的资产负债关系。因此，直接分析家庭的预算曲线，既为宏观经济分析提供微观基础，对当前我国面临的挑战也更有相关性和针对性。

最后，居民的家庭预算曲线反映的是一种流量，居民的资产负债表则反映的是存量。收入减少也好，消费减少也好，或者储蓄超额也好，都处在流量的层面，还没有达到存量这个层次，所以，既然我们现在所面对的是短期的经济现象，直接分析经济活动中的流量问题无疑更加直截了当。与此同时，家庭的消费行为决定了消费和储蓄的走向，也会对实体经济产生相应的影响和引导，通过消费需求帮助千千万万中小微企业尽快复苏。

---

① Olivier Blanchard, Eugenio Cerutti, Lawrence Summers. Inflation and Activity-Two Explorations and their Monetary Policy Implications[J]. IMF Working Paper, 2015, WP/15/230.

受损的家庭预算曲线

居民消费行为通常受到就业、收入、储蓄、社会保障、消费品和服务价格及市场可及性等一系列因素的影响，新冠大流行和防控措施的实施均对这些因素造成偏离常态的扰动，从诸多的角度以叠加的力度对居民消费产生不利影响，以居民消费受到较大冲击且预期仍然脆弱为特征。相应地，居民消费可能成为需求侧磁滞效应的主因。

首先，非农产业就业遭遇巨大的周期性冲击。研究表明，我国城镇的自然失业率大约为5.1%，即城镇调查失业在这个水平上，意味着劳动力市场没有受到周期性因素影响。以此为基准，从2020年到2023年6月，绝大多数月份的实际失业率都超过了自然失业率，意味着劳动力市场状况一反2020年1月以前的常态，始终存在周期性失业（见图6-4）。同时，从年度读数来看，2020—2023年的城镇调查失业率也达到国际金融危机以来的最高水平。青年失业率和农民工失业率均攀升到相应数据公开发表以来的最高点。不仅如此，农民工还以返乡的方式退出城市劳动力市场，并且越来越多地离开大城市，在省内、市内或县内更低生产率和工资水平的地域就业，强化了农民工群体就业本地化的格局，不利于生产率、工资和农户收入的提高。

其次，持续失业和就业的不充分导致本来就偏紧的家庭预算曲线失衡，或者说家庭资产负债表受损。在长期失业率提高和劳动参与率下降这些显示性指标之外，我们还可以观察到由此引起的其他现象。例如，经济活动停摆造成部分岗位永久性消失，以及很多中小微企业归零，致使创业者和劳动者的持久性收入

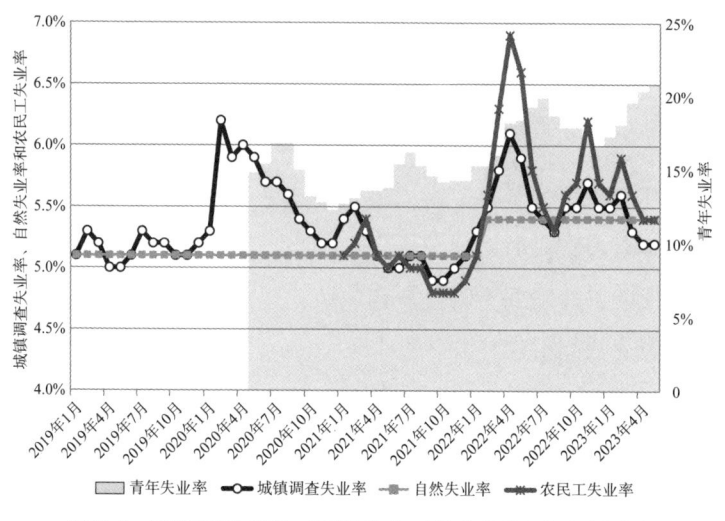

图 6-4 城镇调查失业率、自然失业率、青年失业率和农民工失业率

流减少，导致居民资产和财富缩水，社会流动性降低，进而使适龄人口的创业和就业能力，或者广义人力资本受到损害。这些状况最终都表现为居民收入增长速度减慢。鉴于存在收入分配和储蓄分布的巨大不均等，一方面，一些群体收入绝对减少，消费能力和消费倾向均下降；另一方面，储蓄却主要集中在高收入群体，难以转化为补偿性消费，不足以支撑复苏所需要的总需求扩大。

最后，居民消费预期具有转弱的趋势。虽然我们对需求侧磁滞效应的研究还不够充分，但是，家庭预算曲线失衡或资产负债表受损导致居民预期转弱进而消费信心不足这个因果关系，既符合一般的理论认知，也可以得到经验数据的检验。根据中国人民银行调查统计司的"城镇储户问卷调查"数据，物价预期、收入感受、收入信心、就业感受和就业预期等各种指数的读数，以及国家统计局中国经济景气监测中心计算的"消费者信心指数"显示，2022年消费者信心已经处于1990年以来的最低点。虽然居民信心和预期在2023年第一季度已有改善，但第二季度再次转衰，可见宏观经济需求不足的压力仍然较大。

从这个情况也看到，居民收入过去三年里起起伏伏，与收入相关的居民消费波动更大，也就是有更大的弹性，这种波动时间比较长的话，就影响到怎么消费及要不要消费这类决策。如果这种破坏了的家庭预算曲线不能得到补偿，不能尽快恢复就业和收入，或者不能得到政府的补助刺激，有可能从短期行为转成长期行为。这个长期行为就意味着进入所谓的资产负债表衰退。既然存在这种可能性，我们就应该考虑如何针对居民的家庭预算曲线实施宏观经济政策，防止更不利的情形出现。

疫情后我国经济的新常态

我们也看到，疫情之后，我国经济转入一个新常态。这个新常态与是否遭遇疫情可能无关，而是经济和人口的发展都到了这个阶段，带来全新的变化。我们从三个方面来看这种常态的变化。

首先，我国经济的发展遭遇需求侧的新常态。需求侧因素（特别是消费）成为经济增长的常态化制约。过去，我们说新常态的时候，主要是供给侧的新常态，指劳动年龄人口负增长导致潜在增长率下降，进而导致实际经济增长下行。现在，需求侧因素越来越重要。

这里提供两个跨国数据揭示的规律（见图6-5）：其一，随着人口老龄化，特别是老年人口占比超过14%以后，人们会发现居民消费率开始有下降的趋势；其二，在老龄化程度加深的过程中，过度储蓄现象趋于严重化，超额储蓄率与老龄化率呈正相关的关系。我国的老龄化率 2021 年就超过了 14%，2022 年已经达到 14.9%，中国也正逐步转入消费疲弱、过度储蓄的新轨道。

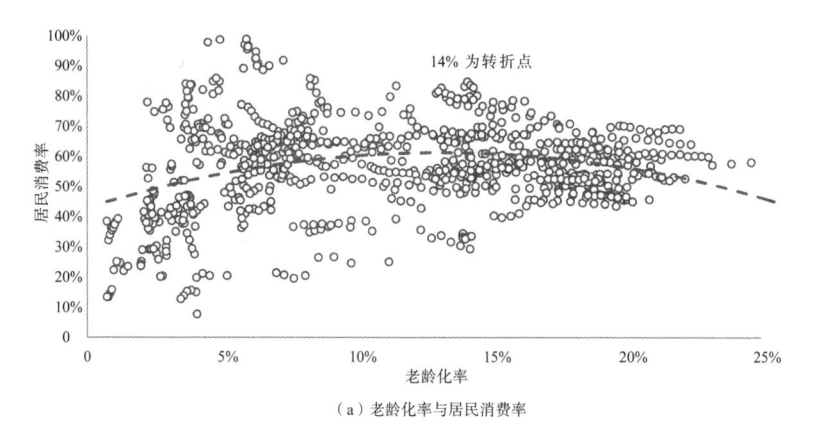

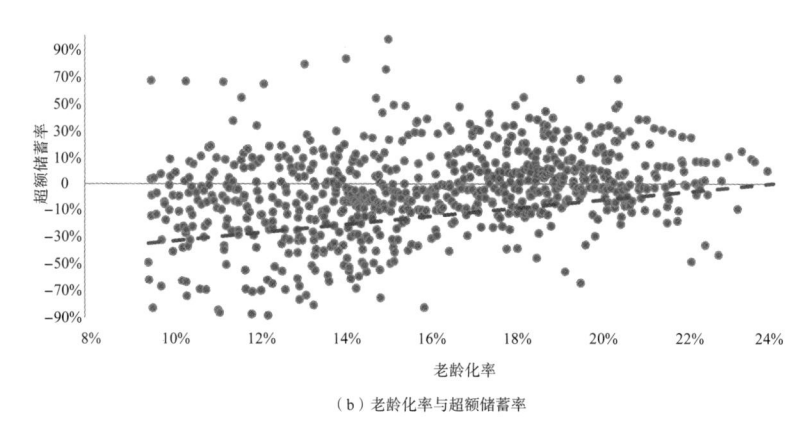

（a）老龄化率与居民消费率

（b）老龄化率与超额储蓄率

图 6-5　随着老龄化产生的消费疲弱和过度储蓄趋势
资料来源：世界银行公开数据库，https://data.worldbank.org/。

其次，从劳动力市场上看，一个新常态就是我国的自然失业率会更高。目前，由结构性因素和摩擦性因素构成的城镇自然失业率大约为 5.1%。[①] 从几个方面判断，未来自然失业率攀升到 5.3%~5.5% 的可能性是存在的：第一，每次衰退或危机之后，劳动力市场的结构性问题趋于强化；第二，农民工等流动就业群体、各类毕业生、大龄劳动者等在总就业人群中的比重趋于提高，易导致结构性和摩擦性就业困难；第三，数字经济发展和产业结构变化加快，对人力资本提出更高的要求。这种趋势有可能强化就业的灵活性，进而导致就业的非正规性和不稳定性，不利于收入增长、劳动者权益保障和社会保障的覆盖面扩大。

最后，居民的微观行为有可能形成一种新常态。未来在经济增长下行的情况下，有可能遭遇以下三个效应，它们都会影响居民的消费和储蓄行为，以及资产负债表设定。一是收入效应。党中央要求经济增长和居民收入增长基本同步，因此，在未来 GDP 潜在增长率趋于降低，需求因素还可能对实际增长构成制约的情况下，居民可支配收入增长的速度不可避免地低于以前的速度。二是城镇化效应。随着新型城镇化的推进，我们需要挖掘新市民的消费潜力。我们固然需要促进其收入的增长，但最重要的是确保他们得到均等的基本公共服务，通过解除消费的后顾之忧，增强消费意愿。三是结构性效应。人口负增长，经济总量的增长也在减速，因此，更多的动力来自结构性调整，无论是把劳动力从农业转移出来，还是把低收入者变成中等收入者，提高他们的消费层次，都是靠调整结构来实现。

---

① 曾湘泉，于泳．中国自然失业率的测量与解析 [J]．中国社会科学，2006(4)：65-76. 都阳，张翕．中国的自然失业率及其在调控政策中的应用 [J]．数量经济技术经济研究，2022(12).

从刺激消费入手扩大内需

针对上述诱发新常态的因素，特别是居民微观行为的新常态，需要宏观经济政策具有新思路，创造和动用新手段。把我国经济遭遇的短期困难和面临的新常态结合起来，着眼于从刺激消费入手扩大内需，以加快经济复苏。

总体来说，我们现在最紧迫的目标是刺激居民消费，因此需要动用所有合理、合法、合规且符合经济规律的渠道，把钱发到居民的腰包里。这就意味着在经济发展和人口发展的新常态下，宏观经济政策应该有新对象、新手段和新目标。核心是刺激的对象要从投资转向消费，这样可以更直接对应现实经济中的堵点和短板。同时，针对居民的消费进行刺激，可以产生更大的乘数效应。乘数效应的大小决定刺激政策的效果。此外，这些举措有利于实现短期目标和长期目标的统一、措施的兼容，可以减少后遗症，尽可能不在"三期叠加"中造成新的"前期政策的消化期"。

以农民工落户为核心的户籍制度改革通常被认为是一项长期的改革任务，其实，如果及时出台的话，其完全可以具有真金白银且立竿见影的刺激效果，前文我们就曾详细介绍过户籍制度改革促进消费的效果。此外，一系列与老龄化相关的基本社会保险和其他基本公共服务都可以借此显著提高保障水平。进入人口负增长时代后，2022—2035年，老年人口抚养比将以前所未有的速度提高。现收现付制社会保障体系的可持续性也好，养老、医疗、照护的人财物保障也好，都高度依赖相对有利的人口抚养比，随着今后十几年抚养比加快提高，难度明显加大，必须有相应举措才能维系。这要求提高基本养老保险和医疗保险的普惠性水平，个人积累的部分只能是必要的补充，而不是解决问题的出路。我们面临一个机会窗口，可以把长期的制度建设目标与短期经济刺激效果结合起来，用改革红利推进经济复苏和社会福利体系建设。

老龄化时代的居民消费潜力

人口老龄化与消费制约

我国人口发展进入新常态：负增长和中度老龄化。从 2022 年开始，人口进入负增长时代并将成为相当长期的常态。与此同时，2021 年，我国老龄化率超过了 14%，意味着我国进入了中度老龄化阶段。

根据联合国人口数据，到 2034 年，我国老龄化率将达到 21%，意味着进入高度老龄社会。那时我国的老年人口接近 3 亿，占到世界全部 65 岁及以上人口的 27% 以上。这是一个巨大的人力资源，也是一个庞大的市场。因此，研究银发经济要看到人口趋势的变化，才能把握潜在人力资源和消费者市场。

在老龄化时代，经济增长会遇到一些新的挑战：一方面，"三驾马车"的结构将发生变化，出口和投资对经济的拉动力将逐步被消费替代；另一方面，老龄化本身又催生一些不利于消费的因素。

从时间趋势上看，老龄化导致消费意愿、消费能力下降。全球老龄化程度一直在加速提高，居民消费率却趋于下降。从跨国比较来看，不同国家老龄化和消费的关系不尽相同。从跨国数据来看，老年化率和消费率的关系没有显著的相关性，即老龄化率高的国家未必就是消费率低的国家。

从2012年开始，我国的经济增长速度降到8%以下，之后逐年减速。与此同时，我国"三驾马车"的构成也发生了变化，投资和出口对经济增长的需求贡献相对下降，消费（特别是居民消费）的重要性显著提高。在新冠大流行前，居民消费的贡献率已经达到比较高的水平。根据世界银行的数据，城乡居民消费支出占国内生产总值的比重已经有明显的调整。但是在受到疫情的冲击之后，未来的发展趋势取决于宏观经济政策如何把消费率发掘出来。

"人口金字塔消费悖论"

人口变化趋势会产生一个"人口金字塔消费悖论"。人口老龄化就意味着人口金字塔形状的变化，在第五次、第六次和第七次全国人口普查的20年时间里，我国人口逐渐向金字塔顶端移动，大龄人口的总规模在扩大，占比在提高，但大龄群体的消费并不占优势。

在未富先老的情况下，我国人口的年龄结构、年龄群体及消费人群既符合一般规律，又具有中国特色。从人口占比和消费占比两方面来看：首先，儿童消费偏高，5~9岁儿童消费占比远高于其人口占比，许多一孩家庭更愿意为孩子消费；其次，年轻人消费普遍偏高，20~30岁人群的消费在全部消费中占比比其人口占比要高，其消费能力、消费意愿都偏高。但是，未来这个群体的人口占比将越来越低，而且在就业结构性矛盾加剧的情况下，其就业困难会更大一些。因此从这个意义上说，这部分人的高消费能力和高消费意愿不足以支撑我国经济未来的消费需要。此外，老年群体人口占比远远超过其消费占比，因为老年人没有了劳动收入，养老保障还不够充分、不够均等，所以他们的消费能力、消费意愿都在下降。再看正在就业的中年人，他们的消费能力也不强，可以称为"城市中年人或大龄就业者的现收现付难题"。在现收现付养老保障制度的背景下，这部分人面临三重负担，即养老保险的缴纳、家中老人的赡养、预防性储蓄，这些负担显著降低了中年人的消费能力和消费意愿。

农村的消费能力和消费意愿普遍更低。从第七次全国人口普查数据来看，农村常住老年人用养老金作为生活主要来源的占比只有10%，大部分还要靠自己继续劳动，以及家庭成员的支持，在相当大的程度上还属于"家庭养老"。这是我国面临的现实约束，打破这个约束才能有银发经济的发展，同时也要靠银发经济的发展才能打破这个约束。

消费需求侧改革红利

从消费需求侧改革来看，银发经济发展如何打破经济中现实的短板和瓶颈制约。首先要创新理论范式、改变政策模式。一是宏观经济政策层面，从以投资者和企业为主要对象转向家庭本位，探索更有针对性的政策工具；二是经济发展方式层面，确保居民消费能够在发展方式中发挥基础性的需求贡献，促进"三驾马车"实现新的平衡；三是福利国家建设层面，建设覆盖全民、全生命周期的社会福利体系，促进社会流动，释放生育潜力；四是赢得改革红利层面，所有的政策调整、体制改革、制度建设都要靠改革，因此应该将改革放在常态的宏观经济政策工具箱里。

其次要解除后顾之忧以提高消费意愿。现在进城的农民工已有 1.7 亿多，但他们在城里没有户口，将他们现在的人均消费水平和他们有户口后的人均消费水平相比，将有巨大的差别。假设 1.72 亿农民工都得到了城镇居民户口，仅仅消费意愿的提高，还不算消费能力的提高，就可以增加 1.2 万亿元的总消费需求。这是一个巨大的政策红利。

现在的户籍制度导致在城镇常住人口中，户籍不在本乡镇街道的人的比重相当高，剔除市区内人户分离之后还高达 37%，特别是就业人群，从 20 多岁到 30 多岁、到 40 岁的人群，没有本地户籍的比例更高。因此，户籍本身也是阻碍他们获得高质量就业的一个重要制度障碍，消除这个障碍还可以进一步提高这类人群的消费能力。反映收入不平等的指标，例如基尼系数或者帕尔马指数，在过去这些年（特别是 2009 年之后）是有所改善的，但是整体改善速度比较慢，而且近年来有一些徘徊的趋势。收入差距在很大程度上是由城乡差距造成的，因此户籍制度改革、实现基本公共服务的均等化等一系列改革都有利于缩小城乡差距，相应也会缩小整体收入差距。收入差距的缩小意味着让那些消费倾向更强的人获得更高的收入，很显然这是具有巨大的消费扩张效应的改革。

发展银发经济的着力点

未富先老决定了年龄结构和消费能力、消费意愿之间的不平衡。我国老龄化率比世界平均水平至少高 5 个百分点，而我国居民消费率比世界平均水平低 18 个百分点。在我国人均国内生产总值已经高于世界平均水平的情况下，我国居民消费能力未能赶上世界平均水平。因此，不仅要提高人均国内生产总值、人均可支配收入，还要进行结构性调整。

银发经济有三个着力点。一是填补经济增长缺口要以银发经济产业为抓手。银发经济是一个朝阳产业，不是权宜之计，而是长久之计，因此必须从新质生产力培育入手和起步。从需求侧来看，未来 3 亿老年人口作为市场需求主体，是双循环的重要驱动力。

二是市场机制和产业政策的紧密结合。银发经济和涉老产业发展首先要借助市场机制配置资源、调节供求、激发活力，应对人口的变化、老龄化的外部性现象，是一种多重的、跨代的社会收益和外部性，是我们实施产业政策补贴的重要依据。

三是供给和需求相互促进的应用场景。一方面以高质量供给消除人均国内生产总值、人均可支配收入和居民消费支出之间的不对称；另一方面，有好的供给才能创造出充足且可持续的需求，在某种程度上，供给创造需求这个命题在我国未富先老这个特定的场景下才可以达到。因此，供需两侧的同步改革可以实现银发经济的产业大推动。

第七章
经济增长与宏观经济

促进经济增长和社会发展的同步与协调

处理好经济和社会这一重大关系是改革开放以来,特别是新时代全面深化改革的一条宝贵经验,是以人民为中心,系统、整体、协同推进改革的重要要求。同时,改革的进展和成效也需要以经济和社会发展的同步性和协调性作为一个标准进行检验。本节从理论和实践两个角度出发,结合改革和发展的目的、保持合理增长速度的支撑因素、新质生产力所要求的制度供给,以及加强普惠性、基础性、兜底性民生建设等方面,针对二十届三中全会通过的《决定》相关部署,尝试用经济社会分析话语谈几个方面。

社会发展体现改革和发展的目的

坚持人民至上,把牢价值取向,是推进改革中需要把握好的重大问题之一,在《决定》部署中得到充分的体现。习近平总书记在 2024 年 5 月 23 日主持召开企业和专家座谈会，强调："人民对美好生活的向往就是我们的奋斗目标，抓改革、促发展，归根结底就是为了让人民过上更好的日子。"[①] 以人民为中心的价值取向和奋斗目标，既要以经济增长和社会发展为实现方式，也是在社会发展成果中体现出来，集中表现在一些综合反映经济社会发展水平和协调性的定性定量相结合的表达中，如反映居民收入增长和分配状况、基本公共服务的保障程度、教育和健康等人力资本水平，以及社会流动性和人民幸福感等方面的显示性指标描述。

十八大以来，我国经济实现了合理、合意的增长，在民生领域也取得了历史性的成就。最具划时代意义的是完成脱贫攻坚、全面建成小康社会的历史任务，实现了第一个百年奋斗目标。2013—2023 年，我国国内生产总值年均实际增长达到 6.1% 这一中高速水平，人均国内生产总值年均同步增长 5.6%。同一时期，居民人均可支配收入跑赢了国内生产总值，实际增长率为人均国内生产总值增长率的 1.1 倍；从人均可支配收入来看，农村年均增长速度为城镇的 1.5 倍，从而通过显著缩小城乡收入差距，促进了整体收入分配状况的改善。这期间，城镇居民与农村居民的人均可支配收入比值从 2.81 降低到 2.39，全国居民人均可支配收入的基尼系数从 0.473 降低到 0.467（见图 7-1）。

---

① 参见 https://www.gov.cn/yaowen/liebiao/202405/content_6953237.htm。

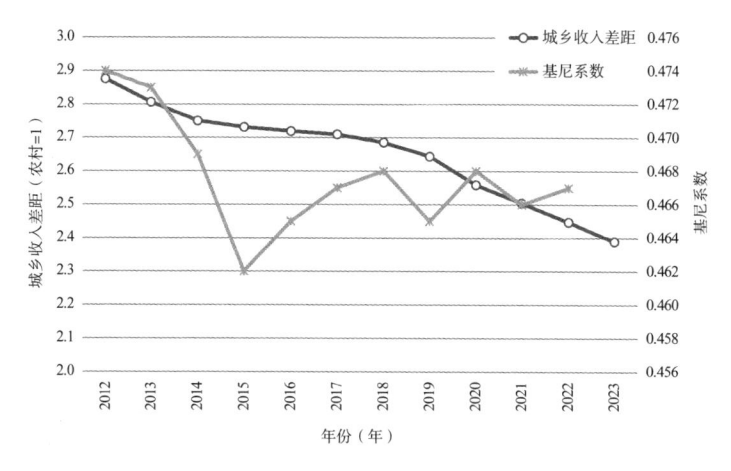

图 7-1 城乡收入差距和基尼系数降低趋势

资料来源：国家统计局"国家数据库",https://data.stats.gov.cn/index.htm。

我们还可以从一个既反映经济总量和人均水平增长效果，又反映社会发展和基本公共服务改善成效的指标，即联合国开发计划署编制的人类发展指数，观察经济和社会发展的同步性和协调性。该指数由三个核心成分构成，分别是按购买力平价计算的人均国内生产总值、以人均预期寿命代表的健康状况，以及以预期受教育年限和平均受教育年限表达的教育发展成效。我国是该指数于1990年发布以来，唯一实现从"低人类发展水平"跨越了"中等人类发展水平"，进入"高人类发展水平"的国家。在迄今涵盖了192个国家或地区的排名中（有些国家或地区在某些年份没有数据），我国经历了最快的人类发展指数提升速度和最大的幅度。1990—2015年，我国的人类发展指数提高速度位居第一；2015—2022年，我国的人类发展指数提高速度位居第三，这也表明中国的排位仍在继续提升。①

我们同时也要看到，人民日益增长的美好生活需要和不平衡、不充分的发展之间的矛盾，仍然在经济与社会发展的同步性和协调性上有所表现。一方面，城乡之间和地区之间仍然存在发展的不平衡性，居民之间收入差距较大。如图7-1所示，基尼系数仍然显著大于0.4这个反映收入分配状况的临界线，并且收入差距缩小的趋势近年来也出现徘徊，收入分配处于不够合理的状况。另一方面，基本公共服务供给的均等化程度还不高，在民生保障和改善方面依然存在诸多短板和堵点。这些表现都是发展中的问题、成长中的烦恼，也对经济社会发展的同步性和协调性提出更高的要求。解决这些问题的根本出路仍然是进一步全面深化改革，从体制机制上把做大蛋糕与分好蛋糕更好地统一起来。

经济增长速度需要社会发展的支撑

我国经济增长的基本面依然坚实且长期向好，具有支撑以人均国内生产总值衡量2035年成为中等发达国家的增长速度潜能。我们先对这期间的人口转变特征和经济增长潜力进行分析。从老龄化趋势看，中国跨过了从老龄化社会到老龄社会的门槛。根据中国人口与发展研究中心的估算，2035年，我国老龄化率的中位预测值为23.9%。也就是说，届时我国的老龄化水平将显著超过进入高度老龄社会的门槛标准。这也意味着在基本实现现代化、

---

① The United Nations Development Programme. Human Development Report 2023/24: Breaking the Gridlock Reimagining Cooperation in a Polarized World, UNDP, 2024.

成为中等发达国家的过程中，中国的发展将伴随着老龄化水平的快速提高，并且始终具有未富先老的国情特征。

进一步来看，这个老龄化趋势和发展阶段特征将会同怎样的经济增长能力相对应。根据世界银行的数据，我们选取老龄化率在 14%~24% 的国家或地区（共 51 个），作为我国到 2035 年这一期间发展的参照系（见图 7-2）。我们首先把这些国家或地区老龄化率的五年算术平均值与人均国内生产总值增长率的五年算术平均值进行比较，进而与我国对应时点上的国内生产总值潜在增长率进行比较。在这个可比的发展区间里，绝大多数国家或地区的实际增长率都显著低于对应的中国潜在增长率。例如，我们把老龄化率在 14%、16%、18%、20%、22% 和 24% 的情景分别与中国在 2021 年、2026 年、2028 年、2031 年、2033 年和 2035 年的增长情景相对应，可以看到，我国在这些相应年份的潜在增

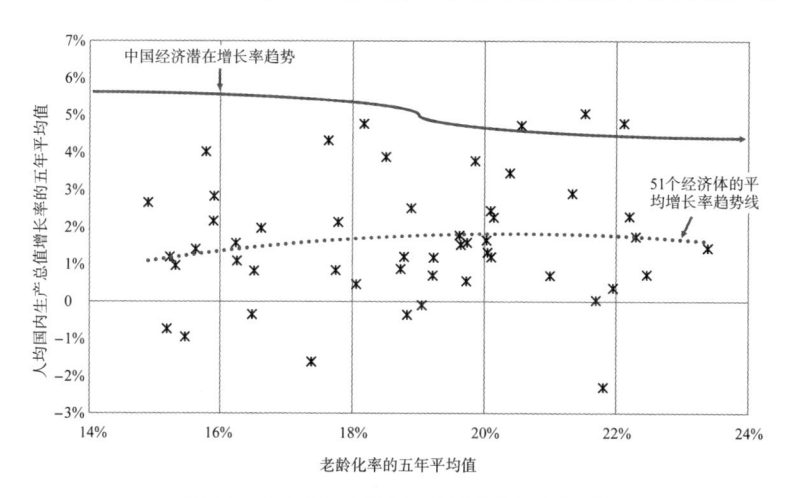

图 7-2　迈向高度老龄社会过程中的增长速度比较

资料来源：世界银行公开数据库，https://data.worldbank.org/。蔡昉，李雪松，陆旸. 中国经济将回归怎样的常态 [J]. 中共中央党校（国家行政学院）学报，2023(1).

长率分别为 5.6%、5.0%、4.8%、4.7%、4.5% 和 4.3%。①

值得指出的是，上述时点上，我国的潜在增长率均是按照中位方案预测的数值。如果创新和改革力度进一步加大，潜在增长率完全可以超越该预测值，得到更好的结果。一方面，更快的经济增长速度为民生建设创造必要的物质基础；另一方面，民生改善也能够以更强劲、更可持续的消费需求反过来支撑经济增长。一般来说，经济增长的实际成效既取决于供给侧的驱动力，也取决于需求侧的拉动力。潜在增长率确定之后，需求因素能否得到满足便成为一个关键条件。换句话说，培育供给侧新增长动能要靠形成新要素和新配置，从而提高潜在增长率。与此同时，增长潜力要得到充分发挥，归根结底需要净出口、投资和消费等需求条件予以支撑。

在我国经济发展阶段发生变化、全球经济充满不确定性的条件下，"三驾马车"各组成部分的相对作用必然有所改变。受逆全球化、供应链脱钩及地缘政治和军事冲突等因素的影响，外需对我国经济增长的拉动效应趋于减弱，发展方式转变也要求我们更加注重发展以国内大循环为主体的国内国际双循环，其中居民消费及其引致的投资需求逐渐成为经济增长的决定性拉动力。居民消费能力和意愿的提升根本来说取决于收入的持续增长和良好分配、基本公共服务保障水平和均等化程度提高，以及社会流动性加强。这些都是社会发展对经济增长潜力发挥、可持续性增强的积极效应。

---

① 蔡昉，李雪松，陆旸. 中国经济将回归怎样的常态 [J]. 中共中央党校（国家行政学院）学报，2023(1).

加强新领域、新赛道的制度供给

习近平总书记在谈到新质生产力时指出:"它由技术革命性突破、生产要素创新性配置、产业深度转型升级而催生,以劳动者、劳动资料、劳动对象及其优化组合的跃升为基本内涵,以全要素生产率大幅提升为核心标志,特点是创新,关键在质优,本质是先进生产力。"①《决定》进一步提出"健全因地制宜发展新质生产力体制机制",就是要求从供给侧增强高质量发展的能力,并通过体制机制改革促进其加强形成,从而支撑中国经济在合理且合意的速度区间增长。可以从形成新质生产力和加强新领域新赛道制度供给两个角度来理解。

首先,形成新要素和促进要素新组合,是发展新质生产力的基本要求和关键路径。各种要素及其组合构成特定的生产函数,具体表现为多种质态的生产力及其水平。作为一种规律性现象,在不同的发展阶段,某些要素(而不是其他要素)在经济发展中发挥着更主要的作用。因此,随着发展阶段变化,要素之间必然会发生绝对意义上的形态替代和相对意义上的作用消长,这是经济总量增长和结构演变的题中应有之义。加快形成新质生产力以保持经济增长可持续性,一方面,要注重培育新要素,推动先进要素对传统要素的替代或改造;另一方面,要注重促进要素的充分流动和重新组合,形成新产业、新模式、新业态、新融合,提高资源配置效率。

其次,发展新质生产力也要紧密结合国情和发展阶段,避免在所有技术、产业和经济领域一哄而上。必须秉承新发展理

---

① 参见 https://www.gov.cn/yaowen/liebiao/202405/content_6954761.htm。

念，注重因地制宜和分类指导，既努力创造先进生产力，也着力于以新质生产力推动传统产业优化升级。例如，《决定》中提到的"首发经济"就是一种能够在市场中引入新要素和新元素的业态，并通过要素重新配置承载新质生产力；"银发经济"强调的是通过满足涉老消费和促进大龄劳动者就业，创造更可持续的新需求，推动增进老年人福祉的产业发展。与此同时，发展这些新产业意味着新旧要素的创新性配置和新场景应用，既实现产业转型、升级、融合的目标要求，也满足居民不同方面、不同层次的消费需求。

最后，《决定》关于形成新质生产力的这一重大部署，落脚点在于完善有利于要素持续培育、充分流动、合理集聚和有效配置的体制机制，加快形成同新质生产力更相适应的生产关系。无论从培育新要素的角度来看，还是从推动要素新组合的角度来看，新质生产力的形成往往发生在新领域和新赛道。新的制度需求由此产生，新的制度供给也应运而生。形成和完善新的生产关系、加强新的制度供给，要求以新发展理念为引领，深化供给侧结构性改革。改革特别要集中于破除妨碍要素充分流动，以及向发展新质生产力集聚的体制机制障碍，促进提高全要素生产率。

我们从相关研究中可以看到，生产率的增长源泉通常遵循一些共同的规律，并且从我国经验中得到验证，对进一步挖掘生产率潜力具有启发。我国生产率提高的经验表明，在劳动力丰富的高速经济增长时期，生产率提高主要来自劳动力大规模从农村向城镇、从农业向非农产业转移带来的资源重新配置。这种效应对整体生产率的贡献率为 1/3~1/2。[①] 而在一个不存在这样大规模劳动力流动的发达经济体中或中国经济的更高发展阶段，生产率增长更多地来自市场主体之间的竞争，特别是通过进入与退出、生存与死亡这种优胜劣汰机制实现的要素重新配置。这种效应对整体生产率的贡献率同样为 1/3~1/2。[②] 归纳生产率源泉相互替代的特点，可称之为两个"1/3~1/2 贡献"之间的转换。可见，拆除妨碍要素流动的体制机制障碍，改善要素资源配置环境，可以从新质生产力中获得新的可持续增长动能。

普惠性、基础性、兜底性民生建设

在发展中保障和改善民生包括两方面的任务要求：一方面，从供给侧和需求侧发力，保持合理、合意经济增长速度，并通过扩大就业、增加居民收入和改善收入分配，让发展成果更多、更公平地惠及全体人民；另一方面，坚持尽力而为、量力而行原则，完善基本公共服务制度体系，加强普惠性、基础性、兜底性民生建设。也就是说，提高人民生活品质既要靠经济增长保持家庭收入和财富的持续增长，也要靠再分配保障提供更多、更广泛、更高质量的公共品。民生有所呼，改革有所应。可以着重从以下方面理解《决定》对健全保障和改善民生制度体系做出的部署和提出的要求。

---

① 蔡昉. 中国经济改革效应分析——劳动力重新配置的视角 [J]. 经济研究，2017 (7)：4-17.

② Lucia Foster, John Haltiwanger, Chad Syverson. Reallocation, Firm Turnover, and Efficiency: Selection on Productivity or Profitability? [J]. American Economic Review, 2008(98): 394-425.

首先，增强基本公共服务均衡性和可及性，以更多高质量的公共品满足人民日益增长的需要。从时间序列和跨国数据的分析，可以观察到各国现代化呈现出一个共同特征，即政府支出特别是社会性支出占国内生产总值的比重随发展阶段变化而趋于提高。[①]这揭示了公共品边界不断拓展这样一个现代化规律。数据分析还表明，在公共品供给增加的过程中，平均而言，在人均国内生产总值从 10 000 美元提高到 23 000 美元的区间，公共支出占比的提高速度最快，提高幅度也最大。这个发展区间恰好对应着我国到 2035 年基本实现现代化、成为中等发达国家、人均国内生产总值达到或超过 23 000 美元的整个过程。因此，也可以把这个时期看作一个公共品供给显著增加的机会窗口。

其次，推动相关公共服务随人走，畅通社会流动渠道。通过人口合理集聚和有序流动，推动以人为核心的新型城镇化，促进区域人口分布的均衡化，都有助于通过重新配置劳动力等要素加快形成新质生产力。为了达到这样的预期目标，要求通过改革推动基本公共服务供给更加充分、更加均等。由此出发的改革理念和改革部署则是加强普惠性、基础性和兜底性民生建设。相应的改革任务既包括优化区域公共服务资源配置，也包括同步推进户籍、用人、档案等服务改革，以及建立区域均衡的中央和地方财政关系，旨在通过完善制度机制实现促进机会公平的目标。

最后，健全覆盖全人群、全生命周期的人口服务体系，促进

---

① 蔡昉，贾朋. 构建中国式福利国家的理论和实践依据 [J]. 比较，2022(3).

人口高质量发展。以应对老龄化、少子化为重点完善人口发展战略，涉及基本公共服务诸多关键领域的完善和改革。降低生育、养育、教育成本以提升生育意愿，同时达到释放生育潜力和增进家庭福祉的目标。健全社会保障体系以解除后顾之忧，完善公共服务应对就业结构性矛盾，发展养老事业和养老产业实现老有所养、老有所为、老有所乐等，既是促进人口高质量发展的关键举措，也是改善公共品供给的基本要求，以及提高人民生活品质的必由之路。从改革方法论的角度来说，这项毕其功于一役的重大任务部署必须以协同的方式推进，才能保持经济和社会发展的协调，以及民生事业在各领域的均衡改善。

宏观经济政策的三个新着力点

贯彻二十届三中全会精神，特别是关于增强宏观政策取向的一致性，健全宏观经济治理体系的最新部署，要求树立认识宏观经济的新范式，进而确立宏观经济政策新着力点。

认识宏观经济的新范式

按照二十届三中全会的部署，把宏观经济政策引领到新着眼点和着力点上，符合新发展理念，顺应新发展阶段，避免投资刺激的老路，改变房地产驱动的发展方式，与改善民生要求一致。

首先，加快培育完整的内需体系，特别着眼于完善扩大消费长效机制。曾有人提出发放一次性现金来刺激消费，这在疫情期间作为一种短期举措可能是有效的。在疫情结束且宏观经济已在复苏的情况下，政策着眼点和发力点应该转向长期。相比之下，建立长效机制则是通过制度建设，长期稳定地推动消费增长，同时在短期内也能产生立竿见影的效果。

其次，完善就业优先政策，着力解决结构性就业矛盾。就业问题涉及家庭和劳动者，影响居民消费。虽然疫情的影响逐渐消退，经济逐步恢复到正常轨道，宏观意义上的充分就业状态得以恢复，但由于存在结构性就业矛盾，当前的自然失业率可能较以往更高。因此，解决结构性就业问题不仅是当前宏观经济政策的延伸，还将产生长期效果。

最后，发展银发经济，创造适合老年人的就业岗位。老龄化将始终伴随我国的发展，未富先老特征也将长期存在。因此，宏观经济政策和产业政策都要围绕这个新国情制定，不仅要满足老年人日益增长的需求，还要为他们创造新的就业机会。

当前的焦点在于我国经济如何尽快回到充分发挥增长潜力的轨道。值得注意的是，这一轨道并非改革开放最初30年的高速增长轨道。在2012年之后，我国经济进入了新常态，主要表现为中高速增长。今后，只要我们能长期维持高于世界平均水平的增长速度，即便是中高速增长的中后段甚至中速，我们依然处于赶超状态，这也意味着我国能够在2035年实现成为中等发达国家的目标。

我国经济未来的增长能力，即通过要素增长与配置、提升生产率在常态下可以维持的增长速度，我们称之为潜在增长率。根据我们的测算，我国的潜在增长率虽然呈下降趋势，但是仍然能够满足基本实现现代化的速度要求。受疫情冲击，实际增长速度与潜在增长能力之间一度出现了差距。潜在增长率代表供给侧的能力，即经济的基本面和韧性；实际增长率则反映了需求侧的状况，反映是否有足够的需求来支撑经济增长。从两者之间差别的趋势来看，实际增长率与潜在增长率之间的差距有扩大的可能性（见图7-3）。因此，采取措施消除这一不应有的差别，核心在于突破需求侧的制约。在传统的"三驾马车"中，外需由于国际环境和地缘政治的变化，特别是逆全球化趋势，已不可持续；无论是基础设施还是工业企业投资，虽然仍然重要，但其作用也受到消费需求的限制，不再像过去那样强劲地拉动经济增长。因此，根本上还是要依靠与民生相一致的消费需求，这是经济增长最可持续的拉动力。

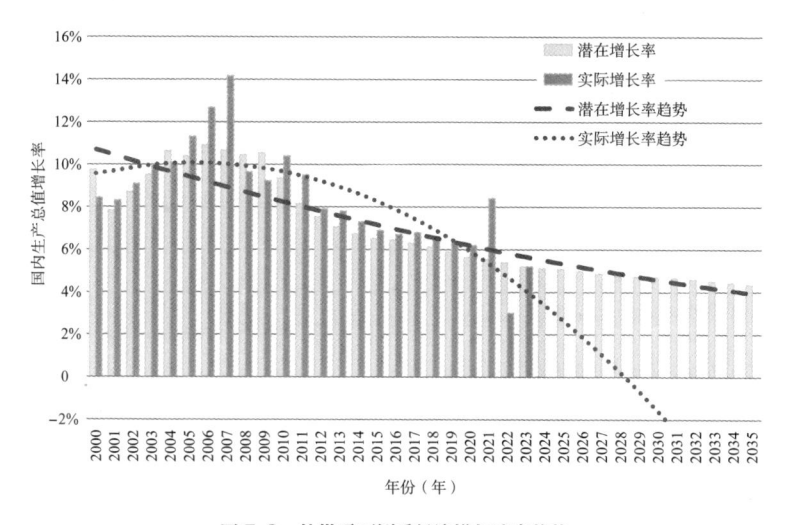

图7-3 从供需两侧看经济增长速度趋势

资料来源：蔡昉，李雪松，陆旸.中国经济将回归怎样的常态[J].中共中央党校（国家行政学院）学报，2023(1).

政策施力和瞄准的对象从投资者及企业转向家庭

以往的宏观经济政策往往着眼于降低贷款门槛、改善营商环境、放松货币政策或财政政策，甚至直接对企业进行补贴。虽然这些政策在产业层面仍有必要且大可继续存在，将来遇到宏观经济冲击时更是必要的，但是解决当前的宏观经济困难应该更加注重居民消费，所以实施方式应该转变为"家庭本位"导向。"家庭本位"在当前至关重要，因为家庭收入和就业在疫情期间受到严重冲击，需要短期补贴支持，但更应着眼于建立长效机制。

我国面临"双新常态"的叠加：一方面，2012年以来经济进入新常态，增长速度放缓，供给侧增长能力有所下降；另一方面，2021年中国进入中度老龄化阶段，2022年人口开始负增长以来，无论是老年人口消费能力弱和消费意愿低，还是总人口减少导致消费者数量减少，都潜在导致未来居民消费减弱，成为制约经济增长的长期因素。因此，在长期和短期因素的共同作用下，政策的重点应转向家庭消费，我们称其为"家庭本位"。"家庭本位"的核心在于解决疫情冲击带来的疤痕效应，以及应对人口老龄化、少子化和人口负增长的长期不利效应。在这一背景下，家庭的重要性越发突出，不仅在于刺激消费，还在于鼓励生育。因此，转向"家庭本位"应该成为一个政策着力点。

政策基准从菲利普斯曲线转向贝弗里奇曲线

菲利普斯曲线描述了通货膨胀率与失业率之间的替代取舍关系，经济学理论通常认为，需求侧遭遇冲击时，通过实施刺激性宏观经济政策，可以推动经济回归正常增长轨道，实现充分就业，即消除周期性失业。这种思路仍然有效。当前我国城镇失业率已经回归常态,即充分就业水平。然而,相比历史水平,自然失业率有所上升,这反映了结构性就业矛盾的加剧。首先,随着人口结构的变化,特别是老龄化、少子化和劳动年龄人口结构的变化,劳动者的就业能力有所减弱。其次,技术进步和产业结构的快速变化,使得新岗位的创造速度难以抵消就业的损失速度。此外,一些体制机制因素也降低了劳动力市场的匹配效率。这些都决定了政策必须关注结构性就业矛盾。因此,我们就要应用贝弗里奇曲线所揭示的自然失业率形成的原因来应对它。

根据测算,我国的自然失业率趋向于缓慢上升。尽管实际失业率存在周期性波动,但长期来看,失业率的上升是一个不可忽视的趋势,这与产业结构变化、技术进步加速、人口老龄化以及体制等因素密切相关。无论是周期性失业还是自然失业,都代表着劳动力资源未被充分利用,这不仅是供给侧的损失,也是需求侧的损失。因此,必须采取不同的应对措施来解决自然失业问题。需要在宏观经济政策工具箱中引入应对自然失业的手段,充实现有政策手段并打通各类政策之间的联系。

自然失业率问题与体制和制度因素密切相关,其中一条就是户籍制度对劳动力配置效率的不利影响。过去,人们以为户籍制度主要影响农民工群体,实际上它的影响远超这一人群范围。根据第七次全国人口普查数据,在城镇常住人口中,约38%的人口没有本地户籍,年轻人口中这一比例更是远高于平均水平。这不仅涉及农民工,还包括大学毕业生、复转军人等,他们都是二十届三中全会重点关注的对象。为这些群体提供公共就业服务固然是有益且必要的做法，但更根本的解决办法是推动户籍制度改革。这不仅能产生长期的积极影响，还能立即带来实际的改革红利。从供给侧改革来看，户籍制度改革可以带来百万级新增劳动者；从需求侧来看，可以带动万亿级的新消费需求。

重新定义人口红利，适应人口发展新常态

在人口发展新常态下，我们需要重新定义人口红利。从传统定义来看，人口红利通常指劳动年龄人口增长快、占比高，抚养比低，因而劳动力资源丰富、人力资本改善快、资本回报率高，以及劳动生产率高的优势。随着人口老龄化的加剧，传统意义上的人口红利逐渐消失，这时候我们应该关注更高年龄段的人口群体。例如，1980年，规模最大的劳动力主要在年轻人群；到2000年，中国已经进入老龄化社会，劳动人口年龄的重心开始上移；2021年，进入中度老龄化阶段，年龄更大的劳动力群体进一步集中到大龄群体；预计到2032年，将进入深度老龄化阶段，必须挖掘更大年龄的劳动力群体。总的趋势就是，政策关注点应逐渐转向规模逐渐变大、年龄逐步提高的人口群体。一方面，这些群体可以作为重要的人力资源加以利用；另一方面，人口红利的概念也可以扩展到需求侧，将老年人口转化为有效的消费者群体，也是一种伴随人口老龄化出现的新人口红利。

在政策上，我们已经部署了"银发经济"发展，并且在概念上尝试重新定义和扩大"人口红利"的内涵，其中一个典型的例子是"银发经济"可能引发的照护产业扩张。通过分析各国的数据，我们可以看到，在全部时间中，我国女性用于家务劳动的时间占比略微超过10%，与其他国家相比，并不显著更高。然而，我国女性的劳动参与率是全球最高的，这意味着她们不仅承担与其他国家女性相似的家务劳动量，而且是在就业之外承担这些家务。

这种情况导致女性的收入水平和就业质量难以提升，也缺乏时间进行自我提升（如人力资本培养），以及生育、养育和教育子女。如果我们将这些家务劳动转化为产业，使之成为社会化的服务供给，将产生三重效果。第一，提高劳动参与率。这既能直接提升女性的劳动参与率，又通过创造新的需求和新的就业岗位为更多人提供就业机会，从而缓解结构性就业矛盾。第二，扩大社会服务供给，增加国内生产总值。目前，大约1/3的个人劳动属于无报酬劳动，也就不计入国内生产总值。如果将这些家务劳动转化为社会化供给，将显著扩大国内生产总值的规模。第三，改善家庭发展与职业发展之间的平衡性，提高家庭生育意愿和全社会生育率。

货币政策的"多出"和金融发展的"积极进取"

2023年中央经济工作会议要求，坚持稳中求进、以进促稳、先立后破，多出有利于稳预期、稳增长、稳就业的政策，在转方式、调结构、提质量、增效益上积极进取，不断巩固稳中向好的基础。这里强调"多出"的政策，自然包括货币政策的任务目标，"积极进取"则应该作为金融高质量发展的实施内容。

"多出"和"积极进取"的紧迫性

我国经济抵御风险的韧性和长期向好的潜力仍然巨大，并不像鲁奇尔·夏尔马所预测的"长期崛起趋势的逆转"①。他对中国经济的"悲观"判断，主要基于对中国国内生产总值占世界比重以及潜在增长率趋势的错误估计。

夏尔马基于中国劳动年龄人口负增长的趋势，做出中国经济增长潜力的估计。他的简单估算方法是劳动力增长率与劳动生产率增长率相加，即为潜在增长率。由此，他把疫情造成的中国经济增长减速，导致国内生产总值的世界占比短暂下降，视为确定无疑的长期趋势，也就是认为中国经济未来的增长率将降到期望的水平之下，也无法超过美国成为第一大经济体。

鉴于夏尔马不仅是一位专栏作家，还是国际上知名的投资者，具有一定的引导性，其发表的意见不容忽视。我们要对其方法论上的错误予以批评，以正视听，并且在一些重要的方面尽快取得改革成效，以事实证明其判断错误。所以，我将尝试澄清他关于中国经济增长潜力的判断，下文从货币政策和金融发展的角度，提出一些需要"多出"和"积极进取"的建议。

首先，夏尔马式的潜在增长率简易估算方法（潜在增长率＝劳动力增长率＋劳动生产率增长率）过于简单粗略，以致存在的技术缺陷使其不能准确预测中国经济增长的未来趋势，还会掩盖巨大的改革红利。一方面，劳动生产率能否得到提高不是命中注定的，而是事在人为，转变发展方式和提高发展质量和效益都会提高生产率，另一方面，最主要的是他没有考虑到结构调整可以

---

① Ruchir Sharma. China's Long Rise Is Reversing[N]. Financial Times, 2023-1-20.

保持劳动力增长。从劳动年龄人口总量看，劳动力增长潜力确实已经枯竭，然而我国农业劳动力占比高达24%，比高收入国家平均水平高出20个百分点，因此，促进农业剩余劳动力转移可以创造立竿见影的改革红利，增加劳动力供给从而提高潜在增长率。

其次，我国国内生产总值在世界占比的下降主要是受疫情影响，2022年经济增长速度低于自身潜在增长率，以及因汇率的非趋势性变化造成（如图7-4中展示的按现价美元和不变价美

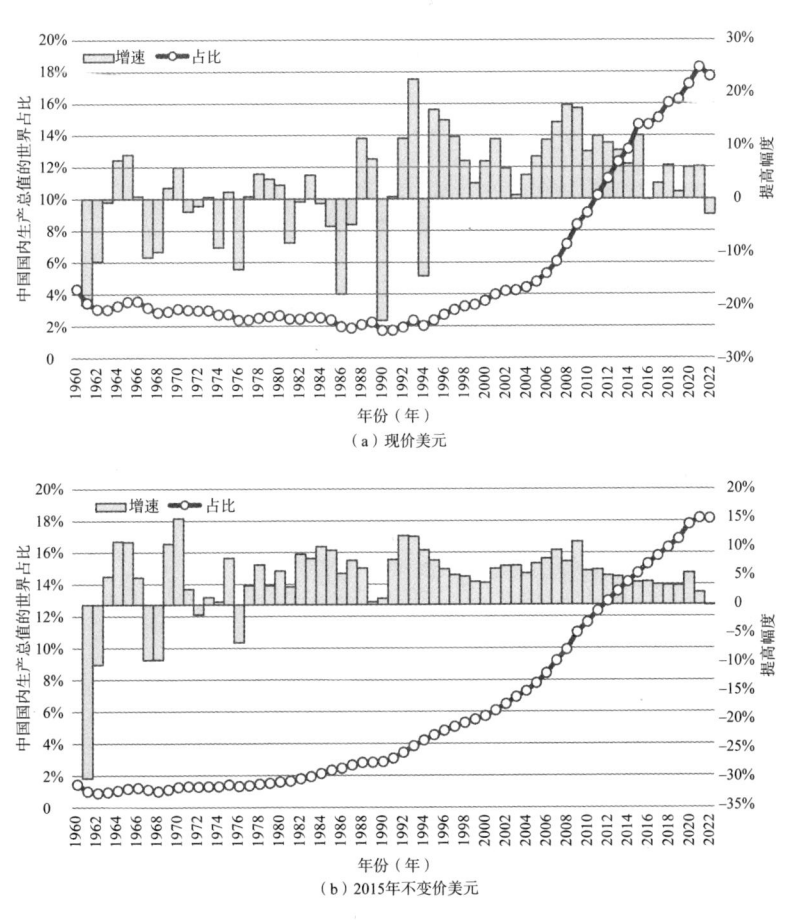

(a) 现价美元

(b) 2015年不变价美元

图7-4 中国国内生产总值的世界占比及提高幅度

元计算的两组数据），因而只是暂时性现象，而非趋势。事实上，我国经济的世界占比迅速提高正是在劳动年龄人口负增长时期，也说明人口因素固然影响中国的潜在增长率，但在相当长的时间里，我国潜在增长率仍然可以保持赶超美国的水平。

"多出"和"积极进取"的针对性

我国经济面临四个现实和潜在的"缺口"。第一，增长动能缺口。总人口负增长开始后，劳动年龄人口减少速度显著加快，意味着传统经济增长动能的减弱趋势愈加明显，亟待培育新动能，特别是转到生产率驱动模式上。第二，生产率缺口。人口年龄结构变化，使得依靠资源重新配置的传统生产率源泉式微，补足这个缺口必须借助创造性破坏机制。第三，增长率缺口。经济发展阶段和国际政治经济环境都显著弱化需求，特别是在人口负增长和更深度老龄化条件下，分别通过人口总量效应和年龄结构效应，对消费产生巨大的抑制。这使得需求不足以支撑潜在增长率的情形经常发生，形成实际增长率低于潜在增长率的增长缺口。第四，未富先老缺口。在较低人均收入水平上进入老龄社会，从婴幼儿到各阶段学生的养育，从就业促进到住房保障，从医疗、养老到其他各项社会保障，都具有不平衡、不充分的特点，反过来影响消费扩大。

应对这些挑战任重道远又十分紧迫，因为作为制度建设的长期任务，归根结底都需要随时随地的任务进展才能落实，而且这些任务的进展情况归根结底会在应对短期冲击时得到检验。

"多出"和"积极进取"的重点任务

首先，潜在增长率越是依靠生产率提高，金融越是要从传统功能（积累和培育产能）转向支持熊彼特式的创新（创造性破坏）。生产率提高方式转向熊彼特式创新有两重含义：一是创新越来越具有颠覆性；二是生产率提高更依靠吐故纳新、优胜劣汰，而非和风细雨、齐头并进。相应地，这也要求金融模式转换。党的二十大报告提出"健全资本市场功能，提高直接融资比重"。一个重要方面是把金融的创新精神与企业家精神相结合。阿吉翁阐释了风险资本作为创业天使，以及机构投资者作为接续者的创新功能。

其次，保持增长速度越倚重需求扩大，越要求金融从擅长的刺激短期需求功能转向更具有普惠性、更善于培育长期需求。宏观经济政策功能及其引导的金融活动，更多的是应对周期性总需求不足。在需求成为长期常态制约的条件下，宏观政策应协调货币与财政，以及产业和社会政策，更善于培育可持续需求。金融模式自然应该以特定的经营模式和创新追寻这一变化。

再次，居民消费越成为常态制约，越要求金融从以投资者、企业为服务对象转向善于为居民服务，更加强调"家庭本位"。也就是说，金融活动更注重居民为中心和"家庭本位"，从安全理财、解除后顾之忧、助推消费升级等方面，帮助形成完善、成熟、稳定的居民资产负债表，提高家庭消费能力和意愿。

最后，保持合理增长速度归根结底靠改革，要求金融善于为改革铺路搭桥和保驾护航，同时也分享改革红利。重点领域和关键环节的改革红利直截了当且立竿见影，金融企业支持改革无须仅以履行社会责任为出发点、以分享社会收益为激励。要以新理念（环境、社会和公司治理）、新模式（普惠金融）和新技术（科技金融）支持改革，即 2023 年中央金融工作会议所提出的"五篇大文章"（科技金融、绿色金融、普惠金融、养老金融、数字金融）。例如，配合户籍制度改革挖掘供给侧新要素和需求侧消费潜力，更多、更高质量公共服务供给对政府与社会资本合作的投融资项目的需求，新市民规模扩大对公用基础设施及住房的需求，养老保险第三支柱对基金运营和保值增值的需求。

宏观经济政策需要调整工具箱

从当前经济数据和实感来看，经济复苏仍然遭遇堵点。到了 2023 年第三季度，如果仍在说"多数指标边际改善，积极因素累积增多"，也就意味着复苏成效不如预期。2023 年 9 月，经济合作与发展组织对中国 2023 年的增长率预测下调了 0.3 个百分点，预计增长 5.1%，对 2024 年的增长率预测下调了 0.5% 个百分点，预计增长 4.6%。半年多的政策实验说明，以往发挥主要作用的货币政策，如今主要在于创造一个必要的宽松环境，以及实施一些结构性的精准刺激；市场及信心的恢复，需要追加采用一些新的政策工具，依靠综合的以及相互协同的政策举措，才能够见到明显效果。

在经济增长新常态框架下认识宏观经济

经济发展新常态的新特征决定了促进经济复苏需要改变政策

理念、思路、手段和做法。人口负增长和更深度老龄化、持续较长时间的疫情，以及去全球化及地缘冲突，使中国经济在供给侧问题依然存在的同时，新常态越来越多地表现在需求侧，特别表现为居民消费已经成为经济增长的常态制约，以及经济复苏的关键堵点。以下几种效应发挥了抑制居民消费的作用。

第一是磁滞效应。从统计意义上，这种受冲击影响的效应似乎难以避免。前文提到，布兰查德等人从 23 个发达国家在 1960—2010 年出现的 166 次衰退中发现，它们在遭遇冲击后普遍出现实际增长率低于潜在增长率的现象，供需两侧的原因都存在。疫情期间，我国城镇的周期性失业持续存在，严重影响了居民的收入和消费，造成疤痕效应，导致预期转弱，消费意愿受损。所以我们面临的磁滞效应是需求侧的，或者说是消费抑制型的。

第二是人口减少效应。假设人均消费水平稳定，消费总量与人口总量的变动方向及幅度完全对应，即在其他因素不变的条件下，保持人口负增长时代的居民消费增长是一个极大的挑战。一旦与磁滞效应相遇则出现消费持续不振的情况。

第三是养老保障效应。老年人口抚养比加速提高与现收现付养老保障制度构成一对矛盾现象，形成"现收现付悖论"。一方面，就业人群承受着作为养老保险缴费者、家中老人赡养者和预防性储蓄者的三重负担，意味着个人消费被大打折扣；另一方面，老年人口不再有劳动收入、社保覆盖和保障也不充分、养老方式具有不确定性，因此，消费能力不强的同时还受后顾之忧的困扰。

第四是（结构性）就业困难效应。以下因素使结构性失业长期趋于提高，即自然失业率在疫情前 5.1% 的水平上可能提高。

一是就业增长随经济减速而相应减慢，劳动力市场更具选择性；二是技术和产业变革淘汰低生产率行业，就业破坏大于就业创造；三是农村转移和延迟退休的大龄劳动者、各级毕业生以及转岗的低技能人员日益成为就业主体，人力资本供需匹配度下降；四是劳动力市场非正规化、市场主体活跃期短、职工跳槽率高等因素加大了人力资源配置的摩擦系数，导致自然失业率上升。

亟待充实和调整宏观经济政策工具箱

从刺激政策所针对的端侧、对象和手段来看，很多传统的政策工具已经失效，不再适用于当前的情形，宏观经济政策工具箱有待充实。

首先，当前经济复苏的堵点在需求侧，根本在于居民消费领域。在着眼用政策刺激消费时，应该把家庭和个人作为对象，只要消费能力和消费意愿提升了，消费需求反弹到合理水平，供给自然而然会得到恢复。反之则不然。如果出发点是刺激供给，把关注点放在如何提供更多、更好的产品，似乎就把关系颠倒了。例如，改变消费者价格指数的读数和趋势，用增加供给的方式不会奏效，而是需要恢复消费者的信心，以及改变他们的消费行为。

其次，以建设项目为指向的刺激政策难以取得扩大就业、增加收入进而提高消费的效果。例如，当前周期性失业问题已经大幅度缓解，目前25~59岁人口的城镇调查失业率已经低于自然失业率。同时，仍然面对就业困难的是16~24岁青年劳动力，包括大学毕业生和新成长的农民工。他们面临的高失业率有周期性因素，更主要的是结构性因素。这个群体有以下特点：其一，这个群体的 70% 在第三产业就业，他们的失业率对建设项目的开工丝毫不敏感；其二，在所有年龄段中，这个群体的消费水平最高，他们消费能力和意愿的恢复无疑可以产生显著的影响；其三，这个群体中有高达 60.5% 的人口没有城镇常住地的户口，其消费行为必然对户籍制度改革有积极的回应。

改革措施有助于达到宏观经济政策预期

改革红利不仅表现为真金白银，也具有立竿见影的效果，促进宏观经济复苏的作用必然十分显著。以户籍制度改革促进消费的效果为例。2022 年，外出农民工的月平均工资达到 5 240 元，折合成全年收入为 6.3 万元，以三口之家，即夫妇二人工作并抚养一个子女计算，全家收入接近 12.6 万元，人均可达 4.2 万元，已经十分接近城镇中间收入组平均 4.4 万元的水平。然而，由于没有城镇户口，未能均等享受城镇基本公共服务，农民工的消费显著低于城镇居民平均 30 391 元的水平，据估算他们消费被抑制的程度为 23% 左右。

因此，1.72 亿外出农民工如果落户，成为城镇户籍居民，他们的人均消费可增长 6 686 元，由此产生的全国城镇居民消费增量可达 1.2 万亿元。对于疫情期间形成并由于老龄化程度加深而可能扩大的数万亿元规模超额储蓄来说，只有万亿元量级的新增消费才能产生释放消费的必要效果。此外，包括大学毕业生在内的青年群体也有很大的比重未能解决在就业城市落户的问题。户籍制度改革对他们的消费提高效应也应该十分显著。

由表及里认识宏观形势，标本兼治推动经济复苏

宏观经济复苏状况

2023年上半年的经济复苏符合《政府工作报告》的预期，但总体来说低于原来的市场预期和学者预测，有些指标不尽如人意。

中国社会科学院预测的2023年第二季度国内生产总值的增长率为7.0%，主要原因是上年同期的增长率基数较低，只有0.4%。但是，不管怎么说，全年预测仍然可实现5.3%。有的研究团队对2022—2023年平均增长率仍然低于潜在增长率的情况表示担心。其实，并不应该追求两年平均达到潜在增长率水平，因为失去的就失去了，关键还是要使2023年之后的增长符合潜在增长率，才是可持续的增长。

迄今为止的复苏主要靠基本建设投资拉动，制造业投资和增长均不甚强劲，房地产投资为负增长，进出口名义增长也均为负数。

城镇调查失业率虽然稳中趋降，向自然失业率5.1%左右的水平回归，但青年失业率2023年5月达到前所未有的20.8%。这与过去两三年积累了一些大学生未就业或者工作不理想意图重新找工作有关（遗留下来的多为就业困难较大的人群），也与政府财政紧张和减员，以及公司观望，预期生成式人工智能替代脑力劳动岗位有关。此外，也与家庭资产负债表受损、预期整体不好有关，即大学毕业生不再有"躺平"或者"啃老"的本钱，声称失业的比例提高。

数据背后的经济规律

有些道理我们过去是懂得的，如今或许已经淡忘；也有些新的现象系初次显现，所以需要借此时机加深认识。

第一，不应该忘记的是，宏观经济不可能靠令行禁止，没有召之即来、挥之即去那样的好事。遭遇冲击之后，不可避免地会产生磁滞效应或者疤痕效应。这种效应既显现在供给侧，更突出表现在需求侧。因此，病来如山倒，病去如抽丝，宏观经济政策不能急于求成、一味发力，要选准方向、选好工具，才能精准有效。

第二，宏观经济复苏的现状可能预示着或者干脆是表明新常态的到来。主要包括三点。其一，需求侧新常态。人口负增长以及老龄化达到14%以上，通常也是储蓄率大于投资率、消费率趋于降低的转折点。其二，疫情冲击、人口新特征和人工智能革命都倾向于加大结构性就业困难，提高自然失业率。青年人和大学毕业生首当其冲。其三，从更一般的层面上说，或许我国已经酝酿着形成一些独特的"长期停滞"表现。显然与新冠大流行前欧美的"三低一高"（低通胀、低利率、低增长、高负债）不同，与这些国家现在的情况（通胀高企和利率回升）也不同，我国可能是低通胀、正常利率、高负债、中速增长的组合。

标本兼治的几个发力点

我们仍然要强调改变宏观经济思维范式，借助制度需求强烈从而改革的成本—收益均衡点变得有利于改革出台的大好时机，坚持用改革的思路和办法，切实转变发展方式，真正转换增长动能。

第一，基本建设（特别是基础设施建设）的投资要切实转到新的增长点上。例如，绿色发展投资，特别是为实现"双碳"目标不能回避的投资，现在正是大好机会。再如，抓住数字技术革命带来的产业机会，在基础设施建设和形成产业能力方面同时用力。

第二，以结构变化释放能量，抵偿和替代人口负增长后的诸多总量不足现象，发挥超大规模市场潜力。从供给侧来看，教育体制和户籍制度改革都意味着用结构调整的办法，释放出劳动力质量和数量潜力，并通过人口总规模把优势放大，获得真金白银的改革红利。从需求侧来看，改善人居环境、推动乡村振兴、提高城镇化质量（党的二十大报告所说"城市更新行动"）、促进农民工市民化等，都能够创造对基础设施和房地产的新需求。从共享发展方面改善收入分配可以扩大中等收入群体规模，创造新的、庞大的消费需求。

第三，在人口群体和市场结构等方面，找到制约居民消费复苏的短板和堵点。以前我国经济遇到的需求制约都是短期因素，是周期现象，所以通常采用反周期工具。如今遇到的需求制约已经是新常态，是长期增长现象，不可能仅靠反周期政策来应对。需要把短期任务与长期目标相结合，要善于从提振消费举措中获得长期的增长动力，而不再是在实施刺激的同时就要立竿见影地感受到国内生产总值的增长。

目前收入分配中存在的一些问题是实现共同富裕绕不过的，如巩固脱贫成果、把基尼系数降到 0.4 以下、社会保障项目应保尽保、基本公共服务均等化，特别是对教育发展以及着眼于补短板的科技创新的支持，均可以设计出相应的宏观政策工具，借机大幅推动一步，由此把宏观经济复苏与长期制度建设任务有机结合。

如何创建统一的经济发展理论

在研究工作中，我常常感到有一种内在的要求，即形成对于经济发展的统一理论解说。诚然，我深知此项工作难度之大、风险之大，特别是面对"统一"易致过简化、"全面"易致碎片化的难度，几乎是任何人都难以一己之力克服的。不过，秉持开卷有益、立此存照的态度，我愿意就这个主题，不揣冒昧地表达一些想法。

首先，构造"统一理论"的意图是合理的，也是任何学科理论演进的题中应有之义。例如，史蒂芬·霍金在《时间简史》一书中就试图表明，在截然不同的物理学理论之间存在的对偶性和一致性，意味着可以寄希望于找到一种"物理学的完全统一理论"，或者说"万物理论"。[①] 古今中外的人类经济活动必然有着某种本源性的规律在支配，已有经济学理论对经济活动和发展过程的各种解释，背后也存在很强的一致性，可见，形成统一的经济理论既是一种可行性，也是一种必要性。

事实上，在经济学领域一直不乏有意识探寻统一理论的个人

---

① 史蒂芬·霍金，列纳德·蒙洛迪诺. 时间简史（普及版）[M]. 吴忠超，译. 长沙：湖南科学技术出版社，2006.

努力。在我有限的阅读范围内，在美国布朗大学任教的经济学家盖勒就在孜孜不倦地构建"统一增长理论"①，可算是这方面一个著名的例子。此外，美国经济学家曼库尔·奥尔森也一直尝试建立一门"无所不包的经济学"。他认为研究者面对的经济、社会和政治现实，很多事物难以度量，因而具有不可分性，需要综合思考经济学所有领域和社会科学领域的相关问题。②

还有一种不带主观意识的理论发展路径，表现为经济学向某个本源理论的回归，或者说呈现一种万源归一的学说史倾向。例如，我在阅读经济学文献时发现，托马斯·马尔萨斯作为探讨人口与经济发展关系的先驱，其理论在经济学的演进中始终占据源头般的地位。从发展经济学来看，马尔萨斯所描述的低水平均衡状态直接为发展经济学中的贫困陷阱理论奠定了分析基础。同时，他还是最早进行两部门分析的学者，为二元经济发展模型提供了方法论借鉴，而后者又可以说启发了关于人口红利的研究。从宏观经济学来看，凯恩斯深受马尔萨斯的影响，把有效需求不足的终极原因归结于人口增长的停滞，是当今广为流行的"长期停滞假说"的理论渊源，不啻经济增长理论添加了需求侧的视角。③

其次，任何人如果意图构造统一的经济学理论，注定应该从发展经济学入手。那些静态不变且不问来龙去脉的理论只能算是

---

① 奥戴德·盖勒. 统一增长理论[M]. 刘斌，译. 北京：中国人民大学出版社，2017.
② 理查德·斯威德伯格. 经济学与社会学——研究范围的重新界定：与经济学家和社会学家的对话[M]. 安佳，译. 北京：商务印书馆，2003：232-236.
③ 蔡昉. 万物理论：以马尔萨斯为源头的人口—经济关系理论[J]. 经济思想史学刊，2021(2).

单一的，而不是统一的。经济学家天生富有穷根究底的好奇心，终究要受到智力挑战般的诱惑，去探寻长期经济发展问题。有一句通常不加引注的名言，其实出自诺贝尔经济学奖获得者罗伯特·卢卡斯的一篇学术文章。他说：一旦开始思考经济增长及其福利影响这样的长期问题，人们就不再能够心有旁骛。[1] 这不仅仅是由于经济学家固有的好奇心，更是由于这样的事实：经济活动总是显现相同的动机，经济史事件也常常表现出惊人的相似之处。既然人们内在地具有理解经济发展万象的强烈动机，自然会追本溯源，回归到发展经济学上面。于是，无论遭遇过多少兴衰起伏，发展经济学终究还会复兴，这也是经济学回归初心的必然要求。

鉴于发展经济学自 20 世纪 80 年代起渐趋衰落的事实，除非有足够大的力量，否则难以将其推回应有的高度。我能够想到的恰恰有两股这样的力量。其一，主流的新古典经济学之所以有负于我们，与其当年排斥发展经济学的原因完全相同。也就是在市场至上主义意识形态主导下，追求简单而直线般的因果关系，即便在考虑各种经济发展影响因素的尝试中，也只是从既定的理论和预设的前提出发，选取那些可以产生统计显著性的变量和函数式。这种做法对转型国家、发展中国家和受援助贫穷国家的多样、复杂国情缺乏足够的尊重，遑论增进贫困国家穷人的福祉。因此，即便找到上百个具有统计显著性的变量[2]，对于深刻理解这些国

---

[1] Robert Lucas. On the Mechanics of Economic Development[J]. Journal of Monetary Economics, 1988, 22 (1): 5.

[2] Xavier Sala-i-Martin. I Just Ran Two Million Regressions[J]. American Economic Review, 1997, 87(2): 178-183.

家的发展制约也难有助益。其二，曾经广为流行的发展经济学本身有着"统一"的基因。例如，阿瑟·刘易斯的二元经济理论，就是一种以古典经济学为渊源的发展经济学[①]，可以将这种对古典经济学的回归看作理论趋于"统一"的标志。此外，第二次世界大战后一度百花齐放的发展经济学各流派相互之间的相似性远大于差异性[②]，内在地具有合而为一的动力和潜力。

再次，检验统一发展经济学的方式，必然是长期的经济发展史。熊彼特曾经说，人们可以通过三种方式（理论、统计和历史）来研究经济问题。不言而喻，这并不意味着研究经济问题的方法是三选一的，正确的理解并且作为从事经济研究的正途，应该是以统计数据和历史事实对理论进行检验。例如，如前所述的盖勒正是在其独创的"统一增长"框架下，对人类走出非洲以后的漫长经济史进行全景画般的叙事。[③] 实际上，经济史能够提供最丰富的自然实验场景及素材。这些卷帙浩繁的发展经验，一方面可以无限度地扩大经济理论的信息基础，另一方面也客观地需要一个统一但并不画地为牢的理论予以统领。

最后，"统一"既不应该也不可能以排他的方式达到。构建统一的理论，需要极具分寸感地处理好诸多重要的关系，而不是将这些客观存在的关系抛诸脑后。（1）统一与包络的关系，其中

---

① Gustav Ranis. Arthur Lewis' Contribution to Development Thinking and Policy[J]. The Manchester School, 2004, 72(6): 712-723.

② Paul Krugman, The Fall and Rise of Development Economics, 1994, http://web.mit.edu/krugman/www/dishpan.html, 2020 年 12 月 12 日下载。

③ 奥戴德·盖勒. 人类之旅：财富与不平等的起源[M]. 余江, 译. 北京：中信出版集团, 2022.

包括分支学科与整合理论的关系，统一的理论应该允许理论创新和百花齐放。换句话说，理论越是包容和包络的，就越是一体和统一的。（2）方法论本身与叙事方式的关系，也就是说，统一的理论固然强调方法论上的统一性，却并不拒绝多样化的叙事方法。（3）研究出发点的规范性与研究过程的实证性的关系。一方面，特别强调发展的出发点这种哲学层面的理念，例如，阿马蒂亚·森主张，把人的行为能力作为发展的出发点，是一个建构性、无须实证检验从而先验地独立存在的命题[1]，或者按照迪尔德丽·迈克洛斯基的表述，是"关于偏好的偏好：元偏好"[2]。另一方面，统一理论的构建和完善离不开持之以恒的经验研究和素材积累。（4）发展共性与中国独特经验之间的关系。实际上，对中国经济学家来说，这种构建统一理论的意图和努力，就是创建和发展中国特色发展经济学的过程，因而也是构建中国哲学社会科学自主知识体系的一项重要任务。

在研究长期发展问题时，我们总是要面对经济事件及发展过程中极度复杂性的挑战。这在某种程度上也反映出构造统一理论需要考虑诸多复杂性特征，其中几个显而易见的特征可以概括如下。第一，很多种因素都会影响微观主体的行为，因而影响经济发展表现。相应地，经济发展本身可以且需要以众多的特征从更多的侧面来刻画。第二，始终存在已有理论解释不了的种种发展

---

[1] Amartya Sen. Development as Freedom[M]. New York: Alfred A. Knopf, 2000: 86.
蔡昉. 谦虚使人类进步——从《人类发展报告》看发展理念的变化[J]. 读书，2022（11）.

[2] 迪尔德丽·迈克洛斯基. 经济学的花言巧语（第二版）[M]. 石磊，译. 北京：经济科学出版社，2000：39.

现象，无论正面还是负面，各种理论在解释同一现象时会有差异，甚至相互抵牾。第三，不确定性始终是经济发展过程中的确定性，不确定性往往也需要确定的理论予以预测。上述这些挑战，既是在统一理论形成中能够预期的难点，也恰恰是我们需要统一理论的原因。理论创新的关键就是破除既有的经济学范式，构建一个解释力最大化的理论框架，以及一个崭新的叙事模式。当然，同很多叙事性的研究领域一样，经济学观点从来都是见仁见智的。几乎可以肯定的是，每个旨在构建统一理论的作者，必然会把作品写出迥异于他人的角度和维度。

中国发展的双新常态与宏观经济政策应对

由于一系列冲击因素带来的挑战，如逆全球化、气候危机、地缘政治和军事冲突，新冠大流行对经济整体冲击的结束，并没有使各国经济及全球经济恢复疫情之前的增长速度，宏观经济也没有回归疫情前的常态。例如，国际货币基金组织估计的2023年全球经济增长率为3.1%，对2024年和2025年全球经济增长率的预测分别为3.1%和3.2%，均显著低于2000—2019年平均3.8%的水平。[①] 世界银行的预测更为悲观：对全球经济增长率

---

① International Monetary Fund, World Economic Outlook Update, 2024-1. https://www.imf.org/en/Home.

2023年的估计值为2.6%，2024年的预测值为2.4%。①这种经济增长的磁滞效应在发达经济体的表现尤为突出。疫情之前曾经出现"长期停滞"特征（低通胀、低利率、低增长、高负债），成为各国实施量化宽松政策的依据，以及产生"日本化"趋势的基本背景。②

在疫情之后的经济复苏过程中，这些特征已经不再典型。一方面，在通货膨胀率尚未回归此前低水平的情况下，各主要中央银行的加息举措已经使利率攀高。另一方面，人口老龄化程度在继续加深，仍将影响各国的宏观经济和经济增长。因此，全球经济固然不会晴空万里，更显现方向不确定的特征。对中国宏观经济政策来说，需要研究的是，今后能否回归疫情前的全球经济特征和常态，或者以怎样的方式表现出来，以及对中国经济具有怎样的影响。

与此同时，我国在经历经济发展新常态的基础上，又迎来了人口发展新常态，两者重叠不可避免地赋予未来增长以新的特征。2022年，我国人口首现负增长，当年的人口自然增长率为-0.60‰，2023年这个负增长态势得以延续，人口自然增长率进一步下降为-1.48‰。从年龄结构上看，劳动年龄人口减少和老龄化的速度也将年复一年地加快。对我国经济的未来而言，这

---

① World Bank. Global Economic Prospects. International Bank for Reconstruction and Development/The World Bank, 2024-1. https://openknowledge.worldbank.org/server/api/core/bitstreams/7fe97e0a-52c5-4655-9207-c176eb9fb66a/content.

② Gauti B Eggertsson, Manuel Lancastre, Lawrence H Summers. Aging, Output Per Capita, and Secular Stagnation[J]. American Economic Review: Insights, 2019, 1(3): 325-342.

将造成两个突出的影响：一方面，供给侧的挑战更加严峻，与以前预测的情景相比，潜在增长率将加速下降[①]；另一方面，这也带来前所未有的需求侧挑战，不仅表现为出口和投资拉动经济增长的作用相对下降，因而"三驾马车"的拉动作用越来越倚仗消费需求，而且表现为居民消费需求受到人口负增长和老龄化的影响，预期会有明显的自然减弱趋势。如果不能有效应对，供需两侧的制约因素将会产生一种同频共振或叠加的效应，使中国经济的未来增长难以保持在合理且合意的速度区间。

全球经济和中国经济的新常态及其表现对于宏观经济政策和金融发展具有显著的意义，对此做出准确判断也是考虑"十五五"规划的一项基础工作。本节主要从以下角度依次展开。首先，阐述在后疫情时代，主要发达经济体的宏观经济走势和特点，以便于认识全球经济新常态，并以此作为我国经济发展的外部环境判断。其次，讨论在经济发展和人口发展两个新常态相遇的情况下（双新常态），我国经济面临的三个潜在的增长缺口——增长动能缺口、生产率源泉缺口和需求支撑缺口。再次，揭示中国经济双新常态对实体经济和金融发展的含义，描述一些可以预见的变化。同时，从体制改革、政策调整和制度建设等方面，讨论促进双新常态下中国经济和金融发展的相关课题。最后，集中讨论宏观经济政策手段应该如何与时俱进，就应对双新常态的增长动能转换，从而避免和填补增长缺口的任务提出政策建议。

---

① 蔡昉，李雪松，陆旸. 中国经济将回归怎样的常态 [J]. 中共中央党校（国家行政学院）学报，2023(1).

疫情后全球经济将回归怎样的常态

在国际金融危机之后直到新冠暴发之前的这一时期,全球老龄化等因素使全球经济,特别是发达经济体,陷入一种被称为"长期停滞"的新常态。这个判断当时为许多主流宏观经济学家所接受。[①] 然而,疫情期间产生的供给侧和需求侧冲击,以及地缘政治和军事冲突等因素,造成通货膨胀在很多国家高企,迫使中央银行采取提高利率的政策,包括日本在内的很多发达国家也有放弃量化宽松政策的变化倾向。相应地,疫情前最典型的"长期停滞"特征不再具有典型性,各国利率、通胀率、增长率和负债状况的不同特点可能分别产生不同的组合,构成各国的经济增长常态,并汇总成对应的全球经济常态。

诚然,导致疫情前出现长期停滞趋势的因素并未完全消失。例如,各国和全球老龄化仍在持续,依然从供给侧和需求侧影响着宏观经济和经济增长。疫情及其相关事件也会从三个方面或大或小地改变各国乃至全球经济的常态特征。首先,新冠大流行期间实施的隔离等防疫措施,以及各国之间产业链一度中断,造成停产、减产和停业,进而经济增长减速、停滞甚至收缩。即便在疫情结束后,这种供给侧冲击仍作为一种负面因素,影响经济复苏和长期增长。这被称为供给侧的磁滞效应或疤痕效应。其次,疫情造成的失业、停工以及创业和经营的中断,尤其在持续时间较长的情况下,降低了居民收入、损坏了家庭预算曲线乃至居民

---

① Gauti B Eggertsson, Manuel Lancastre, Lawrence H Summers. Aging, Output Per Capita, and Secular Stagnation[J]. American Economic Review: Insights, 2019, 1(3): 325-342.

资产负债表，抑制了当期乃至较长时期的消费能力和消费意愿，形成需求侧的磁滞效应或疤痕效应。① 最后，全球金融危机以来的"去全球化"倾向、地缘政治冲突和军事冲突、产业链和供应链脱钩等因素，都在疫情期间或因疫情而得到强化，构成使经济全球化停滞甚至倒退的因素，从供需两侧对各国经济和全球经济发展造成抑制。

在冲击因素及磁滞效应的作用下，疫情前用来刻画长期停滞现象的几种特征将不可避免地发生变化。例如，美国和部分西方国家对我国技术和产业的遏制、去风险名义下的"友岸外包"和供应链脱钩等做法，都具有提升通货膨胀率的内在效应，应对通胀的加息举措及为了赢得未来面对冲击时的货币政策回旋余地，某些央行也具有逆转低利率和采取量化宽松政策的倾向。不过，低增长和高负债这种不合意的特征将在大多数发达经济体中得以保持。可见，全球经济新常态的特征或许将由更为不利的组合来体现。正因如此，关于发达经济体和全球经济疫情后新常态的判断，关键点在于是否仍然处于"长期停滞"状态。

对此给出答案意味着回答以下问题：（1）是否存在过度储蓄，即储蓄率大于投资率的情形；（2）经济增长是否最终回归低利率宏观政策环境；（3）货币政策能否以一己之力调控宏观经济，以及支撑长期经济增长，换句话说，财政政策是否应该发挥更大的作用；（4）需求因素对长期增长是否具有更大的制约性，宏观经

---

① 早在疫情之前，布兰查德等人就通过挖掘以往的经济事件，发现经济冲击会从供给侧和需求侧造成磁滞效应。新冠大流行及其他冲击事件可以说在这方面补充了最新的证据。

济政策是否应该具有更长期的需求侧视角；等等。回答这些问题是准确认识全球经济的需要，认识中国经济也有必要在中国的语境中提出并回答同样的问题。

布兰查德用统计分析揭示，利率下降是一个极为长期的历史趋势。这个趋势不仅在数十年里，甚至在自14世纪起的数百年间都可以观察到。① 在他用来解释这个趋势的基础性因素中，具有经济学逻辑说服力、可以从统计数字直观看到，并且具有现实针对性的是：随着经济增长，无论是收入的增加，还是预期寿命延长从而导致的老龄化程度加深，都倾向于催生更高的储蓄倾向，以致产生相对投资需求而言的过度储蓄现象。例如，我们把时间序列数据和跨国数据连接起来，以总储蓄额超过总资本形成额的百分比作为一个衡量指标，并称之为"超额储蓄率"，可以看到这样的趋势，即随着老龄化率的提高，超额储蓄率相应提高。其中，在老龄化率从14%提高到21%这一期间，过度储蓄现象尤为突出。

从全球来看，人口正在加速老龄化，越来越多的发达国家或地区已经进入或者说正在迈向老龄化率超过21%的高度老龄社会。例如，2022年，美国的老龄化率为17%，欧盟为21%，韩国为17%，日本则高达30%。根据联合国的预测，按照该机构口径定义的发达国家作为整体，老龄化率预计从2022年的20%，先是大幅度提高到2032年的24%，进而提高到2042年的26%。

---

① Olivier J Blanchard. The Mayekawa Lecture: Fiscal Policy under Low Rates: Taking Stock[J]. Monetary and Economic Studies, 2021(11): 23-34. https://www.imes.boj.or.jp/research/papers/english/me39-3.pdf.

基于这一变化趋势，对未来全球经济做出回归"长期停滞"的常态且仍然保持低利率特征的判断，即便不能说百分之百正确，以此判断为基础做出未雨绸缪的预期和预谋应该说是必要且有益的。

此外，正如投资者在美国所观察到的，在美联储持续大幅度加息的情况下，美国企业和家庭实际上依然被锁定在较低利率水平上。例如，夏尔马指出，投资级企业仍在出售平均期限为12年的长期债券，提高利率并未导致利息负担显著加重。[1] 房屋所有者也仍然支付着3.75%的平均按揭利率，该水平仅为新按揭利率的一半左右。可见，货币政策的加息方向乃至力度并不必然等于宏观经济的低息环境已经形成。

然而，经历了新冠大流行、供应链中断、俄乌冲突、能源价格和食品价格骤变、地缘政治摩擦等冲击，毕竟会对各国经济及全球经济产生延续性的影响，即磁滞效应或疤痕效应。即便预期将来会回归"长期停滞"的常态，这种冲击效应的表现形式、深度和持续时间都会影响这个回归的时机和程度，因而也会在一定时期内影响宏观经济政策选择。基于这些冲击性事件的发生，很多文献描述了疤痕效应的形成逻辑和作用方式。福尔纳罗等人对此指出三点：首先，在受到冲击的情况下，企业投资减少会损害未来的潜在生产能力，因此产生永久性的产出损失，即供给侧的疤痕效应；其次，这种供给损失通过财富效应形成对消费需求的抑制，可能使总需求的下降幅度甚至显著超过已经降低的潜在供给水平；最后，疤痕效应对需求的抑制并不意味着可以保证低通

---

[1] Ruchir Sharma. The 10 Trends That Will Define 2024[N]. Financial Times, 2024-1-5.

胀率得以维持,事实上,供给侧的疤痕效应反而易于推高通货膨胀。① 国际货币基金组织更具体地列举出造成疤痕效应的因素,包括企业破产、生产率下降、延迟投资造成的资本积累不足、劳动力增长减慢、对教学的妨碍造成人力资本损失。② 即使在各种冲击减缓乃至消失后,上述因素的恢复均需要时间,以便重新配置和重新匹配,因此,磁滞效应将会在一定时间内存在。

中国是全球经济的一个重要组成部分,经历过与世界整体同样的外生性冲击和内在性变化,疫情后的经济复苏和长期发展也不可避免地受到自身近中期磁滞效应的困扰。在诸多冲击因素中,最突出的莫过于受疫情影响发生的失业现象及就业不足现象,它们可能在较长时间内挥之不去,在一定程度上塑造中国经济的常态格局和长期趋势。并且,经济发展和人口变化使城镇形成非匀质的就业结构,不仅所有就业群体在疫情期间受到冲击,其中一些群体更是首当其冲,就业能力和就业机会受到损害,以致在今后一段时间里,结构性就业矛盾愈加突出,自然失业率趋于提高。最新估算表明,中国城镇由结构性和摩擦性因素构成的自然失业率已经达到5.1%③,意味着调查失业率降到该水平之下的机会越来越少④。

---

① Luca Fornaro, Martin Wolf. The Scars of Supply Shocks: Implications for Monetary Policy [R]. BSE Working Paper, No.1214, 2020-10 (Revised: 2023-3).

② International Monetary Fund. World Economic Outlook: War Sets Back the Global Recovery[R]. 2022.

③ 都阳,张翕. 中国自然失业率及其在调控政策中的应用 [J]. 数量经济技术经济研究,2022(12):26-45.

④ 蔡昉. 中国面临的就业挑战:从短期看长期 [J]. 国际经济评论,2022(5):9-21.

在图 7-5 中，我们以自然失业率为参照系，比较城镇不同类型就业群体的调查失业率变化。在 2019 年 1 月到 2024 年 3 月这一区间里，失业数据显示疫情冲击和人口转折如何改变了城镇劳动力市场格局，使不同群体的就业状况发生明显的分化，包括在城镇户籍人口与外来人口之间，以及在青年劳动者和中年劳动者之间发生的分化。如果这个趋势可以作为一种外推依据，结构性就业矛盾将日益突出，或者说自然失业率将进一步提高，无疑是一个顺理成章的预期。在疫情期间遭遇较长时间失业和就业不足，致使居民消费能力和消费意愿明显降低，加上人口负增长和更深度老龄化的最新变化，未来家庭消费能力趋于减弱，消费行为也更趋保守。这就是说，中国经济增长受需求因素制约，特别是受消费制约的性质趋于增强。

中国经济的双新常态和潜在增长缺口

可见，既充分重视冲击带来的中短期疤痕效应，又关注人口老龄化所维系的"长期停滞"趋势，是对全球经济做出恰当的判断，进而把握宏观经济政策取向的合理出发点。与此同时，无论是遭遇短期冲击还是面对长期趋势，中国都有自身的特殊表现。在疫情期间，城乡居民就业、收入和消费都受到冲击，损失的总产出、就业岗位和家庭收入形成疤痕效应，给经济增长复苏造成较大的难度。中国经济在遭遇短期冲击的同时，也恰遇人口转变阶段和经济发展阶段的新变化。2022 年中国人口开始负增长，老龄化率也超过 14%。一方面，劳动年龄人口负增长加快，供给侧冲击进一步增强，潜在增长率的下降幅度将比此前预测的

(a) 分年龄

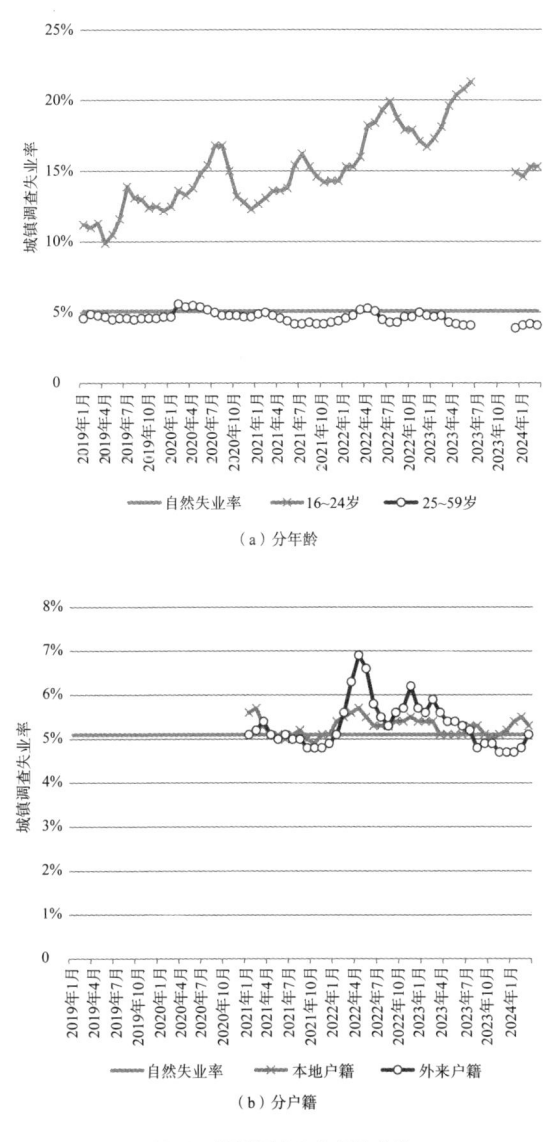

(b) 分户籍

图 7-5 城镇调查失业率的分化

资料来源：国家统计局"国家数据"，https://data.stats.gov.cn/easyquery.htm?cn=A01。都阳，张翕. 中国自然失业率及其在调控政策中的应用 [J]. 数量经济技术经济研究，2022(12)：26-45.

注：图 7-5a 中的 2023 年 12 月到 2024 年 3 月数据分别为剔除在学人口后 16~24 岁和 25~59 岁人口的调查失业率。

更大；另一方面，需求侧制约（特别是居民消费制约）成为常态，加大了潜在增长率充分实现的难度。同时，居民消费率在对于国际一般水平有较大偏离的基础上，更遭遇发展阶段变化的新冲击。长期与短期因素的相遇和效果叠加，给宏观经济带来新的特征和挑战。具体来说，中国经济增长因此面临三个潜在的缺口。

首先，经济增长动能缺口。在人口负增长的条件下，劳动年龄人口减少的速度将大幅度加快。此前的研究表明，在增长核算或总体生产函数中，几乎所有变量都受到人口因素的影响，最集中的体现为劳动年龄人口的增长率。中国的劳动年龄人口遵循人口转变轨迹，相继经历过领先增长、减速、停滞和负增长这样的动态变化，分别影响劳动力数量供给、人力资本改善速度、储蓄率和资本回报率，以及全要素生产率提高速度。[①] 也就是说，当劳动年龄人口增长时，人口红利表现为追加的国内生产总值潜在增长率；当劳动年龄人口减少时，潜在增长率就相应减速。[②] 我们把我国国内生产总值的潜在增长率与20~59岁劳动年龄人口的增长率进行比较，可以看到两者的同步性变化（见图7-6）。总体来说，撇开国内外冲击性因素的干扰，劳动年龄人口动态对潜在增长率具有决定性的影响。在疫情结束的同时，中国人口开始负增长，2022年人口自然增长率为-0.60‰，2023年负增长态势

[①] Fang Cai, Wen Zhao. When Demographic Dividend Disappears: Growth Sustainability of China. in M Aoki, J Wu(Eds.). The Chinese Economy: A New Transition[M]. Basingstoke: Palgrave Macmillan, 2012.

[②] Fang Cai, Yang Lu. The End of China's Demographic Dividend: the Perspective of Potential GDP Growth. in Ross Garnaut, Fang Cai, Ligang Song (eds.). China: A New Model for Growth and Development [M]. Canberra: ANU E Press, 2013: 55-74.

得以延续，人口自然增长率进一步下降为-1.48‰。相应地，劳动年龄人口的减少速度明显加快。由此我们完全可以预期，潜在增长率必然出现相应的下降。

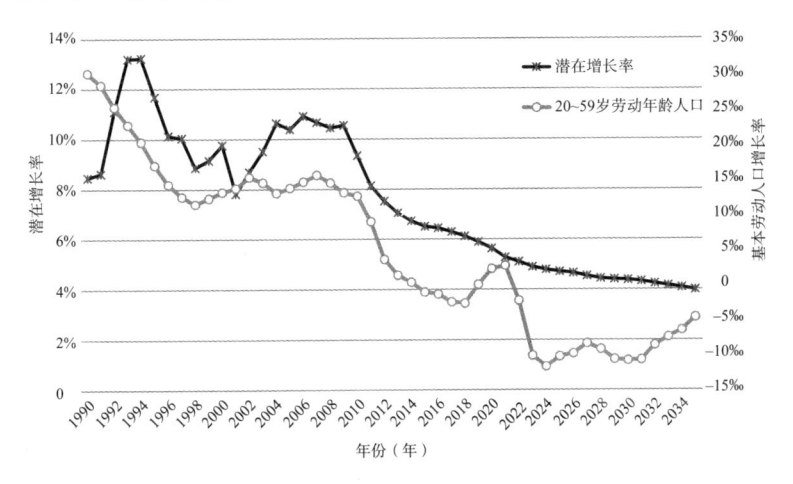

图 7-6　劳动年龄人口变化影响潜在增长能力

资料来源：United Nations, Department of Economic and Social Affairs, Population Division, World Population Prospects 2022, Online Edition.Fang Cai, Yang Lu. The End of China's Demographic Dividend: the Perspective of Potential GDP Growth. in Ross Garnaut, Fang Cai, Ligang Song (eds.). China: A New Model for Growth and Development [M]. Canberra: ANU E Press, 2013: 55–74. 蔡昉，李雪松，陆旸. 中国经济将回归怎样的常态 [J]. 中共中央党校（国家行政学院）学报，2023(1).

我国人口总量减少的情形，也伴随着不同年龄段人口的差别性变化。从较宽泛定义的劳动年龄人口（即 15~64 岁人口）来看，在人口仍然增长的时期，1990—2000 年年均增长率为 13.3‰，2000—2010 年仍然保持在 12.7‰，2010—2020 则降低到只有 0.5‰。在人口负增长时代，劳动年龄人口加速减少，2020—2030 年预期年均减少 1.6‰，2030—2035 年每年则减少 8.8‰。相应地，决定潜在增长率的各种变量也发生不利的变化，包括劳动力数量进一步减少，并导致人力资本积累水平降低、资本回报率下降，这些都意味着传统要素能够支撑的国内生产总值产出能力将比原来预测的水平低，潜在增长率进一步下降。换句话说，人口进入负增长阶段、劳动年龄人口加速减少和更深度的老龄化，使未来的国内生产总值潜在增长能力与期望的水平之间产生一个潜在的缺口。

其次，生产率源泉缺口。在要素投入对经济增长的驱动力显著下降的情况下，唯有全要素生产率明显提高，才能替代传统动能，以避免增长速度降到希望达到的水平之下。并非偶然的是，生产率增长的传统源泉也在同一时间开始枯竭。中国改革期间的高速增长在很长时间里表现为一个二元经济转换过程，劳动力持续、大规模从农业向非农产业转移，创造了资源重新配置效率，构成这个时期生产率大幅度提高的主要源泉。[①] 随着2011年以来劳动年龄人口的减少，也作为农业剩余劳动力大规模转移的结果，劳动力在产业间和地区间重新配置的空间日益缩小。

例如，离开所在乡镇六个月及以上的外出农民工人数，2002—2012年以每年4.5%的速度增长，而2012—2022年增长速度显著下降到只有0.5%。实际上，这种以产业间资源重新配置效率支撑的生产率增长是人口红利的一个组成部分。随着人口红利逐渐消失，这个生产率源泉的贡献率也必然相对降低。与此同时，在行业间及市场主体之间仍然存在较大的生产率差异，意味着在更微观层面进行资源重新配置的空间仍然巨大。只有开启生产率的这个新源泉，才不会产生影响经济合理增速的生产率缺口。

最后，经济增长的需求支撑缺口。实现无论何种水平的潜在增长率，都要以社会总需求的支撑为条件。即使在人口负增长的

---

① Fang Cai. Regaining China's Resource Reallocative Efficiency to Boost Growth[J]. China & World Economy, 2023, 31(1): 5-21.

条件下，中国经济增长能力有所减弱，但是预测的潜在增长率仍然能够确保中国在 2035 年成为中等发达国家。例如，一个保守的估计表明，2021—2035 年的潜在增长率从人口负增长开始以前估算的 4.84%，下降到按照最新人口数据估算的 4.53%。虽然这个潜在增长能力的下降并不显著，并且即便降低后的水平，也足以支撑我国在 2035 年达到"中等发达国家"的人均国内生产总值水平，但如果常态社会总需求不足以吸纳这个产出水平，即意味着经济增长的需求能力无法支撑供给能力全力发挥，实际增长率与潜在增长率之间便会形成缺口，即通常所称的"增长率缺口"（见图 7-7）。

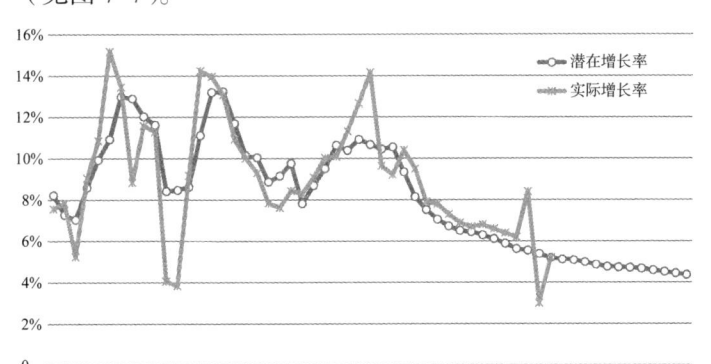

图 7-7　实际增长率和潜在增长率趋势

资料来源：国家统计局"国家数据"，https://data.stats.gov.cn/easyquery.htm?cn=C01。Fang Cai, Yang Lu. The End of China's Demographic Dividend: the Perspective of Potential GDP Growth. in Ross Garnaut, Fang Cai, Ligang Song (eds.). China: A New Model for Growth and Development [M]. Canberra：ANU E Press, 2013：55–74. 蔡昉，李雪松，陆旸. 中国经济将回归怎样的常态 [J]. 中共中央党校（国家行政学院）学报，2023(1).

在新冠大流行前，中国经济增长虽然已经表现出下行的趋势，但总体上实现了自身的潜在增长率。这意味着需求结构通过有力且有益的调整，没有形成对经济增长的实质性制约。实际上，新冠大流行之前的居民消费对国内生产总值的增长贡献率已经显著超过投资的贡献率，同时净出口的贡献率大体上已经大幅度下降。例如，2015—2019 年，在国内生产总值增长的需求因素中，居民消费贡献率的算术平均值为 3 个百分点，而资本形成贡献率的算术平均值已经降到 2.4 个百分点。今后中国经济面临的需求制约特别是消费制约将越来越严峻，产生增长率缺口的可能性明显加大。在抑制居民消费能力和意愿的因素中，不仅包括疫情冲击效应或在中短期起作用的磁滞效应，以及始终存在并将更为突出的收入增长和分配效应，更重要的是人口总量减少和老龄化对居民消费的制约。

我国人口转变未富先老的特征，较充分地体现在老龄化导致整体消费能力不足和消费意愿下降的态势中。也就是说，老年人口比重的提高趋势与经济增长越来越依靠居民消费的要求产生明显的矛盾。这表现为人口年龄结构与消费年龄结构之间的不对称，或可称为"人口金字塔消费悖论"。

对我国实体经济和金融发展的含义

无论需要多长时间，全球经济终究有能力从受多种因素冲击后的临时性偏离回归到"长期停滞"的常态。这不仅作为外部环境影响中国经济的发展，在很大程度上，中国也是这种全球经济常态的一部分。我国经济在疫情后复苏过程中遭遇的磁滞效应，与面临的双新常态——经济发展新常态和人口发展新常态，也形成一种同频共振的现象。可见，无论是在外部环境与自身常态之间，还是在长期路径选择与短期政策干预之间，都具有方向上的一致性。因此，应对外部环境、磁滞效应和双新常态的政策举措，既需要以彼此呼应的方式实施，也确实可以达到互相支持的效果。需要指出的是，预测或者预期中国经济"见顶"或"崩溃"，在理论逻辑和经验检验上都是站不住脚的。[①] 然而，正如经济史所揭示的那样，任何成功的经济发展都是在不断应对增长潜力和外部环境的变化，以及其他不期而至的冲击中实现的。中国经济不可能回避这些挑战，因而必须及时并合理地做出回应。下面，我们从三个方面概括变化了的宏观经济内外部环境，讨论这些变化将以怎样的表现影响中国实体经济和金融发展，或者反过来说，实体经济和金融发展应该如何适应和引领全球经济和中国发展新常态。

首先，转换和培育中国经济增长新动能的根本路径在于实现高质量发展或创新发展。一方面，全要素生产率应该成为经济增长的主体贡献因素；另一方面，创造性破坏应该成为生产率提高的基本机制。一旦资源在部门间重新配置的空间趋于缩小，经济整体的生产率提高就不再能够靠所有企业的生产率同步提高汇总而成，而必须通过低生产率企业的萎缩、退出乃至死亡，以及高生产率企业的扩大、进入和成长来实现。所以，避免产生增长动能缺口和生产率源泉缺口，需要创造必要的体制条件，允许乃至鼓励创造性破坏，在竞争性领域实现企业的自由进入、平等竞争、方便退出，从而整体上达到优胜劣汰的结果。

相应地，金融为实体经济服务的模式也需要实现一系列重要

---

① 蔡昉. 人口负增长时代：中国经济增长的挑战与机遇 [M]. 北京：中信出版集团，2023.

的转变。在高速发展阶段，在产业结构动态变化的前提下，动员资源、积累要素、融通资本及培育产能最为重要，整体经济增长具有很强的"干中学"效应，在市场主体不断涌现、生产能力不断扩大的过程中，技术进步、资源重新配置，生产率也会相应提高。一般来说，我国的金融业既擅长也正是在这样的模式下发挥作用。在转向新发展方式的条件下，金融发展的基础功能应该转向支持创新、优胜劣汰或创造性破坏等方面。对我国来说，补足金融支持创新短板的一个具体体现，就是提高直接融资比重、扩大风险投资的作用范围。经济史上，每一次颠覆性技术创新的发生都伴随着资本市场的繁荣，甚至有时要为金融泡沫的产生付出代价。① 另一个需要的转变则是从青睐大企业和大项目的投融资行为，转到更加包容、更为普惠、面向广大创业主体的金融服务。竞争性创新或创造性破坏，对企业家精神及其激发有更高的要求。而风险投资这一投融资形式，恰恰在于把金融领域的企业家精神，结合并叠加到实体经济中，使难以融资的创新和创业获得支持，从而达到创造性破坏的境界。②

其次，保持经济增长合理区间的主要矛盾，从供给侧的潜在增长能力制约愈益转变为需求侧（特别是居民消费能力）制约。与主要国家和相关国家组别相比，我国始终存在居民消费率明显偏低的问题。例如，2022年中国的居民消费率为37%，不仅大幅度低于美国（68%）和欧盟（52%）水平，也显著低于日本

---

① 卡萝塔·佩蕾丝. 技术革命与金融资本：泡沫与黄金时代的动力学 [M]. 田方萌，胡叶青，刘然，王黎明，译. 北京：中国人民大学出版社，2007.

② 菲利普·阿吉翁，赛利娜·安托南，西蒙·比内尔. 创造性破坏的力量：经济剧变与国民财富 [M]. 余江，赵建航，译. 北京：中信出版集团，2021：240-248.

（55%）和韩国（48%）水平。缩小或消除这方面的差距，需要保持居民可支配收入提高与国内生产总值增长之间的同步性，明显改善居民收入分配，显著缩小城乡之间的收入差距和基本公共服务差异，以及增进区域发展的协调性和城乡发展的均衡性。此外，针对与未富先老特征相关的"人口金字塔消费悖论"，更应该强化对家庭和特定人群的收入和基本公共服务支持，同时以产业政策促进银发经济发展，显著提高老年人及涉老家庭的消费能力和消费意愿。

这些问题的针对性也为中国金融发展指出了相应的转变方向——从重点服务于供给侧向更加注重供需两侧平衡转变。这种转变可以通过以下路径推动和实现。其一，金融服务更加注重人的全生命周期，特别是针对特殊群体的特殊需求，通过金融科技创新向善，缩小产品和服务可得性的技术差距和数字鸿沟，着力打破"一老一小"生命阶段或人口群体的消费瓶颈。其二，通过普惠金融和金融科技手段，把服务对象扩大到消费者金字塔的底端，以更加简单、便捷和低成本的方式，把更多的金融服务扩展到更广泛的人群，开启底层的超大规模市场。其三，把金融服务的方式和关注点，从以投资者和企业为主要对象的供给侧模式，转向更加善于为居民服务、更加强调"家庭本位"的供需两侧兼容模式。

最后，经济增长面临挑战突显改革的紧迫性，而关键领域改革可以创造立竿见影、真金白银的改革红利。亟待推进的体制改革固然千头万绪，旨在促进农民工市民化以及大学毕业生在就业城市落户的户籍制度改革具有牵一发而动全身的特点，可以带动经济社会领域一系列体制改革、政策调整和制度建设，进而从供给侧和需求侧创造促进发展的显著效果。从供给侧来看，可以显著提高潜在增长率。稳定和增加城镇劳动力和人才供给，可以抑制企业成本的过快提高，稳定制造业比较优势及国内生产总值比重；促进劳动力继续转移和流动，继续获得资源重新配置效率这一生产率源泉。关于农民工落户的研究表明，户籍制度改革增加非农劳动力供给和提高全要素生产率的效应，几乎可以不打折扣地转化为更高的潜在增长率。[1] 从需求侧来看，通过农民工和其他青年就业群体的大规模市民化，有助于提高社会流动性，扩大中等收入群体，显著提高居民消费需求和城市建设投资需求，以更强劲的社会总需求支撑经济增长和疫情后复苏。[2]

同样，这个领域及更广泛领域的改革也需要金融铺路搭桥和保驾护航。例如，更多核心年龄人口在城镇落户，可以大幅度提高基本公共服务的覆盖率，扩大对一系列公共服务的需求。在公共财政做出制度保障的前提下，这些服务的有效供给也需要借助政府与社会的合作机制进行融资、建设和生产。其中，包括保障性住房在内的房地产发展，以及公用基础设施发展，均可以推动城市建设性投资，稳定资本形成对经济增长的贡献率。同时，以基本养老保险、企业年金和职业年金，以及个人储蓄型养老保险为支柱的养老保障制度，不仅要求金融履行相应的职能，还对金融创新提出更大的需求。此外，新市民的就业和创业、稳定和持

---

[1] 陆旸，蔡昉. 从人口红利到改革红利：捕获经济增长的源泉 [J]. 世界经济，2016(1).
[2] 蔡昉，李雪松，陆旸. 中国经济将回归怎样的常态 [J]. 中共中央党校（国家行政学院）学报，2023(1).

续增加居民收入、提高人民生活品质和促进消费更新换代,也要求金融(及理财)服务的扩大和创新。

宏观经济政策取向和手段的转变

总体而言,我国在进入经济发展新常态的第一个 10 年期间,也就是 2012—2022 年,面临的最主要的挑战在供给侧,即潜在增长率趋于下降。当这个经济发展新常态进入第二个 10 年,即 2022 年以后的时期,将与人口发展新常态相遇,叠加产生经济增长的新表现、新特征和新挑战。针对中国发展的这一双新常态及其带来的新特征和新挑战,宏观经济政策取向、针对性和手段运用都应该有根本性的调整,更加着眼于促进长期增长和推动短期复苏的统一、实现增长目标与满足民生需求目标的一致性、货币政策与财政政策的协调运用,以及积极进取与防范系统性风险的合理平衡。

宏观经济学的两个组成部分,即关注短期需求冲击的周期理论和关注供给侧增长潜力的增长理论,一直具有彼此分割、画地为牢的倾向。然而,无论是从理论发展本身来说,还是就现实需求特别是在应用于我国时的针对性而言,都亟待并完全可以找到两者相互补充的逻辑结合点。在凯恩斯把经济研究的重心从供给侧转向需求侧的那一刻,经济学就迎来了一场(范式)革命,同时奠定了经济学的两分法,即微观经济学与宏观经济学之间,以及供给侧与需求侧之间对立统一关系的基础。虽然凯恩斯本人未能激流勇进地构建起一门着眼于需求侧的增长理论①，但是以他的思想和基本范式为圭臬，需求因素在关于长期增长的分析中，以及在各国的政策制定与实施中，都得到了不同程度的体现。

例如，根据一些学者的分析和概括，在理论发展和实践应用中存在三种类型的"凯恩斯主义"：一为"经济凯恩斯主义"，即主要关注周期性、需求侧冲击的宏观经济学以及宏观调控政策实践；二为"社会凯恩斯主义"，即着眼于福利国家建设的理论和实践；三为"按揭凯恩斯主义"，主要指美国金融界主动选择人为扩大消费信贷，以便刺激社会总需求的理论和实践。②虽然不同的理论路径和实践结果始终面临莫衷一是的评价，但这些流派的形成和流行于世，终究说明宏观经济政策本身是可以有巨大拓展空间的。

宏观经济政策实施的国际经验，以及关于宏观经济范式的讨论，对我国来说具有相关性和针对性。在西方国家，实施宏观经济政策的出发点对不同的参与方来说是不尽相同的，因而政策执行中常常产生内在的利益冲突。例如，政府出于政治目的干预政策取向及力度、中央银行争取自身的独立性、货币当局与财政当局各行其是、长期目标与短期目标的不一致、供给侧和需求侧举措不均衡等问题比比皆是。与之不同的是，我国宏观经济政策在根本逻辑上是统一的，参与各方的目标是一致的，实施方式和工

---

① 蔡昉. 万物理论：以马尔萨斯为源头的人口—经济关系理论 [J]. 经济思想史学刊，2021(2)：3-18.
② 顾昕. 美国按揭型凯恩斯主义的前世今生 [J]. 读书，2018(1). 莫妮卡·普拉萨德. 过剩之地：美式富足与贫困悖论 [M]. 余晖，译. 上海：上海人民出版社，2019.

具选择之间是自洽的，因此，更能够兼顾长期与短期、供给与需求、常态运转与重大转折、加强监管与深化改革等诸多关系。从前文的分析着眼，宏观经济政策面临的紧迫转变包括以下三点。

首先，推动宏观经济政策视野的双重拓展。一是从应对周期性冲击为主的单一导向，到同时关注增长的短期稳定性与长期可持续性的双重导向转变。最突出的目标是利用既有的政策手段，同时不断充实政策工具箱，以促进发展方式转变和增长动能转换。由于生产率的源泉越来越多地来自创造性破坏，推动生产率提高的政策也应该兼顾创造功能和破坏功能，宏观经济政策应该既擅长对创新、创业、进入和成长给予扶助，也要善于帮助市场进行要素重组和资源重新配置，出清过剩产能和低生产率主体。二是把政策着力点从供给侧提高潜在增长率，拓展到从需求侧解决消费疲弱、过度储蓄等新常态问题。在着力提高潜在增长能力和扩大总需求的同时，中国还需要尽可能远离日本和欧美疫情前的量化宽松路径、减少政府干预竞争性领域活动、承担过大投资责任和风险的做法，并且防范地方债务风险，防止回归依赖房地产发展的旧发展方式。

其次，加强货币政策与财政政策的协调配合。在谈论货币政策与财政政策协调配合时，我国与西方国家的出发点是不同的，含义自然也存在差异。在大多数发达市场经济国家，由于在低利率及量化宽松条件下，货币政策在应对冲击时已不具备足够的腾挪空间，所以需要财政政策相应跟进，譬如说依靠政府直接投资或补贴，以刺激基础设施和绿色产业，扩大社会总需求。我国同样亟待加强两种宏观经济政策的配合，然而出发点和必要性则有所不同。在居民消费需求成为经济增长常态制约的情况下,货币政策、金融体系和居民资产负债表结构等机制的完善程度,尚不足以支撑对居民消费潜力的充分挖掘。因此,无论从短期的消费刺激手段来说,还是从旨在提高居民消费能力和消费意愿的长期制度建设来说,财政政策确为不可或缺的补充。宏观经济政策的协调配合应该体现在两方面:一方面,货币政策保持稳健,着力在整体上营造合理宽松的环境;另一方面,财政政策逐渐转向"家庭本位",与社会政策保持同方向,解除消费的后顾之忧。

最后,实现增长目标与民生目标的有机统一。在政策协调、配合和衔接的前提下,共同的宏观经济政策目标要求各方面政策实现协同统一与各尽其责相统一,而这个统一性的前提保障就是立足于在发展中保障和改善民生。一方面,以财政政策为主,顺应基本实现现代化和提高人民生活品质的要求,以尽力而为和量力而行相结合的原则,提高基本公共服务供给水平和均等化程度,形成和完善覆盖全民、全生命周期的社会福利体系。另一方面,进一步确立就业优先的政策导向,把货币政策、财政政策等宏观经济政策,同公共就业服务及劳动力市场制度建设进行有效衔接,创造条件适时推进延迟法定退休年龄、户籍制度、教育和培训体制等领域改革,帮助大龄农民工、大龄城镇劳动力、转岗再就业人员、各级毕业生克服结构性就业困难。

后 记

在传统人口红利加速消失的背景下,如何开启新人口红利是关乎中国经济长期持续发展的重要课题,它也有重要的政策含义。这也是近年来我所关注的研究题目,特别是人口转变与经济社会发展之间的关系,既包括相互制约的关系,也包括相互促进的关系。可以被纳入这个主题的内容十分广泛,包括人口转变及在中国的特殊表现、人口因素如何成为经济增长动能、经济社会发展对人口发展的反作用,以及如何形成新人口红利,等等。这些内容基本上都被包容在本书全部七章的范围内。

本书反映了上述方面探讨的个人成果,各章节的内容大多在报刊和新媒体上发表过,其中有的是研讨会或论坛的发言整理稿。我们可以从以下几个方面概括本书的特点。从时效上,其中很多文章是对习近平总书记一系列重要讲话精神的学习体会,或者是对党的二十届三中全会相关部署的解读,也可以将其看作把政治话语和政策部署转化为学术语言的尝试。从结构上,我和编辑的共识是,按照内容把相关文章编辑为具有明确主题的章节,使全书具有整体性。从篇幅上,每一节相对短小精悍,直奔主题,避免过多地使用专业术语。同时,我们也选择了若干篇幅较大、曾在学术期刊发表的文章,作为一种延伸阅读,以飨读者。

借此机会,我要感谢那些多年来支持与帮助我的单位和个人,包括中国社会科学院的领导和支持,以及院内同事的直接关照,使我能够心无旁骛、始终如一地从事学术研究;有关决策部门和政府机构提出的各种挑战性课题使我的研究能够具有方向感,并且获得学以致用的激励;包括经济学界在内的各种学术共同体提供的大量交流机会,使我能够不断学习、开阔思路,尽可能站在专业领域的前沿位置,并尽可能打通不同学科的传统界限。

我的相关研究也受到诸多项目的支持,最近的项目资助是国家社会科学基金重大项目"人口高质量发展的内涵与实现路径研究"(批准号:23&ZD182)。本书中尚存的不足乃至错误,责任全部在作者。

蔡昉

2025年2月25日